美國《華人》雜誌系列叢書 · 文学佳作專輯（7）
WE CHINESE IN AMERICA Series

和女儿一起成长

——聊聊我教育孩子的得与失

黄　为 / 著

DIXIE W PUBLISHING CORPORATION U.S.A.
美国南方出版社

和女儿一起成长——聊聊我教育孩子的得与失

黄　为著

丛书总编辑：马　平
版式設計：侯国强

Published by
Dixie W Publishing Corporation
Montgomery, Alabama, U.S.A.
http://www.dixiewpublishing.com

本书由美国南方出版社出版

2023 年 12 月 DWPC 第一版

开本：229mm x 152mm
字数：151 千字

Library of Congress Control Number：2023950945
美国国会图书馆编目号码：2023950945

国际标准书号 ISBN-13：978-1-68372-596-1

总 序

愿您像喜欢《华人》杂志一样
喜欢我们的《华人》系列丛书

此刻，2021 年的金秋 10 月，阳光一片灿烂。作为“美国《华人》杂志丛书”总编辑，我要说的第一句话是：十月，对我有着十分重要的意义。

2001 年的 10 月，我在美国创办的《华人》杂志恰巧在我生日那天推出。我的居美生活从此发生了根本的变化。

二十年来，每月一期杂志的出版，每期一位封面故事的访谈、写作，让我与众多杰出的美国华人近距离接触，从他们那里，我学到太多的东西。我一直认为，创办杂志最大的收获，就是认识了这么多优秀的朋友，我为每一位封面人物骄傲，以能为他们做点什么感到无比自豪！

二十年来，因为杂志，我和上百位优秀的作家相识相知，他们送给我的文章篇篇精彩。他们无私的支持，是每期《华人》得以顺利出版的可靠保证，是做好《华人》杂志的坚强后盾，更是《华人》吸引众多读者的精神食粮。因为有了这些真心支持杂志的作者，《华人》成为一份最真实地反映美国华人的第一手珍贵资料。

二十年来，为了能给华人下一代健康成长提供力所能及的帮助，我和我的团队为孩子们创办了《华人新一代》杂志，组织了美国华人青少年交响乐团，培训了一批批小记者小编辑，每年举办大型的“美国华人青少年艺术节”。能把孩子们聚在一起，向广大读者展示他们的精神风貌，深感自己的生活和工作也因了他们更有了意义。

2021 年的十月，美国加州大学圣地亚哥分校图书馆收藏了《华人》二十年的杂志期刊，除放在图书馆让更多的人阅览，同时也做成电子版放到网上，扩大了《华人》杂志阅读和收藏的交流平台。

二十年了，本来我们计划举办一些活动，包括“与《华人》封面人物有约”的封面人物、作者、读者的大型聚会、专题朗诵音乐会、华人青少年交响乐团专场演出等，来做个纪念，都因为疫情未了而统统取消。于是，便萌生了出版系列丛书的想法。

出版丛书的好处，是把每期发表在《华人》上的封面故事、文学佳作等，分门别类集中起来，以书籍的方式正式推出。通过这个新的平台，来展示旅美华人的奋斗故事、旅美生活、对这个第二故乡的所闻所见所思所想，也系统地把我们杂志二十年来的精彩内容再次呈现给广大读者。

《华人》杂志二十年来，本着“鼓吹进取精神、宣扬传统美德、联络乡情亲情”的宗旨，以“非政治性、非宗教性”为办刊原则，与海内外读者分享生活在美国各个领域的华人的故事，成为美国境内唯一一份以“华人”人物为中心内容、为所有华人读者提供资讯的综合性中文期刊。

《华人》杂志系列丛书将以同样的宗旨，同样的办刊原则，让海内外的华人朋友，近距离地了解我们在美华人的真实生活——我们青年人的崛起和感受，我们老一辈的处境和心情，我们下一代的成长和彷徨，我们在美国的喜怒哀乐……

美国不是天堂，也不是地狱。她给我们华人提供了相对平等的机会，提供了通过奋斗去实现自己价值和梦想的可能性。她督促我们不断学习，永不言弃，去迎接一个又一个挑战。我们根系故国，也热爱美国——这个移民的大熔炉，我们的第二故乡。

丛书即将从 2021 年 10 月陆续出版。我们准备分为三个系列先行推出，即“美国《华人》杂志系列丛书·封面人物专辑”、“美国《华人》杂志系列丛书·文学佳作专辑”和“美国《华人》杂志系列丛书·华人新一代专辑”。

愿所有的朋友们，也像喜欢《华人》杂志一样，喜欢我们的《华人》杂志系列丛书。

美国《华人》月刊杂志发行人

“美国《华人》杂志丛书”总编辑：马 平

（2021 年 10 月于美国加州圣地亚哥）

序 言

黄为，北京人，20 世纪八十年代末期留学于美国，读运动管理，读认知心理学，读工商管理。毕业后在麦肯锡咨询公司工作。后来进入奥林匹克大家庭。2005 年被北京市政府聘请为 2008 年北京奥运经济高级顾问，为北京奥运会出谋划策。北京奥运会结束后，受伦敦奥运会的邀请成为伦敦奥运会，伦敦残奥会的高级经济顾问（兼职），后来，也参与了日本东京奥运会，巴西里约热内卢奥运会的工作，但是，均为兼职，因为在黄先生的心里，培养孩子比工作更重要。

北京奥运会之后，黄为先生回到美国，研究美国的教育系统和美国的教育体系，潜心培养自己的独生女儿 Amy Huang。Amy Huang 九岁之前学习钢琴和滑冰，获奖无数。她从九岁开始学习网球，在曾经当过职业羽毛球运动员的老爸的训练下，Amy Huang 进步神速，11 岁的时候排名南加州 12 岁组第一，全美排名第三，同时拿到她第一个 16 岁组比赛的冠军，13 岁的时候拿到她第一个 18 岁组青少年女子单打冠军。在她 16 岁被大学录取之前，Amy Huang 拿到过超过 100 个美国青少年的网球冠军奖杯。

Amy 不但在全美青少年网球比赛中名列前茅，在学校里读书也是学霸。她在读的高中 Westview High School 是圣地亚哥最好的高中之一，而她也是为数不多的全 A 学生之一。

Amy Huang 在 16 岁的时候，就有超过 150 所美国的名校包括斯坦福，伯克利，哥伦比亚，耶鲁，普林斯顿，MIT, CAL TECH, 布朗，纽大，南加大，UCLA 等学校向她抛来橄榄枝，最后，她选中的哈佛大学，提前两年被哈佛大学录取。

在哈佛大学网球队，她是哈佛的网球一姐，学校里的优等生。她在哈佛成立了亚裔运动员俱乐部，组建了自己的非营利性组织：Play with Heart Foundation.

黄为先生根据自己对美国教育体系的起源和发展，对美国教育系统的理解，对美国高校招生的理念的分析，根据自己多年培养女儿的经验，教训和过程，写了 130 篇博文，将近二十万字。汇集成册《和女儿一起成长》。

目 录

小的时候我们过得很快乐！

在北京的时候，我家住万寿路。就在距离北京育英学校不远的地方。据说，北京育英学校是一所相当不错的学校。

虽说是住在学校附近，但是，我从来都没有听到过朗朗的读书声。早晨起来，楼下自行车铃声一片汽车的喇叭声一片学生的喧闹声一片。中午则是学生们到附近饭馆吃饭的嘈杂。现在的学生都穿着统一的校服，喝着可乐，嚼着烤串儿，吸溜着麻辣烫，还有，听着 MP3。

每当放学的时候，有很多车辆来接学生。学校门口站满了期待的父亲母亲舅舅姑姑爷爷奶奶姥姥姥爷七姑姑八大姨的就是没有哥哥姐姐，看着他们那期待的表情和等待的无奈，真是同情他们。

我小时候可没有经历过放学后被接的那种高级待遇。甭说爹妈没有那时间爷爷奶奶姥姥姥爷舅舅姑姑也没有那个闲心去接你呀（爹妈都在练习用毛笔字写大字报反对走资派忠于毛主席忠于共产党为了实现共产主义远大理想而奋斗爷爷奶奶姥姥姥爷也没有时间接我他们都忙着斗私批修破四旧立四新打到牛鬼蛇神什么的舅舅姑姑也在抓革命促生产深挖洞广积粮为早日解放台湾努力早日解放全人类呢）。我们每天放学之后出了校门撒丫子就跑。中午添补一口饭后就和同学一起去租小人书看和同学一起去游泳还有和同学一起在水泥台子上打乒乓球；下午放学后经常和同学一起去逮知了捉蚂蚱拍烟盒斗拐拐。还有上树爬房追火车串胡同，那个年代，真是快乐极了（也难免因为和同学打架把同学的裤子扔到河里或者是玩得忘了写作业回到家被老爸暴打一顿反正是快乐和暂时的痛苦并存）。

那个时候的书包也小，不像现在这样，每个孩子都背着象倒爷儿一样的大书包。我小时候那书包最多也就两斤重，语文算术最多有个政治哪儿有什么英语日语呀？我没有学过弹钢琴没有学过拉小提琴没有学过书法没有学过油画也没有参加过什么数学奥林匹克竞赛，我没有那么多压力因此我现在都四张多了白头发还没有多少。现在想想自己幸亏没有学弹钢琴学拉小提琴学油画学写字，干什么要学那些呀？欣赏多好呀？

儿时已经远去，看看现在的孩子们，真是可怜！哪儿看到他们有时间玩儿呀？父母恨不得把自己没有任何音乐天分的孩子变成贝多芬、恨不得把自己没有艺术天分的孩子变成达·芬奇、恨不得把自己没有书法天分的孩子变成黄山谷，哼！整个一个欺负人！

我怀念我的童年我也怀念我的少儿时代：没有那么多的压力没有那么多的桎梏没有那么多的作业没有那么多的约束。我虽然没有烤串儿麻辣烫，我虽然没有耐克鞋 MP3 但是我快乐我开心我幸福。

谢谢爸爸妈妈没有给我那么多的压力！谢谢爸爸妈妈给了我一个成长的空间！

我现在有了自己的孩子，我也要好好培养她，不给她太多的压力，给她成长的空间。

过去的孩子 VS 现在的孩子

其实孩子都是孩子，孩子有没有出息成长得好不好全看你怎么教育也看社会环境怎么影响孩子。每一个孩子都不一样不能拿你优秀的孩子和过去不优秀的孩子比不过大体上的趋势是现在的孩子和过去的孩子的确有很多不同。

现在的孩子真的是多才多艺哪个孩子出来都能弹一首致爱丽丝画两笔素描电脑游戏玩得那个油呀不是小看现在的大人你们连人家玩的是什么都看不懂用北京老话儿说现在的孩子每一个都是：纱绷子擦屁股：会露一手儿。

过去的孩子比现在孩子的社会阅历多些自然知识也丰富知道去哪儿逮蛐蛐去哪儿采桑叶去哪儿摸王八去哪儿捉蝴蝶跳皮筋蹦房子爬树翻墙跳河游泳玩啥啥都会你把孩子扔家里他三天三夜不管保证不会饿肚子说不定还长胖了呢。

现在的孩子懂英文懂电脑会玩 WII 更会找自己喜欢的电视看但是现在的孩子的交流沟通能力欠缺大多数就叫个叔叔阿姨然后就是 OK 还行 Whatever 好奇心少了很多。

过去的孩子会认字儿了就看手抄本儿人家郭沫若九岁就泡妞王朔十二岁就套磁大多数人到了十来岁就舍生取义了虽然没有现在孩子那么多的 A 片但是实践出真知呀！

都不拿个体样本而说事儿就笼统地这么一提过去的孩子有过去孩子的快乐现在孩子有现在孩子的幸福我是没有机会如果真有机会的话我就过去活一次现在再活一次好好的比较一下到底是哪个时代的孩子幸福快乐哪个时代的孩子成长得快成长得健康！

亲爱的老中们，在美国千万不要在家里教孩子说中文

很多在国内努力奋斗寒窗多年终于取得了到美国插队的资格。于是格外珍惜美国这个超级大国给带来的很多好处同时又担心自己的孩子们英文像自己小时候那样费劲。于是在家里张嘴就是英文闭嘴还是英文非常努力地想融入这个陌生的社会。

自己有不少朋友也到了美国也有了男孩女孩都是掌上明珠想喝可乐喝可乐想吃薯条吃薯条想吞汉堡吞汉堡但是英文是一定要说的。教孩子学习不错但是在家里教孩子英文就错了。

俺那朋友的英文倒是不烂，托福考了600分语法造句词汇那都是一流。但是那英文的口音还真是让中国人听不懂让美国人不明白让印度人找不着北。因为教他英文的老师祖籍福州原来是学俄语的后来又跟着灵格风学了伦敦口音后来又在阿拉巴马进修半年，因此成了学校的英文专家。我那同学生于河南长在陕西后来到东北上大学跟着老师苦读N年终于练就了一口自己说得非常流利的英文。自我感觉也非常好于是要把他的英文天才遗传给他的儿女们。

我倒不是小看各位，但是越是国内的英文好学生到美国后的口语越烂。因为上梁不正下梁歪你老师教的就不对所以你也不可能说好英文。孩子在美国读书上学看电视都是正宗的英文根本用不着你教相反是你越教越坏越教越外国！我还真发现很多孩子虽然生在美国长在美国但是那英文说起来怪怪的中文说起来更是怪怪的不过父母自己分辨不出来罢了。

中国孩子在家里还是说中文比较好不管认识字不认识字起码能说。如果在家里教孩子英文那真是既毁了孩子的中文又教坏了孩子的英文你还不如当一个傻子什么都不教人家孩子在学校里学正宗的英文好呢。

既然来到美国，就不要在家里显摆你的英文！孩子的英文半年就超过你的十年寒窗苦！

有人说了：我就要教孩子英文！

OK，咱转身走人！

有些中国父母给孩子们起的那些变态的小名儿

—— 本文纯属半虚构，如有小雷同，那就强忍着吧。——

全世界的父母对自己孩子都是宠爱有加视为掌上明珠。以美利坚合众国为例，每个孩子除了有大名之外比如 David, Jennifer, Richard, Lisa, Charles, Amanda 之外，在家里父母还叫他们一些 nickname 比如 Dave, Jenny, Honey, Darling, Sugar, Sweety, Dear 之类的。让人感觉到是那么的亲切。让人感到孩子们在家里是那么的珍爱娇贵（我在美国，不知道阿拉伯国家怎么叫，咱就拿美国家庭说事儿）。

但是，中国人的家庭就不太一样了（当然不是每一个家庭都不一样，但是，很多中国家庭都不一样）。中国人的孩子除了有大名刘爱国、张向党、李保官、赵发财、王富贵、陈前程之外，在家里也有小名儿，但是很多老中给孩子起的小名都很变态比如屎蛋儿、臭臭儿、臭儿屁、狗娃儿、鼻涕娃、小肥仔、胖猪猪等等。每当我在这样的朋友家里听到他们给自己孩子这样的昵称，我心里都不是滋味儿。

我感觉，给孩子起这种比较变态的名字绝对是大人欺负孩子不懂事，为了满足自己对噁心事物的喜爱的偏好，对自己孩子不负责任、不自觉的虐待行为。试想，在工作单位，你的老板或者同事叫你 shit roll, booger boy, stinky, nasal mucus, fatty pig，stinky fart 之类的，你愿意吗？你当然不愿意了，因为你有知识、有文化、有尊严。而家里的小孩子们还没有文化、知识和尊严。

其实，小孩子们懂什么呀？你叫他什么他就答应什么。但是，孩子们最痛苦的就是上了学之后。同学们知道了他们这些变态的尼克内母之后，一定会取笑孩子的。就像你遇到了一个日本女孩，她叫梅川库子，你能不浮想联翩吗？

我的一位朋友在圣地亚哥养有一个爱子，他们两口子昵称他们的孩子“贼娃子”，后来，他们孩子生日聚会，两口子请了不少孩子来就祝“贼娃子”生日快乐。没想到他们学校开设有中文课程，一个白人小孩第二天问他们的中文老师“贼娃子”是什么意思。老师解释说就是“小小偷”，英文直译就是 little thief, 从此，这“贼娃子”在学校就抬不起头来了，学校老师还为此找了“贼娃子”的父母。夫妻双方后悔莫及。

Nothing personal, 俺阿牛就是实话实说，当然，你叫你孩子什么和我没有任何关系，而且是想叫什么就叫什么。阿猫阿狗鼻涕耳屎屁与我何干？我就是觉得给自己孩子取一个恶心的小名儿，挺恶心的。

在美国一定要鼓励孩子参加一项体育运动

我左顾右盼，看到咱们老中的孩子们都特别有出息：个个儿都会弹钢琴，十个孩子里有八个会拉小提琴，还有会三弦儿的、会笛子的、会小号的。那画画儿就更不用说了，随便一个中国孩子都能画出点印象派来，再说奥数、物理、科学什么的，没有一样中国孩子不行的。你看那奥数、化学、生物、钢琴、绘画等等比赛得奖的，大多数都是中国孩子。但是到了体育比赛的事情，就全是外国名字了。

我觉得，还是让孩子参加一项运动比较好。相对来讲，中国孩子稍嫌内向，艺术气质科学气质数学气质音乐气质多于运动气质尤其是父母都有艺术气质或者都有科学气质的。女孩子更是，个个柔若无骨和林美人似的。想要让我们的孩子们今后更好地发展，在多种族的族裔中不逊于其他人，华人还是参与至少一种体育运动比较好。

参加一项运动，我觉得集体性的运动比较好，第一可以使孩子的性格开朗，第二可以培养团队精神。美国的橄榄球、棒球、篮球、冰球、足球、排球等等都是好项目。群众基础也好。非常适合孩子们参与。

但是，橄榄球可不是好玩的，你没有野蛮的体魄这个大橄榄你是玩不了的。我在中国人里面算是很壮的。但是，在和老美的同学们一起玩橄榄球的时候就被撞飞过，飞出去好几百厘米。这要是在中国都是不可思议的事情，只有我撞别人的份儿，没有别人撞我的份，但是，你面对一群 300 磅的肌肉男，你还真的无能为力。因此，老中参加橄榄球一般都是无疾而终。

冰球也是一项很好的运动，要求速度快、反应快、团队配合。但是，咱的中国爹娘一看自己儿子被撞出去几十米还碰在挡板上，心里那个疼呀。如果有爷爷奶奶在看那就更不得了了。冰球？野蛮人的运动，No no no，no hocky！ 而且，冰球的打架是冰球比赛最令人激动的一部分。

当然，足球也是非常好的运动，要求心肺功能好，跑动能力强，视野宽广、技术细腻、配合默契。但是，大多老中的孩子踢足球也就是初级水平，一到了中级水平就显示出中国人没有足球智慧了。因此，足球吗，也就是自娱自乐在后院对着墙踢踢算了。

由于 NBA 的存在，很多老中的孩子都喜欢打篮球。中学之前，中国孩子和外国孩子的心智身体差不多，也有不少中国孩子篮球打得不错。但是，打篮球里面有很多的 POLITICAL ISSUE, 教练让不让你上场？让你上场多长时间？你能不能打主力？能不能打关键球？几个比赛下来你如果不能让你的教练心动，你的经验就比人家老美少了你的水平也就达不到那种高度了。因此，篮球好像也没有特别适合咱老中的孩子打。

不参加集体项目，咱参加单项体育：体操不好玩，第一是难练，第二是耗时间，第三是容易受伤。李月久的女儿都没练出来，别人就更别想了。花样滑冰也不容易，一般人耗不起。但是，现在好像网球中国人打的是很多了。反正隔着网子也没有什么身体冲撞。网星里又出过张德培李娜这些中国血统。因此，打网球的中国孩子不少。但是，网球是一种非常孤独的运动。你是网球运动员，你基本上就没有什么朋友了。你最好的朋友，最后都是你的对手。网球选手就是在朋友、对手、胜利、输球之间沉浮、成长的。

嗨，反正，孩子除了学校那点儿事儿，除了画画钢琴提琴小号黑管奥数写作等课外活动，最好让孩子参加一项体育运动。大多数中国孩子的大趋势是艺术方面的修养太多了而运动方面的才能没有被挖掘出来。如果有足够的时间、兴趣和钱的话，最好让孩子参加一项集体运动项目和一个单项运动项目。那样会有助于培养孩子的团队精神和个人责任心。

我看到那些德智全面发展，而身体没有发育好的孩子们我就着急！

给自己的孩子找一个赞助商

我们老中在美国生、在美国长的孩子们基本上都是德智体全面发展的。绝大部分的孩子们除了在学校都是顶尖儿的学生之外，还有很多业余爱好比如音乐、绘画、数学、体育、科学、手工、语言等等（玩手机、玩电脑、玩游戏不在探讨范围之内）。这些业余爱好对孩子的成长大有好处，但是也耗费了家长很多脑力、时间、精力和金钱。

不少家长都颇有感触：培养孩子不容易呀，构思不少、花钱不少、耗时更不少。我们不求事半功倍但是要物有所值！

我对音乐界、艺术界、科学界的赞助领域不太熟悉，但是，我对体育界的赞助领域是非常熟悉的。在过去的几十年中，没少和大型赛事、牛掰企业、黑白社会、运动员等以及赞助商打交道。我个人认为，在自己一家人鼎力培养孩子的同时，不妨给孩子找一家或

者几家赞助商，让企业、团体、别人和社会共同帮助你培养好你的孩子。

从理论上来讲，每个企业都是你潜在的赞助商。

大家都知道，企业的发展是需要推广自己的品牌和产品。推广的时候其中很大一个部分是赞助：赞助赛事、赞助项目、赞助球队和赞助个人。在美国大牌的赞助商有很多，你看看奥运会和一些大型的体育赛事就知道了，除了有运动品牌如 Nike, Adidas, Rebook, Wilson 等等，银行、汽车、保险、食品、金融等各个行业都有很多企业赞助体育赛事、体育项目和个体的。尤其在美国，企业赞助赛事和个人是最常见的。而孩子们能拿到企业的赞助，对于孩子们的归属感、自信心和参加运动的原动力是非常有好处的。

对于职业运动员来说，选择赞助商是一个战略问题，但是对普通孩子来说，选择赞助商也并不是天方夜谭，只是一个战术问题。

给自己的孩子们找一个赞助商，咱先拿网球这个项目来说一下：

网球在美国是群众喜闻乐见的项目，起步容易坚持也容易，是一个非常好的个人体育项目。赞助网球的企业也是一望无际。能给孩子找一个网球的赞助商，是一件很惬意的事情。

1）起步赞助企业：这一类的企业是最多的。目前看来，最亲民的网球赞助商是 Athletic DNA, 这是一家只有几岁的企业，虽然不能和运动服装大鳄相比，但是，Athletic DNA 的赞助脚步却走得很快。每一个 Level 2 的网球比赛，都可以看到 Athletic DNA 的 Booth, 他们欢迎每一个孩子加入进来。Athletic DNA 的赞助方式是根据孩子的网球水平，给孩子们提供从 60% off 到免费的服装赞助。一般参加过几次 Level 2 比赛的孩子都可以拿到一套免费的服装和一年 60% off 的 deal。虽说还是要花一些钱，但是，BETTER THAN NOTHING。如果孩子的网球水平达到了 Tennis Recruiting 五星级或者是 Blue Chip 的水平，90% off 的 Athletic DNA 还是相当有吸引力的。像这样的赞助企业还有一些 local 的 business, 需要我们去睁开眼睛看需要我们自己去寻找。

孩子们都比较喜欢的赞助商，门槛比较低。

2）中档赞助企业：这类的企业比较多比如 Head, Prince, Yonex, Babolat, Solinco 等等。这些企业会赞助很多网球爱好者，如果孩子的网球水平能达到其年龄组当地前 100 名的水平，这些企业一般都会提供赞助。一般的情况企业一年可以提供 2 – 4 只球拍、一个球包的赞助。虽然钱不多而且有些企业要你象征性地出一些银子，但是，但是，孩子有了赞助商，那还是一件很好的事情。

Solinco 是网球消费品的企业，赞助多多，但是，数额不大。这个品牌赞助很多青少年。

王子牌一般都赞助王子！

3）高级赞助商：比较难拿到的赞助商有 Wilson, Nike 和一些大牌非运动品牌。Nike 的赞助哲学是只赞助那些顶级的项目和大牌运动员。Wilson 的赞助对象也是那些在全国排名靠前的运动员。Wilson 的赞助一般都包括任选你喜欢的 N 只球拍、上百套球线、上百套 grips, N 个球包、球鞋、网球等等，能拿到 Wilson 的赞助商，每年都会有一个大几千块钱的 package. 这对一个家庭和孩子都是一个很好的鼓励。但是，Wilson 也会有一些要求，比如你必须用 Wilson 的球拍、球包、球拍上要印有 Wilson 的 Logo，每年要打多少场以上的比赛等等，而且，对每一个比赛的参加人数也有一个要求。

Wilson 是网球里比较难拿到的赞助商。

耐克是运动服装品牌大鳄鱼，他们只赞助成绩特别好的孩子们。

4）好运气赞助商：美国有很多个人和机构也会赞助赛事和运动员，我称这些赞助商为好运气赞助商。他们不会赞助产品比如球拍、服装等等，但是，他们会赞助银子。他们会赞助孩子的教练费用、参赛费用甚至参加比赛的交通、住宿等费用。当然，他们也会出钱去给孩子们买运动服装、运动鞋和运动器材。能拿到这类的赞助商，靠的不仅仅是你的运动水平，还要靠运气。靠那个热乎乎的韭菜鸡蛋虾仁大馅饼掉到你头上的运气。

只要运气好，这些赞助商就会蜂拥而至。

5）顶级赞助商：这个要靠天赋、努力和运气了。

过去一直是我们赞助别人，花钱买服装、买器材、买门票、买场地、买教练，现在是不是也该别人来赞助赞助我们了？

其实，没有做不到的事情，只有想不到的事情。咱们老中聪明智慧勇敢，可以造人造卫星、可以造假冒伪劣、可以出贪官污吏、可以有凤姐芙蓉、可以搞外嫁移民，可以做冯氏春晚，我就不信不能给孩子找几个赞助商！

孩子们的成功才是父母的成功

牛郎快才尽了，只好穿上西服打上领带套上三接头的皮鞋假模假式地说点儿疑似领导的语言吧，其实，自己都快受不了自己了，祝大家周末愉快！

又一次应李晨晨主编的邀请在《华人新一代》和华人的父母来分享我们华人孩子、华人父母和华人家庭在美国的成长经历、酸甜苦辣和成功的经验。非常感谢李主编也非常感谢《华人新一代》这个传播中国文化的窗口。

这次想和大家分享的主题是：孩子们的成功才是父母的成功。其实，这个话题是同父母探讨和分享的。而孩子们现在应该还不太懂这个主题的真正含义。

我们这一代人，从中国到美国来求学来发展，都是第一代移民。我们的父母兄弟亲友包括我们自己，对我们均抱以厚望。因此，我们努力、我们奋斗、我们渴望成功。我们有梦想、我们有理想、很多的时候，我们肩负着重托。因此我们这一代人在国外异乡的成功，对我们这一代人有着非常重大的意义。

十多年前我受命于中国接受媒体采访的时候就曾经被问过："牛哥，您多年前出国留学深造，现在回到中国为中国做了不少贡献，请问您成功的经验是什么。"我当时语塞，想了半天才回答道："我一点儿都没有感觉到我自己有什么成功。如果说我现在的工作在我的事业上是一种成功的话，我想感谢我的父母和培养我的母校。我现在的成功并不是我自己的成功，是我父母的成功，是他们培养了我，是我母校的成功，是他们教育了我"（当时，我被记者们认为我是相当谦虚）。话说回来了，我们大家现在在美国奋斗，每个人对成功的定义都不同。但是，我个人认为，只有孩子们成功了，我们才算是真正的成功。而孩子们的成功则需要我们父母做出如下的贡献：

1）给孩子创造一个良好的学习环境和成长环境：这是我们这一代移民所做的最基础的事情；搬到最适合居住的城市和地区、买最好学区的房子或者是租最好学区的房子，让孩子尽可能地受最好的教育。在这一点上，我们中国人的父母做得非常好，基本上都能给自己的孩子提供上优秀学校的条件，为自己的孩子们的成长和教育提供最基础的保障；

2）给孩子提供好的教育机会，除了学校的学习之外，家长也要鼓励孩子们去参加各种课外活动、体育运动、课后学校、尽可能地让孩子受更多、更好的教育，开拓孩子的视野，开阔孩子的眼界，让孩子接触到更多的世界。在这方面，很多家长都做得很好。积极参加各种课后活动，积极参加各种运动，周末还送孩子去中文学校，让孩子有更多的机会去接触更多的文化。不要埋没了孩子的天分；

3）根据自己的经济情况，尽可能地投资在孩子的教育，增加在孩子教育方面投资的比重。其实，我们给孩子留一栋房子，给孩子留一个生意或者是给孩子留一份遗产，都不如投资在孩子的教育方面更有意义。有些家长花很多心思和精力在积累资本、购置房产、发展生意，但是，却在很多方面忽略了对孩子的教育投资。我自己回顾过去的这些年来，深深体会到，在孩子们身上、在孩子们的教育上的投资，才是回报率最大的投资；

4）建议家长们花更多的时间和孩子们在一起，见识孩子们的成长过程。我认识很多父母，忙于工作，忙于事业，忙于挣钱，没有时间或者没有足够的时间和自己的孩子在一起。就像我的父母，在他们年轻的时候忙于革命、忙于工作、忙于无产阶级“文化大革命”根本无暇顾及我的成长，他们就知道我去了国家队当了职业运

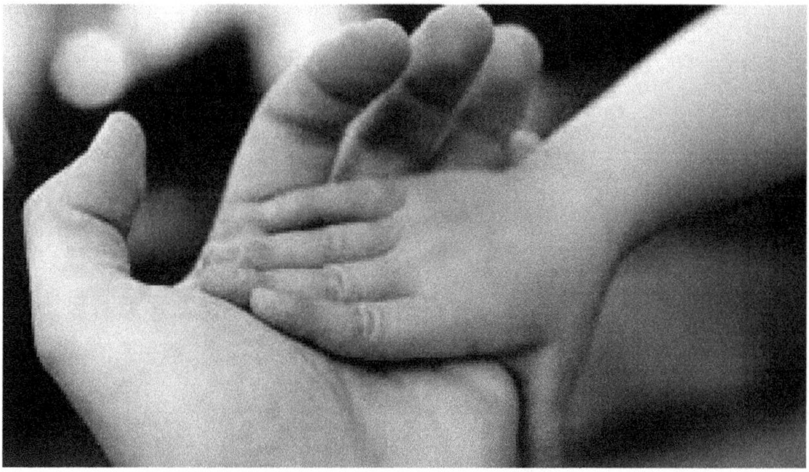

动员。我的父亲母亲在我三十五岁的时候才第一次看到我打羽毛球，才第一次看到我在羽毛球赛场上和别人比赛。我老爹老妈当时感叹说：“没想到你的羽毛球打得这么好呀。”那时候距离我拿亚锦赛羽毛球冠军的日子已经过去了二十年，我小的时候，父亲母亲抓革命促生产没有机会看我打球，第一次看我打球的时候，我已经从国家队退役十八年，打羽毛球水平早已江河日下了。我建议我们华人的父亲母亲，多拿出一点儿时间来，和孩子们共享他们这种成长的过程，体会体会看着孩子们成长的快乐。

其实，最重要的一点，是我们父母这一辈要懂得为了孩子做出一些牺牲。牺牲自己的一部分时间，牺牲自己的一些爱好，牺牲自己一部分的追求，牺牲自己一些事业甚至牺牲一些自己的梦想。把这些牺牲都用在培养自己的孩子身上，让自己的下一代有比我们这一代更多的成就，让自己的下一代有比我们自己更大的成功。

很多父母的事业很成功，但是忽略了对孩子的培养和教育。著名影星张国立不可谓不成功，但是，他的儿子吸毒堕落，张国立再成功又怎么样？李双江老师红了一辈子，他的儿子是一个浪荡公子不成气候。李将军这样的红又怎么样呢？ 在我们生活的这个时代，父辈很成功后辈不成功的例子比比皆是。父母在专注自己事业的同时，也要花一定的时间，一定的精力来培养自己的后辈。其实，看着孩子们健康成长是父母心中最大的快乐！多花一些时间在孩子们身上会你一定得到更多的收获。

我个人的观点是：通过自己的努力，通过自己对孩子的培养，通过自己在孩子们身上花的心血，看到孩子们成功的幸福感比自己成功的幸福感要强很多倍。和自己的成功相比，我更愿意看到下一代的成功，我更愿意看到孩子们的成功。换句话说，孩子们的成功要比我们自己的成功还要成功！就我本人而言，看到孩子们的成功比看到我自己的成功更幸福、更开心、更快乐！

本文纯属自己绷着脸写出来的，虽然没有那么轻松，但是均为肺腑之言，只为把自己的想法与大家分享。

怎么给孩子找一个好的教练？

在美国长大的孩子们就是比在国内的孩子们幸福，最主要的就是没有国内填鸭式的那种学习和浪费而且大多数幸福的孩子们都会参加一两项体育运动来锻炼身体陶冶情操交流感情。中国人最拿手的乒乓球、羽毛球那是基本上都会的。尤其是乒乓球，上旋下旋侧旋弧圈正胶反胶直拍横拍，随便一搞一颠倒一折腾，就把老美给搞晕了。

但是，乒乓球在美国不吃香呀，很多孩子打棒球、打篮球、踢足球、玩冰球、游泳体操网球什么的，最近这些年来中国孩子把美国这点儿体育市场给折腾的热火朝天的。很多的体育运动我都不太在行，网球还知道些许。孩子要是打了网球，那前途看起来是挺光明的，第一上大学奖学金名额多，第二身体接触少咱东亚亚病夫的小体格也不用和大猩猩般的黑人白人们去冲撞，再说了，网球还是高雅的运动，哈哈。

只要打了网球，只要钱不是问题，下面面临的最严峻的问题就是找一个好教练。

什么是好的教练？

好教练不是打过全美冠军的运动员，好教练不是进入过温布尔登网球决赛的好手，好教练也不是要价高会表扬孩子的蜜糖嘴巴。我觉得，关注、关心、关照你孩子的教练，才是好教练。

我知道南加有几位好的网球教练，在这里和大家分享一下：（排名不分先后）

Tammy Redondo, 出身于南加网球世家，曾经和网球名将张德培是队友，Tammy 是一个非常好的启蒙教练：耐心、细心、对孩子有爱心，在圣地亚哥教授网球几十年，学生满世界。如果孩子开始学习网球，Tammy 是最好的人选。

Anna Hedden, 前苏联网球名将，苏联解体后移民到美国，技术细腻，要求严格，对教学一丝不苟。有个性、有脾气，曾经培养出来很多冠军队员，而她本人也获得过 USTA COACH OF THE YEAR。如果你的孩子吃不了苦，受不了严格的要求，挨不得骂，就不要去 Anna 那里。她的严格是出了名的。其实，她严格的教学风格后面，是一颗善良的心。

Stanley Jefferson, 他不仅仅是网球教练，他还是一位教育家。通过网球教你怎么做人、怎么比赛、怎么训练、怎么坚强。在 Stanley 那里，没有回答不了的问题。他总是鼓励孩子们，要像鹰一样高飞。Stanley 培养出来过若干在全国排名第一的网球选手。

Steve Dawson，人到中年，依然是全国网球五十岁以上年龄组的冠军。曾经是中国叛逃网球运动员胡娜的教练，教授出来很多网球名将。当我和拥有 Easter Bowl Tournament 的劳奕谈论起 Steve 的时候，劳奕说："去找 Steve 吧，找他没错！他能当得了费德勒的教练，他也一定能当得了你孩子的教练。Steve 的教练风格是因人而异，特殊定制，能够把你孩子的特长发挥出来。

Steve Adamson，培养出来的网球高手数不过来，Steve 现在是 Barnes Tennis Center 的网球主管，超级好教练！

找好教练三部曲：

· 做调查研究：观看教练的教学课、和教练沟通交流听其声观其人、看教练以往的成绩以及同其他孩子家长沟通。

· 带孩子试课：试两、三节课，要看大人在和不在的时候，教练对孩子的态度。

· 比较、鉴别、根据自己的判断和教练对孩子的评估最后选定教练。

选择教练其实并不仅仅在于让教练对得起我们付出的每小时 80-150 美金，更重要的是对自己的孩子负责。一个好的教练，可以成就一个孩子。一个坏的教练，也可以毁掉一个天才。

还有一点：教练和老师一样，小学的好老师到了中学就不一定是好老师了，而初中的好老师到了高中也不一定是好老师。为了孩子的成长该换教练的时候就换教练。很多老中的家长都是不好意思换教练，结果误了孩子的前程。让不好意思见鬼去吧！

陕西孩子的高考怎么这么厉害?

陕西，这个特别有意思的地方，黄土地，吼秦腔，原汁原味的泡馍，还是历代皇帝建都的地方，挺神奇的。

据有关部门报道，今年中国的高考，陕西的孩子们特别的厉害！

陕西省今年高考 700 分以上 157 人，连加分共 168 人，600 分以上竟然有两万四千人，真正的教育大省！山西状元在陕西排 269 名，江苏状元在陕西排 168 名，福建状元在陕西排 153 名，安徽状元在陕西排 117 名，湖北状元在陕西排 69 名，广东状元在陕西排 357 名。别的省的状元到了陕西，最多也就是乡试中举，说不定连县里都不够资格呢。

陕西的孩子们今年怎么这么厉害呀？

我要是到了陕西参加高考，最多能在陕西省甘泉县三郎屯的初试中出线，然后就被淘汰了。

佩服一下陕西孩子们，600 分以上的就两万四千人，这得要多少智慧呀？

这些孩子，课余时间玩腰鼓，估计对学习有好处！

吼一声秦腔：额地那个神哟……

我要报名上蓝翔技校！

网易 新闻频道
摘要：蓝翔校长荣兰祥说："咱们蓝翔技校就是实打实的学本领，咱们不玩虚的，你学挖掘机就把地挖好，你学厨师就把菜做好，你学裁缝就把衣服做好。咱们蓝翔如果不踏踏实实学本事，那跟清华北大还有什么区别呢"。
蓝翔技校校长荣兰祥

蓝翔技校，全称：山东蓝翔高级技工学校，是我认为中国最接地气的一所学校。

很多北大清华毕业的高才生，都不会做小葱拌豆腐，很多 MIT, CAL TECH 的毕业生，都不会开挖掘机，很多哈佛耶鲁的才子，都不会剪头发裁衣服。但是，近三十年来，蓝翔技校培养了数万名接地气，爱生活的有用人才。

我个人认为，一个学校的成功与否，在于教育理念，看看人家蓝翔技校荣校长的办学理念：

实在，真实在，要多实在有多实在！

截至 2014 年，蓝翔技校下设 7 个专业学院，在 8 大专业类别 60 多个工种招生。

学院	专业	工种
蓝翔工程机械学院	技师培训、高级技工 中级技工	挖掘机深造 挖掘机维修 挖掘机操作 装载机操作 压土机操作 推土机操作 叉车班 平地机班 建筑塔吊班 汽车吊车班
蓝翔烹饪学院	技师培训、高级技工、 中级技工 西点高级技工 西点中级技工	烹饪综合、食品雕刻 风味火锅、精品川菜 特色酱卤、中式面点 西点制作
蓝翔汽车工程学院	技师培训、高级技工 中级技工	汽车综合、钣金烤漆 汽车电工、汽车装具与美容 汽车高级电控
蓝翔焊接学院	技师培训 高级技工（机电一体化） 高级技工（焊接技术） 中级技工	高级电气焊、焊接综合 机电、中高级无线电 制冷、电工、电梯维修
蓝翔美容美发学院	技师培训、高级技工 中级技工	美发综合、美发深造 美发精英、美容精英 化妆造型、摄影班、服装班
蓝翔电脑学院	技师培训 高级技工 （计算机应用与维修） 高级技工（计算机动漫制作） 中级技工	环境艺术设计 网络工程 平面广告设计 计算机维修
蓝翔数控学院	技师培训、高级技工 中级技工	数控加工中心 数控车床 机床综合

我准备学习几种技能：1）特色酱卤，2）环境艺术设计，3）平面广告设计，4）服装班。

第一年，先学这些，如果能够把自己在生活中所能够用到的技能再学习一点，那就更好了。

很快，我就可以自豪地说：我是山东蓝翔高级技工学校的毕业生！我也要跻身于蓝翔成功队伍之中！

Go，Lanxiang！Go Aniu！

为什么他们一抱上了孙子就变成了孙子？

到目前为止，这个世界上还有三件事情我不太能理解：抽烟、喝酒、抱孙子！

前两项这一辈子我都没有理解，不理解为什么很多人一抽烟就像来高潮一样性福得一塌糊涂，也不理解为什么很多人一喝酒就像入洞房一样兴奋得不能自已，唉，不理解就不理解吧，这辈子理解也晚了，索性就不去理会了。

现在，我特别不理解的一件事情不是抱上孙子，而是抱上孙子之后的那种状态：变成了孙子。

我的大学同学，一辈子都为儿子操劳，最后让儿子走后门上了大学，走后门找到了工作，后来，走后门结了婚，走后门买了房子，反正，一辈子都为儿子操劳。但是，儿子和他的关系并不好，基本上都到了没有什么来往的地步。但是，后来他的儿子生了个儿子。这可了不得了。我这个同学每天就和打了鸡血似的。把这个孙子给宝贝的呀，每天恨不得给供起来。吃喝拉撒睡什么都要亲手照顾，到了疯狂的地步。他腰疼腿疼脖子疼了一辈子，但是，只要一抱孙子，什么都不疼了，孙子比药管事儿，比医生管事儿。而且，只要一抱上孙子，自己立刻就变成了孙子，哈哈。

不止是我大学同学，我很多朋友平时人模狗样道貌岸然的特别像梁上君子，但是他们一旦有了孙子，一抱上了孙子就变一个人了，整个人都和孙子一样了，我不明白呀不明白。

问问吧：“到底是什么原因你一见孙子就变成孙子了？这到底是咋回事呀？”

回答千篇一律：“等你有了孙子你就知道了，你也这样，你抱上孙子，你也是一孙子。”

真的不理解，不过，我可不想当孙子。

明天先去附近的幼儿园找个孙子抱抱，看看是啥感觉！

孩子们都是被逼大的

我们老中，每个家庭都望子成龙盼女成凤，周围的中国孩子都被家长们逼得没有了赖福，我看着他们都好可怜呀！

天天天天：钢琴，小提琴，吉他，小号，黑管儿，长笛，唱歌，绘画，写字，中文，数学，奥数，舞蹈，芭蕾，足球，网球，篮球，滑冰，棒球，体操，排球，功夫，跆拳道……就没有中国孩子没有尝试过的。每一家的家长都逼着自己的孩子学习，上课，补习。根本不是孩子自己的兴趣，而是家长们跟风：别的孩子干什么，我们的孩子也要干什么，不能输在起跑线上！

这些孩子真可怜呀，每天都干着自己不愿意干的事情！

特别感谢我的爸爸妈妈，那个年代，他们每天抓革命促生产写大字报，他们练就了一手好字，然后就是下放插队，天天打牌喝酒当判官，放任了我们兄弟几个。结果，我们兄弟几个练就了一身的本领，有出息了，我成才了，我栋梁了！庆幸呀！

我小的时候，放了学之后就在外面疯，学会了一身的本领：游泳，上房，爬树，打架，摘水果，捅蜂窝，粘蜻蜓，逮蚂蚱，下河捞鱼，上山猎兔，反正现在没饭吃了，也饿不死！

现在的孩子，好可怜呀。每天都不用操心吃什么。一睁眼早餐就准备好了，一点儿挑战性都没有。吃完早餐就学习，钢琴，小提琴，吉他，小号，黑管儿，长笛，唱歌，绘画，写字，中文，数学，奥数，舞蹈，芭蕾，足球，网球，篮球，滑冰，棒球，体操，排球，功夫，跆拳道……父母安排什么就学什么，和一个机器人似的，好无聊呀。

我小的时候，一直认为眼镜就是给老头儿老太太们戴的，哈哈！

特别同情现在的这些孩子们，除了会弹钢琴拉小提琴做数学题之外什么都不会，没有什么生活能力。

我小的时候，虽然经常是饥肠辘辘的，但是，学了一身的本领，有强壮的体魄，还有智慧的头脑，自己觉得不错！

再次感谢我的父母，小的时候没有怎么管我！

世上哪有树缠藤（藤校悖论）

一直都在犹豫，犹豫我要不要写这个话题，这个上大学的话题和这个上藤校的话题！

写吧？我真的是怕碎了很多海外老中的玻璃心，怕碾压了 90% 海外老中多年的教育理念，不写吧，又不忍心看到 95% 的老中在培养孩子的道路上越走越远误入歧途，我的那个纠结呀，纠结呀，纠结呀，一直纠结了两个多月，最后我决定舍身饲虎割肉喂鹰我不下地狱谁下地狱，我豁出去了，今天和大家探讨一下我自己对上藤校这个话题的理解和经验。

相传在唐中宗时代，有一个会唱山歌，聪明美丽的壮族姑娘，常用山歌来赞美劳动，赞美自然，赞美爱情，深受人民群众的喜爱，被称为歌仙，她就是刘三姐。

1960 年，雷振邦先生把这个传说中的山歌谱成了曲子，乔羽先生填词。歌中唱得很明白也特别有道理：山中只见藤缠树，世上哪有树缠藤，青藤若是不缠树，枉过一春又一春。

四十多年之后，当我在美国听到在美国的老中们大谈特谈如何让孩子们爬藤的事情时，我就有点儿纳闷儿，千百年来，歌里唱的不是只见藤缠树，不见树缠藤吗？我们这些学而优则仕的老中们，怎么把哲学和逻辑搞反了？真正的大树，是要等着青藤来缠绕的。

我就是有这个好钻研，爱学习，追根问底的坏毛病。带着这个藤缠树还是树缠藤的命题，我潜心研究美国八大藤校的成立历史、办学理念，招生要求，学生背景，录取概率，专业分布，世界排名，教学质量，毕业走向，日后成就包括这些学校肄业生的发展方向，终于，我得出了结论：我们的歌仙刘三姐唱的是对的：山中只见藤缠树，世上哪有树缠藤？

我女儿 2002 年出生，2020 年将要高中毕业，进入大学校园。

美国 NCAA 有特别严格的规定，任何美国的大学在高中三年级之前，不允许以任何形式同学生进行联系包括电话，电报，电子邮件，手机短信，以及其他联系方式，也就是说，任何大学在学生高中三年级之前，不可以 Contact 学生。

2018 年 8 月 22 日，我女儿开始了她高中三年级的学生生活。就在这一天，她收到了 40 所大学的邀请，开学后第一个星期，她收到了 150 所大学的电子邮件和手机短信的邀请，各个大学的橄榄枝满天飞！眼睛都看花了。（后来收到多少所大学的邀请，就没数了）。

开学后的两个星期，哥伦比亚大学的网球教练给我女儿发来短信，要抽一个周末来看她训练。三周后，哥伦比亚大学的网球教练从纽约飞到圣地亚哥看女儿训练，当天到了之后看训练然后当天回去。第二天，哥伦比亚大学邀请我女儿去哥伦比亚大学做正式访问（Official Visit）。

根据 NCAA 的规定，每一个孩子可以接受五个 D-1 学校邀请的正式访问，如果你想访问的学校多出五个名额的学校，就要自己出机票、酒店和一切费用了。因此，去哪所学校进行正式访问，是一个经济问题，是需要斟酌的。鉴于哥伦比亚大学是世界名校，又是第一个邀请我们去进行正式访问的学校，所以我女儿决定：去！

接着，哥伦比亚大学寄来了机票，安排了酒店，安排了接机。16 岁的花季少女，首次踏进了哥伦比亚大学的校园。

据可靠消息：哥伦比亚的访问是在友好热烈的气氛中进行的。

访问哥伦比亚大学一周之后，哥伦比亚大学的网球教练从纽约飞到田纳西的孟菲斯去观看我女儿的比赛：2018 年全美青少年室内冠军赛。一连几天，哥伦比亚大学的网球教练在孟菲斯看了她的每一场比赛。但是，同时看我女儿比赛的其他学校的教练有：麻省理工学院，耶鲁大学，普林斯顿大学，Wake Forrest，哈佛大学，达特茅斯，哈维马德，威廉姆斯大学，斯坦福大学，杜克大学，U-PENN，乔治城大学，加州理工，俄亥俄州立大学，密歇根大学，芝加哥大学等等等等等等等等，每次我女儿比赛，我身后密密麻麻一大片背着背包拿着小本本的大学网球教练。

比赛那几天，几乎每一所大学的教练都给我女儿发过短信发过邮件摇动过橄榄枝。

但是，橄榄枝太多了，太分心了，我决定：剪枝！

2018 年全美青少年冬季冠军赛 16-18 岁组的比赛，于 2018 年 12 月 26 日至 2019 年 1 月 4 日在佛罗里达的奥兰多举行。为了打好比赛，不让女儿分心，我下令：先拒绝麻省理工学院，加州理工，乔治亚理工这三所学校和所有州立大学的邀请！

第二天，我女儿和我说："爸爸，我和我的好朋友说了我们拒绝了麻省理工和加州理工，她们都说你疯了。"

其实，我没有疯，我还真的没有疯！

既然要飞，就要飞得更高！

我就是有这个好钻研，爱学习，追根问底的坏毛病。带着这个藤缠树还是树缠藤的命题，我潜心研究美国八大藤校的成立历史、办学理念，招生要求，学生背景，录取概率，专业分布，世界排名，教学质量，毕业走向，日后成就包括这些学校肄业生的发展方向，终于，我得出了结论：歌仙刘三姐唱的是对的：山中只见藤缠树，世上哪有树缠藤？

但是，我有一个重要的发现：全美各大名校的招生中，奖学金最多的就是运动特长生。占了学生总量的 10% 上下，不但有奖学金，还有提前录取，还有优先选课，有专门的老师辅导，同时，穿着由 Nike, Adidas, New Balance 这些大牌赞助的服装，全美国全世界的 travel，还有机会参加奥运会，多好的事情呀！

而且，名校尤其是藤校希望招收学生是 UNIQUE 的。怎么才能 Unique？如果一个班三十个学生，有 20 个学生数学满分，谁 Unique？ 但是，一个网球比赛，就一个冠军，那个 Unique 不言而喻！还有，就是那个一万小时定律。

方向定了，就好办了。

女儿喜欢滑冰，就买冰鞋上冰场，两年下来，滑到了 Stage 4，据教练说，Stage 6 就该进入职业了。但是，女儿的个子长得太高了，不适合滑冰了。

没事儿，咱换，换项目！

她 8 岁那年，为了上一个更好一点的中学，我把家搬到一个好的学区，正好家的附近有一个网球俱乐部，于是，就去网球俱乐部里见了网球教练，然后买了拍子衣服鞋网球以及所有有关网球的装备，开始学习打网球（其实，女儿小的时候是一个小胖妞，打网球的目的之一，就是想让她更 FIT 一些）。

每周两个小时的 Private lesson, 两次 Clinic, 我自己再陪她打两次。既然要打网球，就要努力去练习。我们从来没有抱着试试的态度。

女儿的启蒙教练是一位特别耐心的教练，在和她学了一年之后，教练语重心长地说：该去打打比赛了！

于是我又开始研究，如何参加网球比赛：在 2010 年 5 月，正式注册了 USTA 的会员。

实话实说，孩子在早期的网球比赛中，还是有一点点天赋的。第一次参加网球比赛，就拿回来一个奖牌，从此，各种比赛的奖牌奖杯就不断了。11 岁的时候，她在南加州 12 岁组排名第一全国前五，为此，她的教练也获得了 USTA 的 Coach of the Year。孩子的成长对教练的好处是：她的课时费一天之内从 $60/ 小时涨到了 $80/ 小时。

听教练的话，在连续拿了三个大赛的冠军之后，就 Move up 了，刚到 12 岁，就拿了她第一个 16 岁组的冠军，13 岁的时候，拿到她第一个 18 岁组的冠军。教练们都说：You got to turn to pro.

这个时候，我们遇到一个特别好的教练，一位教育家，史丹利杰弗森。他说："Your daughter is great player and will be greater and greater in the future, but you need to have a Plan B." 我们听了史丹利教练的，没有放弃学业，没有 Home Schooling, 在打网球的同时，还在学校里当学霸，当全 A 学生，这年那年，她都是学校里的 Girl of the Year.（史丹利教练还说，要 AIM HIGH !）

实话实说，在网球场上，我是虎爸。因为我小的时候我的教练们就是那样对我的。瞪眼发飙大声喊，超级严厉，有的时候还用三尺小棍儿抽我的屁股（用小棍儿在美国不行，会蹲大狱的）。就这么日复一日年复一年的坚持，到了 2018 年的年底，女儿获得的奖杯有一百多个其中包括代表美国青少年网球最高水平的金球！

八年的业余网球，是在暴晒，汗水，疲惫、失落、惋惜、胜利、失败、努力、坚持甚至伤病的情况下走过来的。看看家里那些林立的奖牌奖杯，都是努力和汗水的结晶。八年来，女儿坚强了，学会了面对成功，面对失利，学会了自己调整自己的心态，学会了八风不动，学会了宠辱不惊，学会了自强不息。

天赋在不懈的努力面前，只不过是一点点催化剂。

走过弯路没有？走过！

失去过信念没有？没有！

既然要飞，就要飞得更高！

拒绝名校的邀请
是一件比较痛苦的事情

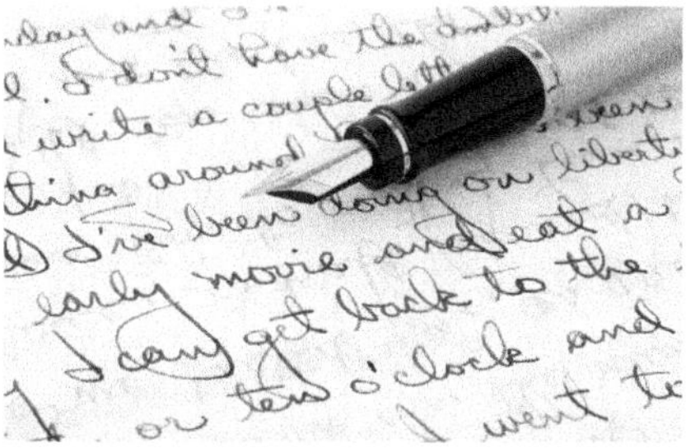

被世界上著名的大学青睐是一件很好的事情，但是，被很多著名的大学青睐，但是又只能选择一所学校，那就是一件有点儿痛苦的事情了。

向我女儿挥动橄榄枝的每一所学校都有辉煌的历史，每一所大学都是人们梦寐以求的高等教育殿堂。

哥伦比亚大学，是第一个派教练飞到圣地亚哥来看女儿训练的大学，第一个正式邀请女儿去学校访问的大学，第一个每次大赛都要到现场去看女儿比赛的学校，也是著名的常春藤学校，怎么能拒绝？怎么好拒绝呢？要拒绝哥伦比亚大学，好难好难！

WF 大学（Wake Forest University），也是世界名校，WF 的教练和孩子的沟通是手写的信，用邮票寄来的：#1 #2 #7，#10 #18，#22 ……额地神呀，现在这个年代谁还这样写信呢？多么的真诚多么的执着，真的感动了我。

每周都能收到 WF 大学教练寄来的手写的信，这么真诚，如何拒绝？。

MIT（麻省理工）的教练对孩子说：你先不要拒绝，我们邀请你到 MIT 来看看，兴许看来我们学校之后，你会改变主意呢？这样的邀请，怎么好拒绝呢？

耶鲁大学、普利斯顿大学、康奈尔大学、达特茅斯、斯坦福大学，USC, Harvey Mudd, Claremont Mckenna, 甚至是优喷，布朗都是不容易拒绝的学校呀。

哈佛大学，全世界一直排第一的大学，怎么好拒绝呢？怎么能拒绝呢？

原来一直以为被这些著名的大学录取很难，现在才知道，拒绝这些大学的邀请，更难！

在这个问题上，我就不拿主意了，孩子想上哪个学校，她就上哪个学校！剩下的学校，自己措辞去拒绝。

本来，想让她成为我到美国读书的第一个学校，Ohio 的一所公立学校，好学校，D-1，在美国有很多人都知道那个学校，她去了可以成为那个学校的 Legacy，而且，我可以保证她拿到全额奖学金！哈哈哈，但是，那个学校在美国排名 200-300 名之间，孩子不愿意去呀！

由她去吧！

她可以有五个 Official Visit 的名额，哥伦比亚已经抢先了一个，还有四个名额，让她自己决定。（MIT 是 D-3 学校，不在名额之内）

人生的旅途上，就有很多选择，只要选择一个学校，就注定要拒绝很多学校。十六岁的她，要开始学会拒绝！

这个问题对于我来说，有些难度！

最终选定目标大学，不再纠结了

从我女儿去年八月份进入 Junior year 以来，面对百十来所大学，我们一直在为了要去哪所学校读书而纠结。

是选择公立学校，拿到 Full Ride，还是选择藤校去前途无量光宗耀祖。是选择网球好的学校刻苦训练参加奥运会，还是去学术水平高的大学日后往专家教授方向发展。是选择离家近的斯坦福，伯克利，USC 还是选择冰雪连天的哈佛、耶鲁、普林斯顿或者哥伦比亚。

很多很多个选择，很多很多种可能。谁也看不透，谁也看不到十年后的今天。

去年十月份在夏威夷的一个全国网球比赛中，我和一位韩国虎爸聊天，他建议："Let her go, far and far away, let her see the world she has never seen before. Let her fly, fly away. " 这位老韩虎爹信心满满，他的女儿在洛杉矶长大，没有选 UCLA,，没有选伯克利，没有选 USC, 她选了普林斯顿。

女儿的师姐们也都召唤她：到 UPENN 来吧，到耶鲁来吧，到普林斯顿来吧，到哥伦比亚来吧，到波士顿来吧，到东部来吧。很少有人说：到斯坦福来吧，到 USC 来吧，到伯克利来吧。西部的孩子，大部分都想远离西部，到东部上学。

经过几个月的思考、纠结、挣扎，一个电话决定了最终的选择。

原本定在一月四号打完冬季冠军赛之后的电话，是在今年元旦那天的晚饭前就打来了，是那所著名大学的网球教练打过来的："We want you, as you know, our university is a not bad university, I am sure that you will like it and you will love it. "

女儿说："OK，thank you, I will go！"

就这么简单，不到一分钟，大学搞定了！

顾得巧意思！

Go，Crimson，Go Veritas！

16 岁的她，在 2019 年的第一天，选择了她心仪的大学，做了一个她自己一生中非常重要的决定。

欧耶，不纠结了！

我教育孩子的十七字箴言

我相信我的父母，对我是宠爱有加，但是，生活在他们那个年代，各种政治运动已经把他们的精力、能力、理想、抱负消耗殆尽，已经没有时间和精力去思考对我和我的弟弟们的教育了，因此，我从小就是一个野孩子，爬树上房跳水打架，消耗着青春的荷尔蒙。

到了我这一辈儿，眼看着一个一个的同辈赶上、并肩而且超越了我。我才发现，教育子女是一件非常重要的事情。

我做事情，有哲学，有条理，有规矩，有方法，我给我对孩子的教育设置了十七字箴言：

立规矩，讲道理，定目标，赏罚严明，奖惩有度！

立规矩：孩子上小学的时候，学校每年都有一个教育的理论基础，我给孩子立的规矩是在学校教育基础之上的标准。做事，做人都要有规矩，都要守规矩，不能越过做人的底线。有了这个规矩，以后和孩子讲道理的时候就有了一个标准。

讲道理：遇到事情，不用自己的观点、经验和哲学去强压孩子，而是给孩子讲道理，分析情况，引导孩子的思维。让孩子明白什么是对，什么是不对。什么样的选择更好。和孩子沟通是教育的一个重要组成部分。道理讲清楚了，沟通好了，以后的目标就好定了。

定目标：定目标是一个学问，远期目标要定得高，近期目标要订得合理。目标定得太高，让孩子感觉到没有希望，目标定得太低，太容易达到又没有了挑战性。所以，定目标要有一个综合的考量，大目标定了之后，小目标随时调整。

赏罚严明：这个赏罚严明听起来像是对待古代的士兵，但是，赏罚严明是对孩子的动力和催化剂。没有赏，孩子会失去动力，没有罚，孩子会堕于懒散。因此，赏罚严明是督促孩子成长的一个动力。

奖惩有度：很多家长在奖励或者惩罚孩子的时候没有量的考虑。孩子好的时候，大把花钱，孩子不好的时候，随意惩罚。缺乏限制的奖惩会让孩子不知所云。有些家长过于宠孩子，无度的奖励，会宠坏孩子。但是，无端的惩罚，又会给孩子带来伤害。所以，对孩子的奖励或者惩罚的程度或者是限度，是非常有学问的。

这么多年下来，我在教育孩子上面，读过很多很多本书，看过很多很多种案例，汲取过很多好的方法，也积累了很多很多的经验。有的时候我在家里自己拍着胸脯说："牛啊，你是一个教育专家，you did good job."

和大家分享一下我自己成功的经验，同时，也祝所有的家长把自己的孩子培养得健康、快乐、情商高，让孩子成为国家栋梁，成为社会的有用之才！

倒一倒培养孩子的苦水儿

孩子被哈佛提前录取了，亲戚朋友都乐不可支好像真的是鸡窝里飞出了金凤凰，大家开心，孩子也特别的开心。不过，当今世界上，NOTHING IS FREE，我在这里把瓶子稍微倾斜一点儿稍微倒一点儿这些年来培养孩子的苦水儿。

甲）孩子的成就，不仅仅是孩子自己的努力，更主要的是家长的牺牲。

带孩子搞体育打网球的付出和努力与其他项目一样或许比其他项目付出更多：每天四个小时的时间付出包括准备训练用的球拍、球鞋、衣服、水、墨镜，防晒霜以及跳绳、按摩棒，拉伸皮筋等等。开车去训练场地，孩子训练的时候要看教练怎么教，孩子怎么学，回去怎么练等等等等，前前后后四个小时是少说了。

孩子是由 Wilson 赞助的。赞助商要求每年要打 18 个 26 Draw 以上的比赛，每个比赛两个周末，这一年五十个周末至少就有 36 个周末是在比赛场地上渡过的。从孩子参加比赛以来，所有的节假日都没有在家里过过。比如说打冬季冠军赛，每年的 12 月 25 号开始到第二年的一月二号结束，一般都是 23 号离开家，三号回到家里，在外面待十天，一连六年都是这样。

孩子的春假要参加春季冠军赛，East Bowl，暑假要打硬地冠军赛，红土冠军赛，寒假要参加室内冠军赛，冬季冠军赛。几乎是全年无休，就这样，一连六年！上了贼船，就要扛着顶着坚持着！

网球比赛，最短的距离就是开车半个小时，长的距离在美国境内就是西海岸到东海岸，一飞就是一天或者是一夜！

庆幸的是，我们付出了这么多，很多时候是当分子，那些当分母的孩子们，父母也同样付出那么多！

父母在时间上的付出，是孩子成长的基础。孩子的成就，其实就是父母付出的艰辛。

乙）孩子的成就，是用真金白银铺垫出来的。

看到家里将近一百个奖杯，我就想，哪个奖杯用美金来衡量，都是几千块钱呀！

孩子一个月一双网球鞋，基本上就不在考虑范围之内。网球用的服装、袜子、各种训练器械，防护用具，保护用具，眼镜防晒霜，各种运动饮料，开车加油这些都是小小意思，每个月几百块钱顶死了。

每一次比赛的报名费，$50-150 不等，每年至少 18 个比赛，这也好几千刀。

参加一个大的比赛飞到芝加哥，夏威夷，佛罗里达，阿拉巴马，纽约，亚特兰大等地，来回两个人的机票，酒店，租车，吃饭乱七八糟的，十天 4000 - 5000 刀是有的，管它呢。

其实，漏水最多的地方是每次付给教练的钱。$90-100 一个小时，小的时候是每周两次，后来增加到每周三次甚至是四次。上大课一次 $40, 每周三次。还要请陪练，日积月累，这是一笔不小的开销。没有细算过，但是每个月也要几千刀吧。

我知道有咱厉害国的人请 Nick Bollettieri 当教练，他老人家一小时收人家 $600，我觉得他不值那么多钱，所以，没有和他打过交道。.

女儿在 13 岁的时候，每天都会打断一只网球线。请别人缠线十五块钱一只拍子，$15x360 天 = 老贵了。于是，自己花几千刀买了一个高级缠线机，每天给闺女缠线。一开始的时候，缠一只拍子要差不多 40 分钟，现在快了，但是，也要 20 分钟。等于我一个小时可以挣 $45，哈哈，省了就是赚了。

家里绝对就是健身房，你能想到的各种训练器械我都有，Training Cage，拳击袋，（拳击手套都有四副），杠铃哑铃自行车，各种 Cone，发球机，按摩床，冰敷机，红外仪，低频仪，高压棒，耐力绳，大大小小的瑜伽垫，各种重量的麦迪森球，后院有篮球架，反正，训练奥运冠军需要的器材，我差不多都有！哈哈哈！

还有各种书，各种参考资料，视频资料等等！

在培养孩子方面，在自己的能力范围内，不计成本，不能计成本！

当孩子被哈佛提前收了的时候，感觉所有这些年的辛苦和付出，都值了！

倒几滴小苦水儿，请勿见怪！哈哈！

我们培养孩子的两个致命误区（之一）

我自己不能吹牛说我自己培养孩子培养得多么好，多么成功，多么厉害，多么牛掰，多么伟大，但是，走过的路多了，自己也见过很多成功的父母和有成就的孩子，自己也学习了很多。我个人认为，我们第一代的移民在培养孩子的时候，容易误入两个误区，这两个误区是致命的，是有关孩子前途的。

就像我欣赏一幅艺术作品：站在一幅油画面前，我说不出来这幅作品哪里好，哪里出色，只是欣赏整个作品赞赏这幅画作。但是，如果这幅作品有缺点，有瑕疵，有不足，我一下子就可以指出来。培养孩子也是一样，父母怎么培养的好，我不一定知道，但是，培养孩子做的不对的时候，我一定知道。

这个经常被父母踏入的误区问题是：值不值？

在我女儿很小的时候，我就带她去不同的地方玩：海洋世界，动物园，迪斯尼乐园，Legoland，六旗山，泼水城，中国长城故宫，日本富士山箱根浅草大涌谷，加拿大温哥华（哈哈哈）等地方，每个周末都去，每年都买年票。这时候就有朋友劝说：这些地方带孩子去一次就行了，花那么多钱去玩，不值。我们周围这么多公园，带孩子坐坐滑梯打打秋千就行了。其实，买年票去这些地方，不仅仅是玩，还是一个学习的过程，像海洋世界，动物园，野生动物园，迪斯尼乐园，

Legoland，这些地方，其实学习的地方很多很多，都是对孩子的教育。我的观点是：培养孩子在自己力所能及的情况下，不计成本。

后来，女儿学习画画，游泳，钢琴，小提琴，中文，滑冰，体操，功夫，吉他等等等等，也有朋友说值不值的问题。我觉得，我们当父母的，要给孩子提供更多的机会。不像我小的时候，就是上树掏鸟，上房打架，很多事情都没有机会学。

再后来，女儿开始打网球了，基本上每天训练，请私教教，跟班上大课，出去比赛，开车坐飞机，近的远的，大的小的比赛不计其数。附近的推爸推妈还劝我：打那么多网球，花那么多钱，值不值呀？难道你还让你女儿打职业网球吗？我笑而不答。因为，我心里有我自己的主意。网球运动是不同于其他任何比赛的运动项目。比赛在场上，不能靠任何人了，规则不允许有教练所以教练帮不了你，父母帮不了你，朋友帮不了你。输球赢球得分失分全靠你自己，就像走进社会一样。网球是最培养孩子独立能力的运动。不论将来网球是打职业还是业余，网球运动是培养孩子性格、自律、自立的好项目。

最近，又有朋友说了，她上公立拿全奖 Full Ride, 200% 没有问题，去哈佛读书每年还要交多少钱呀？你培养孩子打网球这么多年，花了多少钱呀？再花钱上哈佛，值吗？是的，现在我女儿的情况是想上哪个学校就能上哪个学校，想拿什么全奖就拿什么全奖。但是，值不值谁也不知道，我坚信，花在孩子身上的钱，用在教育上是最值的。

这个值不值的问题，很多父母是拿钱来衡量的。花出去多少钱培养孩子，花出去多少钱供孩子上大学，孩子大学毕业之后能找什么样的工作，能挣多少年薪？多少年才能把投资的本钱收回来。但是，这些父母忽略了孩子的体验和心理收获，忽略了很多很多用钱买不来的经历，也看不到孩子经历过美好经历之后，受过良好教育制度的无量前途。

我身边有这样的父母，买 4000 呎的百万豪宅，却不舍得给孩子花钱请网球教练。两口子都是高工资，却舍不得让孩子去夏令营。开豪车拎矮鲁威，却舍不得在培养孩子接受教育上面花钱。这些父母认为：网球教练我可以当，每小时可以省 90 美金，俱乐部我不参加每年可以省 $1500 美金，我可以开车去公园的网球场，高中的网球场打。数学、物理、化学、生物我都可以自己教。其实，这些父母真的错了。

都是钱闹的！

个人认为：不管钱多钱少，花在子女教育上面，是最值的！

投资在孩子教育上面的钱，哪怕就是暂时不见效果，也是值得的。因为，在她 / 他的人生道路上，你不知道什么时候投资的效果就显示出来了，你永远都不知道。但是，你如果不投资，你会知道，永远不会有效果。

长线短线、远见短见，都是选择，希望我们都能做出正确的选择！

培养孩子不是做生意，培养孩子在自己力所能及的情况下，不计成本，不能计成本！

我们培养孩子的两个致命误区（之二）

我自己不能吹牛说我自己培养孩子培养得多么好，多么成功，多么厉害，多么牛掰，多么伟大，但是，走过的路多了，自己也见过很多成功的父母和有成就的孩子，自己也学习了很多。我个人认为，我们第一代的移民在培养孩子的时候，容易误入两个误区，这两个误区是致命的，是有关孩子前途的。

就像欣赏一幅艺术作品：站在一幅油画面前，我说不出来这幅作品哪里好，哪里出色，只是欣赏整个作品赞赏这幅画作。但是，如果这幅作品有缺点，有瑕疵，有不足，我一下子就可以指出来。培养孩子也是一样，父母怎么培养的好，我不一定知道，但是，培养孩子做的不对的时候，我一定知道。

个人认为，我们在培养孩子上面的第二个误区就是没有花足够的时间在孩子身上。

说到在孩子身上花时间的问题，一定有很多很多的人不服气："我们一把屎一把尿地把孩子养大，给孩子吃给孩子穿带孩子去玩送孩子上学让孩子受教育怎么就没有在孩子身上花足够的时间了？"

首先，一把屎一把尿地把孩子养大，给孩子吃给孩子穿带孩子去玩送孩子上学让孩子受教育那就是应该的，因为你生了孩子，自然就要做这些事情，这并不表明你在孩子的教育上面花了足够的时间。

我就简单地举几个例子：

1）有多少父母把孩子送去学弹钢琴，当孩子跟钢琴老师学习的时候，父母在旁边玩手机看电脑玩 Ipad ？有多少家长和孩子一起读五线谱，一起弹巴赫的练习曲？孩子学钢琴，父母只是送去后，孩子学琴父母在旁边玩，那不叫在孩子身上花时间！

有多少父母会读这些五线谱？如果你不懂五线谱，你怎么督促孩子练习？只学不练，和没学区别不大呀！

2）有多少家长送孩子学滑冰，自己在外面聊天抽烟去买菜，有多少父母穿着靴子棉鞋看教练怎么教，看孩子怎么摔，看孩子学了什么，怎么转身，怎么用里外韧？自己出去聊天，让孩子在冰场上学滑冰，那不叫把时间花在孩子身上。

父母们都在哪里？除了上课，你再带孩子去滑冰的时候，你怎么指导孩子呢？

3）有多少家长把孩子送去打网球，自己去购物买东西等两个小时以后再来接孩子？有多少家长在球场旁边做笔记，看教练教什么，看孩子学什么？仅仅是把孩子送到球场，那是远远不够的。那根本不叫把时间花在孩子身上。

有多少父母在陪着？有多少父母能够重复教练的各种练习呢？

游泳、篮球、足球、体操、钢琴、绘画、棋类，多少兴趣班呀？哪个家长从头跟到尾的？那么多时间，都花在自己身上，没有花在孩子身上。即使是学校里的课程，即使是补习数学、物理、化学，有多少家长读了那些书，看了那些作业，懂了那些道理！

也有很多家长说："这个我不懂呀？"

Very bad excuse！

如果是四十年前，你不懂还可以原谅，但是现在，什么都在 YOUTUBE 上面，什么都可以学，只不过，很多父母为了工作，为了自己，为了省事儿，为了轻松，找一些很无聊的借口罢了。

真正把时间花在孩子身上的父母，孩子一定有出息！

大部分的父母，是看到别人家的孩子上了名校自己才着急，才上火，而且还怪自己的孩子没有天分，不够聪明。其实，所有的孩子都是一样的，就看你怎么培养，在孩子身上花多少时间！俗话说，一分耕耘一分收获，你耕耘得不够，收获自然不足。

花足够的钱，花足够的时间，孩子会让你为他 / 她骄傲的！

女儿是爸爸的小棉袄，儿子是妈妈的军大衣！

多年以来，江湖上一直传言，女儿是爸爸的小棉袄，意思是温暖，贴心。

每一个有女儿的爸爸，都特别开心，因为自己有了小棉袄，不怕冻着不怕凉着，女儿嘛，贴心呀！这个话我听了大半辈子了，不过，女儿是小棉袄就小棉袄呗，自己也没有怎么多想。

今天，老妈发来微信，告诉我一个新的节日：儿子节！今天是儿子节！

中国好厉害，居然还有儿子节！

老妈在微信里面说："一直以来，我们只知道女儿是爸爸的小棉袄，今天我才知道，儿子是妈妈的军大衣！"

额地神呀，从来都没有被重视过呀！这么多年来，我这个当儿子的，一直是家里的干活儿主力，劳动冠军，吃苦博士，耐劳教授，汗滴研究员，义务劳动奖章获得者！给家里贡献这个，给家里贡献那个，任劳任怨了大半辈子，也没有混成一个小棉袄，别说小棉袄了，就是一个棉坎肩儿也没有当过呀。这突然一下子变成军大衣了，额地额地额地那个神呀，喜从天降连升三级呀！

儿子是妈妈的军大衣，哈哈，暖心呀！

不管是儿子是女儿，龙凤皆宝呀！能和女儿是爸爸的小棉袄对应成为儿子是妈妈的军大衣，这个官衔让天下的儿子甚感安慰！

军大衣，来了来了！既然有儿子节，那咱就过一过！

吃碗牛肉面，庆祝一下儿子节！

再来两一小碗儿酱牛肉，哈哈，过一下属于自己的节日！

祝天下的儿子都是老妈的军大衣！

这帮孩子可真厉害

最近有幸见到一些即将高中毕业之后马上就要上大学的孩子们，也和他 / 她们聊了聊天，感觉到这一代的年轻人真是厉害：政治、经济、文化、历史、军事、音乐、医学，科学，艺术还有他们自己在学校做的项目，都有自己的见解和主张。这第二代的移民，以后非变成国家栋梁不可！

这些孩子马上就要上大学了，学校都是自己申请，自己选择，根据自己的爱好、志向选择一个适合自己的学校：耶鲁大学、麻省理工、加州理工、达特茅斯、普林斯顿、哥伦比亚、布朗大学、哈维妈的、优喷、乔治城、康奈尔，伯克利、You see a Lot of Asians……全部都是我当年仰视的学校和现在依然仰视的学校。

当年，我们能上一个大学就要骑马戴大红花游街三天了。北大清华孵蛋难开那是绝对的缀母死顾呀！我当年到美国读书，说来惭愧呀，选了几个学校申请，都是选申请费少的学校只要能被录取就行。虽然最后进了比北大清华还要好很多的学校，但是，和现在这些孩子相比，眼界不同，境界不同，水平不同，不能不感叹，不能不佩服：自古英雄出少年呀！

我也年轻过，也高中过，也毕业过，也上过大学，但是，这一代人比我们那一代人，真是强得太多了。

曾经有一段时间，我女儿想去麻省理工读书，我不同意她去，还一度给她建议："要不然，到我在俄亥俄读书的学校读书吧，你还是这所著名大学的 Legacy。" 女儿怼我："老爸，我只去最好的学校，您今后如果还想学习，可以考虑当我的 Legacy 。"

我周围朋友的孩子，一个比一个聪明，一个比一个智慧，一个比一个有出息。这一代的中国孩子，十年之后，了不得呀！

这些孩子们，一飞冲天！

自古英雄出少年！衷心地佩服他们，衷心地祝福他们！

我们很多老中缺乏的就是一个自信！

听说我们这疙瘩的冰球小神童王小勇不打冰球了，很是吃惊！

小勇从很小的时候就开始打冰球，这孩子特别有运动天赋，从八岁开始就是冰球场上的灵魂人物，小学、初中得奖杯无数，还曾经代表美国队参加国际青少年比赛，从观众到教练都觉得小勇是未来的冰球之星，打职业的料子。但是，上了初中之后，小勇的老爸老妈突然就不让孩子打了。据说原因是怕孩子今后不够强壮，冰球对抗性又强，怕把孩子给撞坏了。所以，在家里专攻数学物理化学，冰球杆收起来，冰鞋藏起来，13 岁就挂靴了！

真的是很可惜呀！这孩子从 13 岁开始学数理化虽然有可能成为陈景润爱因斯坦，但是，打冰球说不定可以成为下一个 Wayne

Gretzky 而名垂青史。

我认识很多朋友的孩子都打网球，他们不缺乏天赋，不缺乏热情，不缺乏条件，就是父母缺乏自信。父母总是说:“我家孩子不行，心理不够稳定，技术不够成熟，脚步不够快，不是搞运动的料子。”

这些父母，一方面羡慕别人家的孩子网球打得好，一方面送自己的孩子去打网球，另一方面天天在抱怨自己的孩子没有天赋，没有热情，没有能力，没有体力，没有技术，抱怨一大堆呀。但是，让他们不参加体育运动吧？他们又说，嗨，试试吧！

我见过最奇葩的父母是：儿子打网球很有天赋，经过几年的努力有一次打入了一个 level 3 比赛的决赛，决赛最差的情况就是拿一个亚军的奖杯。结果，老爸为了让他儿子参加一个生物补习班的讲座，居然不去参加决赛直接退赛了。结果是：生物没学好，网球也不打了，教练也不愿意教了，鸡飞蛋打，什么都没有得到，还伤了孩子的自尊心。

看看现在参加运动的孩子们，亚裔不少，老中不少。很多孩子在运动领域都取得了很好的成绩，但是，父母的老顽固老脑筋，那种学会数理化，走遍天下都不怕的陈旧概念，毁了很多孩子的梦想和前途。

其实，父母本身没有运动热情，不一定孩子没有。父母本身没有运动天赋，不一定孩子没有。看到很多父母让孩子们半途而废，非常可惜。其实，父母缺的不是钱，不是梦想，不是毅力，不是勇敢，不是希望，他们缺的，只是自信！

我认识的一位网球教练说：“自信这种东西，either you have it, or do not have it.” 他的话也许对。

我觉得，入乡随俗，在中国拼考试拼成绩拼数理化是没有办法的事情，到了美国，做自己可以做到最好的事情，才是硬道理，而自信，是一个很重要的基础。

相信自己的孩子吧，自信不能缺！

女儿长大了

今天，我的女儿蹦蹦跳跳兴高采烈地回家了："老爸，我今天把我高中所有所有所有的课程都学完了，考试也全部都考完了，在上大学前的这一年里，我可以好好地痛痛快快地玩了！"

"玩？玩什么玩呀？你看人家罗伯特，每天在学习数理化，准备考这个 AP 那个 AP 的。你看人家威廉姆，每天在补习 SAT，ACT 很快就要拿到满分了。你再看珍妮弗，准备找老师写推荐信，给自己写上大学的个人介绍，你怎么就要开始玩了？"

女儿说："我哪里能真的玩呢？我下周一开始去 UCSD 实习，我找到了一个在 UCSD 实习的机会，跟着一个哈佛毕业的教授，在他的实验室里实习两个月。这个暑假还要打几个网球比赛包括每年规模最大的青少年硬地公开赛，也是我上大学之前打的最后一个青少年的网球比赛，所有的事情我都安排好了。您老人家就放心吧。”

小闺女自己联系了 UCSD 的实习机会，还是要给个赞的。这个暑假，除了实习，还要参加三个大学生的网球比赛，两个成年人的网球赛事和全美青少年最大的网球硬地公开赛。这么一看，她还是很忙的。

“牛爸，我全部都安排好了，暑假过后，我可能会到一个金融机构实习，我已经联系得差不多了。我九月份去哈佛熟悉一下学校，十月份去北京冬奥会的奥组委实习一个月，然后回来准备过各种节日。明年年初就开始做各种上大学的准备了。对了，我从现在起，每个星期要打两天的高尔夫球，这是我新的体育运动项目。”

“你的网球水平要保持在全国前十位，你才能去打高尔夫球，这是死规矩！”

“ 还有，你要是今年去北京冬奥会奥组委实习，不许和他们说你的老爸是我！”我很严肃地和她说。

“不许说您是我老爸？老爸，你是不是欠别人钱了？哈哈。”女儿还会调侃。

“老爸，明天是我同学朱莉的生日，我要去她的生日爬梯，晚上就在她的家里 Sleep Over 了，后天一早就回来。”

“啊？你还要 Sleep Over？”

“ Relax，老爸，我上了大学，对你来说我天天都是 Sleep Over 呀，没事儿的，我已经是大人了。”

转瞬之间，一个小小的小姑娘马上就要上大学了，光阴似箭日月如梭呀。

这个小姑娘，还不错。

参加体育运动真的可以影响学习！

我们大家移民到了美国，就要根据美国的形势和习俗，按照美国的规则走路、做事。美国的孩子们除了上学放学、开心玩耍之外，还要花很多时间参加体育运动。

在我们老中看来，参加体育运动就是玩儿甚至是浪费学习的时间，其实参加体育运动不仅仅是为了玩，参加体育运动也是学习的一部分，是成长的一部分，是生活的一部分。

个人的看法和经验：参加体育运动会影响学习，真的是会影响学习，但是，这种影响是我们想要的那种影响，是好的影响，是那种 Positive Way 的影响 。

原因如下：

1）美国不存在我们中国那样小升初，初升高，高中考大学那样的情况。而且，小学、初中都是基础知识，正常孩子在学习的过程中基本上没有压力。以我们中国人的智力和智商，真真正正的小菜一碟一碟又一碟，所以，小学、初中参加体育运动，根本就影响不了学习。

2）美国高中的课程，也没有像中国那样的恐怖，虽然有一些压力，但是，我看了美国高中的数学、历史、英文、化学、物理、生物、社会学等课程，以我的智商，保持个全 A 也是没有什么问题的。因此，在高中阶段，参加体育运动，好处多多。除非你自己非要给你自己压力，在起跑线上提前起跑，不然的话，高中课程并不难，几乎是没有什么压力的那种。

3）美国拥有全世界最多最好的大学，实话实说，随便一所学校，都比北大清华南开复旦浙大要好，这些学校的门槛，也不是高得离谱，所以，我们老中如果有志想上全世界前 100 名的大学，那几率超过 99%。

4）不说远的，在我女儿打网球的这个俱乐部里面，每个孩子每天至少要有两个小时的训练时间，周末还要出去比赛一赛就是一天两天甚至是一周。但是，所有的孩子的学习成绩都非常的好。在最近三年中，这个俱乐部里高中毕业后的孩子都进了很好的学校：UCLA，伯克利，斯坦福，哥伦比亚，耶鲁，普林斯顿，哈佛，哈维骂的等等，他们的成绩和所上的大学，就证明了参加体育运动并不影响学习。

5）参加体育运动，身体强壮，精力充沛，性格开朗，社交能力强，可以从容面对胜利和失利，培养了自己坚韧的性格，增加了孩子们自己的沟通能力、团队合作能力和对事物的判断、应对能力，好处多多！

不举我家娃的例子，不具有代表性，但是看看周围所有的孩子，参加体育运动之后，精力充沛，身体健康，反应迅速，责任心强，性格、信心都非常的好，体育运动真的可以影响学习的。

参加体育运动吧！打造一个智慧的大脑，野蛮的身体！

提前被大学录取之后那些发愁的事情！

今年年初，孩子就被大学接纳了，比正常的录取时间提前了十八个月。

大人放松了不说孩子的生活也变了，整个时间规划也乱了，和这些年来每天早晨上学，下午回来打网球，读书做作业的时间表不一样了。

聊天的内容也不一样了："爸爸，我这个星期二要参加 A 的生日 party，星期六要参加 B 的生日 party，下个星期我有四个朋友要到圣地亚哥来玩，她们都住我们家。"

然后呢？

"然后，我和几个朋友开车去旧金山，看看这个世界，然后开车去西雅图，然后从西雅图直接回来，一共去十天。"

"然后呢？"

"然后，我和朋友去韩国、日本玩两周。明年年初去欧洲，回来准备高中毕业，然后去上大学了。我都安排好了。"

"实习的事情呢？上学的事情呢？奖学金的事情呢？训练的事情呢？比赛的事情呢？"

"啊，实习已经安排好了，UCSD 的实习结束之后，我要去摩根斯坦利实习，然后就结束了实习。中学的课程早就学完了，不用去了，就是去学校请老师写推荐信，参加毕业典礼就行了。训练照常，比赛只打一些职业圈的比赛，青少年的比赛最后打一个 Hard Court，奖学金申请的时间还没有到，其它的事情都安排好了。”

“你还有一年多的时间，是不是可以和学校沟通一下，提前入学呀？”

“老爸，我全部都问好了，我们学校是非常的 organized，不能提前入学因为宿舍、教室、课程、训练早已经都没有 spots，不能提前入学，我们学校，不是你们学校，什么时候想来就来，不过，可以想走就走。”

“什么你们学校我们学校，我们学校也是世界名校呢。”我心里还不服气，哈哈。

听了孩子的安排，除了一点点正经事，全部都是玩呀，到处跑呀，和朋友聚会呀，到饭店吃饭呀，还有，要学打高尔夫球，成为她的第二个 sports。再有，就是读一读有关投资、金融方面的闲书。

唉，这大学把孩子一录取，这生活就全变了。

怎么办？以不变应万变，适应这些所有的变化呗。

自家娃申请大学之后的那些好玩的事情

光阴似箭岁月如梭呀，转眼间孩子长大了，还有一年就高中毕业了。

高中即将毕业，就牵扯到一个上大学的问题。我这个微传统老爸，孩子高中毕业以后一定是要先上一个大学的。和每个孩子一样，我的牛娃也在准备上大学的林林总总。

我家娃和我很像，平时不显山不露水的，看不出来她有什么过人之处。就是一个邻家女孩儿，经常被广大人民群众和乡里乡亲们低估。

说几件有关我女儿被大学录取之后好玩的事情。

（一）我女儿的网球教练史蒂夫，上大学的时候学的专业是英国文学。他说起话来引经据典一套一套的特别喜欢用排比句还时不时地吟两句莎士比亚的十四行诗。教练一直看好我的女儿也一直鼓励我的女儿去打职业网球，但是孩子自己心里想的是先上大学。

“Coach，I really want to go to college first. ”

“That is OK, it is your life, btw, where do you want to go? ”

“I don't know yet, some Ivy's，may be Harvard ? ”

“Ivy's ? Harvard? are you that good ?”教练很惊讶！

牛娃不戴眼镜不驼背不佝偻腰，不像一个学习特别好的孩子，话一说出来，让教练很吃惊！

（二）孩子在学校里面，和 Counselor 谈有关选大学的事情。

“What is your plan, or what was in your mind, darling？”

“Some Ivy's, may be Yale or Harvard? ”

“Well，mmmm, based on mmmm , do you think that you should consider some State Universities, you can even start with community college, may be a couple of better school such as UCI, UCR？ ”

“Nop!”

“Whatever……” Counselor 很无奈。、

（三)闺女和她已经进了 USC 的网球小朋友谈有关上大学的事情。

“Where do you want to go?”

“Ivy's, may be Yale or Harvard ?”

“Geeee, what is your GPA? ””

“4 point something ......”

“Wow，wow, wow .....”

她们只知道牛娃网球打得好，不知道牛娃学习更好。

（四）孩子在 UCSD 的实验室里实习，很多东西对她都是陌生的，换句话说，所有的东西都需要从头学起，从一点一滴做起。实验室里有研究生或者是博士后鼓励她：“just keep trying, you will be great. ”

“Which College are you in? ” 博士后问牛娃。

“Not in college yet, I am still a high schooler, junior . ”

“Well, great, you may try to apply for UCSD.” 博士后鼓励牛娃。

“Nop.”

“Don't be shy, UCSD is a very good university, you may have a chance if you apply for, just give yourself some confident. ” 博士后继续鼓励。

“Not UCSD，but I have already committed to college. ”

“Committed already ? where ?”

“ Harvard. ”

"……"

实验室里所有的人都看着这个腼腆的小姑娘。

（五）孩子上化学课，老师很健谈经常是没话找话，老师在教室门口遇到牛娃。

"Good morning, kid, I like your Harvard T-shirt ."

"Thank you teacher, I am going there. "

"You are going to Harvard? Are you kidding? "

"No，I am not kidding, I have already committed to Harvard. "

"……, ……"

我女儿上大学的推荐信之一是这位化学老师给写的，而另一封推荐信是那位建议她先尝试 Community College 的 Counselor 写的，还有一封推荐信是牛娃的学英国文学专业的网球教练写的，推荐信中用了很多生僻的古英文词儿。

准备上大学是一个很好玩的过程。

孩子去访问大学的收获和一点点遗憾

孩子们都上高中了，下一个目标是上大学。

孩子要上大学，家长除了做研究，四处打探之外，带孩子亲自去学校访问基本上也是每个家长要做的功课。我知道很多家长在孩子高中二年级暑假的时候就开始带孩子们到各个学校去看，去参观，去访问。就是想让孩子去上一个感觉好的学校，舒适的学校。

不知道是谁规定的，反正我特别喜欢 NCAA 对体育娃的这个规定：每个体育娃最多可以访问五个 D-1 的大学，学校将负担这个体育娃去这五所学校访问的机票和住宿。当然，也可以访问更多的学校、十几个、几十个学校，但是，只有五个学校是学校出资的。

我家娃也可以归类于体育娃，她也有五个学校可以去访问。我放话了："这五个学校你自己选，你自己去，你自己折腾，我不参与！"

第一所大学邀请她的是哥伦比亚大学：因为刚刚进入 Junior year，哥大的教练就给她打电话了。随即，哥大的教练在一个周六从东部飞到西部来看她训练，当然，孩子的两个师姐在哥大的教练面前也说了她很多的好话。教练飞来圣地亚哥看了孩子的训练，回到学校之后立刻就安排了孩子去哥大访问。很快，机票订了，酒店 Confirm 了，一直在西部农村长大的孩子，第一次自己去了纽约。

到了纽约，住进了酒店。第二天，教练、助理教练和哥大的网球娃有欢迎午宴，然后跟着参观学校，跟着上课，看球队训练，给比赛当啦啦队，好不热闹！

三天以后我家体育娃回来了:“学校很好，但是我不太喜欢纽约，人太多，太乱，太脏，太冷，不是我想象的那个哥伦比亚大学。”

没关系，我们还有四个免费参观的名额，慢慢看。

第二所邀请她的大学是哈佛大学。刚刚一月份东部还在下雪，冷呀！哈佛的教练安排的机票和酒店，正好，MIT 的教练也同她联系 :“既然去了哈佛访问，顺便也到 MIT 来一趟吧，万一你更喜欢 MIT 呢？”

这倒是个好主意，哈佛和 MIT 一并访问了。MIT 是 D-3 的学校，访问多少都行，但是 D-3 的学校是不出钱的。尤其是 MIT 这样的理工科学校大 V，精明！

哈佛，MIT 一起看了。

两个学校，她都喜欢。

两个学校，她都很喜欢！

我说："不许去 MIT."

孩子是一个比较听话的孩子："好吧，不去 MIT 就不去 MIT 吧。"

从理论上来讲，还有三个学校可以免费去参观。

事实上，在孩子去哈佛和 MIT 参观访问之前，她已经 Committed 了。

我和她说："既然你已经选定了学校，那剩下的三所可以免费访问的学校，你既然不会去那咱是不是就不要去参观了，钱挺贵的，不要让学校花冤枉钱了吧。"

"好吧。"本来孩子计划去参观两所藤校两所州校和一所私校的。可是，只参观了两个学校就定下来了。还有三个名额就浪费了。有一点小小的遗憾。

体育娃的好处是可以免费参观五所学校，而且，上大学只需要申请一所学校。在上大学的这个程序上，体育娃比学习娃要省一些事儿。

【小资料】

NCAA（National Collegiate Athletic Association，全国大学体育协会）是美国负责管理大学体育运动的最高机构，拥有有关大学体育规则的制定权、解释权和仲裁权。

NCAA 由会员组成，其会员包括加盟的院校和各个大学运动联盟，运动项目包涵篮球、橄榄球、冰球和棒球等多项体育运动。NCAA 将体育比赛和高等教育相结合，为运动员提供终身受益的高等教育机会。凡是加入 NCAA 的会员学校，都必须遵守会员规则，服从联合会的决定。

审视一下这条无聊的人生起跑线

大约在十多年前，我在国内应邀作为《前言讲座》嘉宾讲一讲我做的那点儿小破事儿。非常幸运的是，我在这一期的《前言讲座》中遇到了一位教育李大侠，他慷慨激昂地讲我们国家早期教育的事情，痛心疾首地大声疾呼："朋友们同志们家长们，千万不能让我们的孩子们输在起跑线上呀！"

当时我就纳闷儿，根据我的经验，任何比赛决定输赢胜负的都是在终点，哪里有在起跑线上就定输赢的？博尔特让你先跑二十米，阿比比让你先跑一小时，舒马赫让你先跑三十圈，我让你先离开三年，最后，你还是输！输赢是在最后而不是在开始。

这是最简单的逻辑问题。李大侠利用了孩子家长们的逻辑混乱来误导家长，让他们上课，让他们交钱，让他们挤在起跑线上。李大侠阴险呀！

回过头来再想想，起跑线是用来作什么的？是用来起跑的，那终点是哪里呢？是我们生命的终结。我们每个人都巴不得慢慢、慢慢地走到生命的终点，哪里有人会在通向生命终点的道路上狂奔呢？奔向终点，用我们老百姓的话说，那叫找死，或者赶着投胎呢！

人们都说，人生就是一个旅程，在这个旅程中，我们学习、享受、看风景，有谁在这个旅途中一路狂奔呢？

从另外一个角度看这个无厘头的起跑线：我们每一个人的终点都不一样，有的在这里，有的在那里，有的在山顶上，有的在海洋里，有的是数学，有的是物理，有的是歌唱，有的是绘画，有的是运动，有的是做饭，有的是表演，有的是数钱，怎么能够在同一条起跑线上呢？

既然没有同样的起跑线，又怎么能够论输赢呢？

唉，这条无厘头的人生起跑线。

闺女一句话，老爸忙半天

我有一个好朋友的人生哲学特别有意思："我生他一堆孩子，在这么多孩子当中，只要有一个孩子有出息，我老了以后就有靠了！"因此，他四十岁的时候就生了六个女儿和三个儿子。龙生九子九子不同呀！

我和他的人生哲学不一样，我就一个闺女。但是，我对于我闺女来说就是一个虎爸或者是一个准虎爸。我对女儿的要求是：学习必须拿 A，训练绝对刻苦，比赛一定努力！在过去的十几年时间，我把女儿培养成了一个有好强，努力，不放弃的坚毅性格。

孩子是一个非常好的孩子，自己知道努力，也很听话。但是，自从今年被大学录取之后，就开始和我讲道理，谈条件了。

"老爸，我感恩节的时候要去纽约，和我的小朋友们一起过节。"

"不行！"

"老爸，您看，我从十岁开始，每个感恩节，圣诞节都在外面比赛，从来都没有过过一次节，你就让我去吧，况且，Jen，Julie，Rachel，Alyssa 都上大学了，很久没有和她们一起玩了，您就让我去一趟吧。"

"好吧！"我仔细一想，孩子说的也对！

闺女很开心，自己订票什么的，准备感恩节的时候去纽约玩几天。

今天早晨，闺女上学前对我说："老爸，我想吃你做的炸酱面了。"

人家闺女一句话，我这当爹的就开始忙活了。

开车去越南店买肉剁肉馅儿，买葱姜蒜，买豆瓣酱，买黄瓜，整各种菜码。

买了新鲜的葱，切成葱花儿。

买了肉，精心剁了，不能太粗也不能太细，要有北京标准。

几根顶花带刺的黄瓜，新鲜得不要不要的。

手擀面，北方男人都会，就看懒不懒，想不想擀了。

黄瓜丝，萝卜丝，芹菜丁，乱七八糟的总要凑八件儿吧。

一碗香喷喷的炸酱面！

我来两碗！

看着闺女吃炸酱面吃得那么香，我的 Heart Flower Angry Open！

对孩子的早期教育，要早到这么早

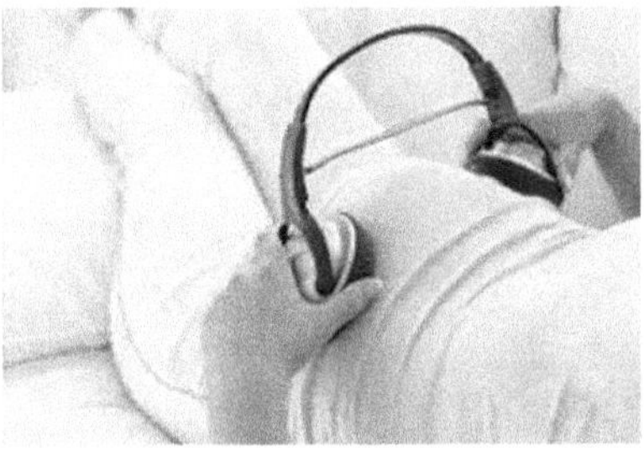

这两天在拉斯维加斯开会，既然是开会就有忙的时候和闲的时候。昨天闲得无聊就看了看 YOUTUBE, 一下子看到了大瘦子鲁豫采访武术大侠李连杰的视频，在视频中，李连杰骄傲地说：“我的大女儿是从 9 个月就开始接受教育的，而二女儿是从 6 个月开始接受教育的。”李大侠说这番话的时候，自豪骄傲的表情溢于言表。鲁豫瞪着她那无知的大眼睛：“哇，那么早呀？怪不得你女儿有出息呀。”

李大侠说：“我家闺女，那是厉害！从小就培养的结果，是早期教育的结果。”

李大侠又说：“真没骗你，从小，从小就开始培养！”

培养孩子从什么时候开始？众说纷纭，有人拿爱因斯坦说事儿，因为爱因斯坦到七岁还不会说话，显然早期教育不够，但是，也不妨碍爱因斯坦成为世界上最成功的人之一。

很多父母都重视胎教，给怀孕妈妈的肚子听肖邦海顿李斯特贝多芬信天游秦腔越剧什么的，这应该是早期教育了吧，不管早不早，肯定比李连杰培养孩子的九个月和六个月要早！

但是，如果大家知道农民是怎么种地的话，就不会认为李连杰甚至那些胎教早了。

农民种庄稼，在播种之前要做的事情是什么呢？农民在要种地的时候，首先要先翻地，然后打底肥，浇水，选种，然后播种，再浇水等等。

农民种地，比我们培养孩子要智慧、聪明，有效！农民知道种地的“早期教育”

根据我的经验，早期教育的准备要孩子之前的两年：准父母要锻炼身体，保持健康状态。准爸从想要孩子的两年之前就不抽烟，不喝酒，做有氧训练和力量训练，保持一个最佳的状态。准妈从两年前就开始运动，吃叶酸，保持身体的营养平衡。这个就像是农民在种地之前打底肥，浇水、和选种。

有的人说，太夸张了吧？提前两年？

听不听由你，反正我是告诉了你农民的做法。要想庄稼长得好丰产丰收，果树的果子结的多，桃子甜，苹果大，底肥很重要。不是要等到庄稼缺肥缺水了之后才去施肥浇水，而是预先就准备好了。农民都可以这样做，我们这些准知识分子为什么就不懂这个道理呢？

认识我并且见过我家娃的朋友们不止一个人对我说：“嗯，你的基因好！”

其实，说对了一小半，基因是不错，但是，对基因的培养培育更重要。能到每个来到美国的这些男男女女，基因都不错。问题是：你们要孩子之前，打底肥了吗？

当妈妈生了小宝宝之后，你们鸡汤、鸭汤、鱼汤、肉汤、菜汤、米汤，海鲜汤每天一大锅轮流喝了吗？换句话说，你们施肥了吗？浇水了吗？

给孩子请老师做早期教育，相当于庄稼长出苗来之后施肥浇水杀虫，但是，最重要的是：你们的底子打好了没有？那个庄稼苗是不是从种子开始就有良好的土壤和肥料？

早期教育从什么时候开始？您自己计算！

北京大学什么时候可以超过哈佛大学？

这几天开完会了没什么事情了就做做白日梦，想着怎么为中国做一点贡献在未来的几年中当一当北京大学的校长，带领北京大学成为全世界第一的学校。于是，就把一直是世界第一的哈佛大学研究了一下，看看我们北京的这所大学和哈佛大学有多少距离，我如果当了北京大学的校长，花多长时间就能超过哈佛大学成为世界排名第一的大学？

建校时间

哈佛大学：1636 年

北京大学：1898 年

差距 262 年，这个时间上的距离怎么追赶呀？永远都差 262 年，干脆，不追了！

校训：

哈佛大学：真理

北京大学：木有（啊？木有校训？这样一所全中国最牛掰的大学居然没有校训？）

这个是一个 1 和 0 的问题，不过，在校训这个问题上北京大学可以弯道超车迎头赶上，如果我当北大校长，北大的校训将会是四个字，字数比哈佛大学多一倍：慎始敬终！

学生人数：

哈佛大学：本科 6000 人左右

北京大学：本科 18000 人左右

在学生人数上北京大学在数量上完胜！群羊可吃狼，打架也能打赢！

捐赠资金：

哈佛大学：323 亿美金（2013 年）

北京大学：拥有六家上市公司，2015 年总收入 805 亿元人民币，相当于 110 亿美金。

哈佛大学资金雄厚校友捐赠踊跃，北大虽然拥有上市公司但是上市公司高管被朝阳群众举报从而被有关部门带走调查。我当了北京大学的校长，关闭上市公司专注于教书育人。

诺贝尔奖获得者：

哈佛大学：160 余名，相当于 14 个 NBA 篮球队，或者是相当于 40 桌麻将的人群！

北京大学：屠呦呦领军下围棋！

这个北京大学打不过哈佛大学，差距有点儿大。

奥运会奖牌：

哈佛大学：188 枚奥运会奖牌由哈佛大学在校生夺得。

北京大学：有若干退役运动员到北大读书，北大木有奥运奖牌。

这个哈佛大学完胜！哈佛大学拥有的奥运会奖牌，超过了很多国家获得的奥运会奖牌。

开设课程：

哈佛大学：3700 门不同的课程，平均每个班 12 人 。

北京大学：三百多门课程。

哈佛大学提供 3700 门课程，令人恐惧的数字，没法比呀！就是班太小，平均才 12 个人。

校徽：

哈佛大学　　　　北京大学

两个学校的校徽一个好看一个难看，我当了北京大学的校长，第二件事情就改校徽！

领袖：

哈佛大学：八位美国总统以及智利总统塞巴斯蒂安，哥伦比亚总统胡安，哥斯达黎加总统何塞，墨西哥总统费利佩，卡洛斯和米格尔。

北京大学：伟大的领袖毛泽东是北大的员工

这个太不好比较了，因为哈佛这些毕业生都不说中文。

图书馆：

哈佛大学：馆藏 1400 万册。

北京大学：馆藏 800 万册。

这个可以追上并且超过！

Lucky Loser:

哈佛大学：比尔·盖茨，扎个胳膊

北京大学：陆步轩，卢刚

录取率：

这个没法比较，哈佛大学的录取率是根据申请哈佛的人数和录取人数来算录取率的，哈佛大学的录取率在 5% 左右。而北京大学的录取率是由全国报考大学的人数和北京大学的录取人数来计算录取率的，根据北京大学的算法，北京大学的录取率在千分之一左右。两种算法根本没有办法相比。

这样讲吧，在中国，北京大学很难进。在世界上，哈佛大学很难进。

困了，不比了，等什么时候任命我为北大校长的时候，我再操心吧。

看看今年 Blue Chips 的网球女娃都到哪里去了

上个月，Tennisrecruiting.com 的头条新闻中有一个统计，统计了今年美国的网球女娃的 Blue Chips 都去了哪里？给明年、后年、大后年、大大后年的网球女娃做一个指导性的总结。（在这个统计的前两天，Tennisrecruiting.com 还做了一个美国网球男娃 Blue Chips 去哪里的统计，是给明年、后年、大后年、大大后年的男娃看的。）

美国的网球女娃的 Blue Chips 一共有 25 人（但是今年的统计 Blue Chip 是 29 人），其中一人 Caty McNally 已经转入职业网球，今年在 WTA 职业网球比赛中的奖金已经达到 20.4 万美金，Caty 不会考虑任何大学的 Offer，今年直接进入职业网球的比例占美国的网球女娃的 Blue Chips 的 3.4% 。

目前有五人处于 Open 状态，那个意思就是也许转入职业，也许进入大学，在选择的摇摆之中。进入大学或者转入职业是根据未来半年的网球表现而决定的，这个比例占 17.2% 其中包括一名华裔女孩儿。

有一个人还在挑选学校，在康奈尔，耶鲁，普林斯顿，斯坦福和玩的白尔特之间徘徊，还没有拿定主意，但是，这几所学校都在抢她。这个比例是 3.4%。

在今年的 29 个美国的网球女娃的 Blue Chips 中，亚裔有八名，占百分之 27.6 % ，华裔 4 名，占 13.8% 。越南裔 2 名，占 7%，韩裔 1 名，占 3.4%，菲裔 1 名，占 3.4%，应该说亚裔的比例不少，华裔的比例也不小。

加利福尼亚的孩子 6 名，占总人数的 20.1%，加州孩子亚裔 4 名，占加州 Blue Chips 的 66.7%。

在已经决定上大学的 Blue Chips 中，进入藤校的有三名，占进入大学的 Blue Chips 13.6 %，还有一名在摇摆的孩子 60 % 的可能进入藤校。

进入藤校的三个孩子中，全部都是亚裔，占进入藤校的比例是 100 %。

在所有上大学的 Blue Chips 中，除了进入藤校的三个孩子之外，其他所有的孩子都是 Full Ride，占总人数的 86.3 %。三个藤校生在奖学金这一栏的统计中，还不确定。

条条大路通北京，努力吧，孩纸们！

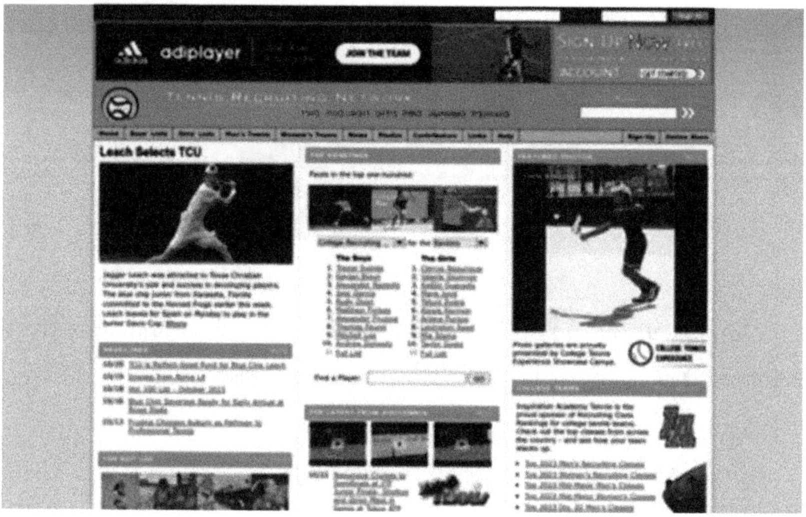

2020 年美国大学体育生签约日

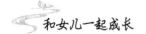

这个签约日的英文全称是：National Letter of Intent Announcement & Signing Day. 是所有明年入学的体育生签约提前录取她 / 他们学校的大日子。

圣地亚哥运动联合会（San Diego Sports Association）又一次在著名的 Petco Park 棒球场举行主办了圣地亚哥的这次盛大的签约活动。

Petco Park, 圣地亚哥 Padres 的主场，Padres 是两届棒球世界冠军得主。Petco Park Stadium, 可以容纳四万五千人的大型体育场。今天的盛事是大学签约日。

圣地亚哥运动联合会主席主持了这次签约活动："八年前，我们第一次举办这样的签约活动，当时参加的孩子只有 15 个人，连同家长、媒体在一起不过五十多人，而今天，仅仅提前进入大学的孩子就有好几百人，看看体育的影响，看看运动的力量吧！"

圣地亚哥棒球队的主场，父母、亲友，学生、媒体，people mountain people sea.

入场的人络绎不绝。

多家媒体报道了这个签约日。

圣地亚哥几百个孩子参加今天的签约日：有篮球，排球，足球，网球，水球，橄榄球，游泳，高尔夫球，长曲棍球（Lacrosse），沙滩排球，田径，跳水，摔跤等等（没有乒乓球，羽毛球，弹蛋蛋和沙包）。

哈佛女孩参加签约活动：圣地亚哥今年有五个体育娃进入哈佛大学：一个网球，一个足球，一个高尔夫球和两个排球女孩。

其中，三个女孩两个男孩。三个哈佛女孩，有两个打排球，一个打网球。两个男孩一个踢足球一个打高尔夫球。

五个哈佛娃中，白人三个，黑人一人，亚裔一人。

粗略地统计一下：以族裔来分：白人最多，西裔次之，黑人再次，亚裔最少。

以项目来分：女子排球，女子足球，Lacrosse, 女子篮球，垒球，棒球都是大项，圣地亚哥的水球，高尔夫球和橄榄球次之，网球，男子篮球，田径，游泳今年都是小项。

骄傲开心的家长们和孩子们（我们又谋杀了多少菲林，哈哈哈）！

签约结束，按照惯例，要给每个孩子买一个蛋糕。我们是从 Susie Cakes 订的蛋糕 .

Go, Veritas !

这仅仅是一个开始，一个好的开始！

祝愿每一个孩子都是 Winner !

望子成龙，但是有些老中还真吃不了这个苦！

我有一个生意上的伙伴，一家子金头发绿眼睛红脖子绝对的美国人。我这个朋友是一个生意人，在他们家里是绝对的家长，副家长是一个律师，他们有三个儿子。三个儿子一个比一个有出息：老大上的是斯坦福，老二上的是 UCLA，老三上的也是斯坦福。三个孩子上的全部都是名校！

其实，这种情况在老中家里一点儿都不稀罕，但是，人家三个孩子都是全奖进入大学的。

HOW?

老大是圣地亚哥比笑普中学水球队的主力上了大学之后代表美国参加过 2004 年雅典奥运会，老二是圣地亚哥比笑普中学水球队的主力上了大学之后代表美国参加过 2008 年北京奥运会，老三是圣地亚哥比笑普中学水球队的主力上了大学之后代表美国参加 2012 年伦敦奥运会，牛吧？

UCLA 和 斯坦福的水球，那可是世界级的！

圣地亚哥比笑普中学水球队那也是世界级的！

Bishop Water Polo 是世界冠军的摇篮。

那么，这有啥我们老中就吃不了的那个苦？

这三个孩子的副家长，每天早晨 4:00 起床，4:45 准时把孩子送到游泳池边，每个孩子从初中一年级开始到高中毕业，一个星期五天，一年四十多个星期，一连 N 多个年呀！而且，每个周末都带孩子去

比赛，当司机，当后勤，当啦啦队。假期带孩子去欧洲比赛，去南美比赛，去外州外省比赛，一连多少年，一直到老三进入斯坦福！

真的是佩服人家！

无独有偶，我还认识一个美国孩子，土生土长的美国孩子，他自己的梦想学校是哈佛大学而且酷爱篮球。他的目标就是进入哈佛大学篮球队但是他的身高只有 187 厘米，在篮球场上没有什么优势。但是，他为了实现他的理想和目标，每天早晨 4:30 起床去练习，篮球技术，身体训练，力量训练，然后去上学。下午放学之后，继续打篮球。

如果按照我们的思维，这个孩子完全没有必要去吃这种苦，完全没有必要每天早晨四点半起床去训练。他的生活过得非常好，家里有老钱而且是老有钱了，家境殷实富有还是美国亿万富翁俱乐部的成员。他的这种努力完全是为了实现他自己的人生价值。

这孩子了不得！

我觉得，所有的成就都是通过非凡的努力得来的。但是，我觉得很多的老中家里的孩子能吃了这样的苦但是很多老中家长吃不了这种苦，我是希望我们老中的孩子们和家长们也能吃的了这种苦，有句话不是说吃得苦中苦方为人上人吗？

为什么每个小中都玩音乐
但是都没有玩出什么名堂?

如果我说，每一个中国孩子不论男女都疯狂地玩音乐，好像不太夸张吧?

看看自己的孩子，看看自己的孩子们，看看周围老中的儿子们，女儿们，哪个没有在弹钢琴?哪个没有在拉小提琴?哪个没有在吹长笛，换句话说，哪个小中没有玩音乐，没有玩乐器?哪怕是二胡，三弦，古筝，葫芦丝都在玩呀!

不管这些孩子的父母喜欢不喜欢音乐，不管这些孩子的父母懂不懂音乐，也不管孩子愿意不愿意，喜欢不喜欢，这些孩子都在苦着个脸弹琴拉琴背五线谱。

很少，很少有老中不和孩子在学习音乐上面生气的家长。我在美国几十年，只见过一个家长的一个孩子不被逼着弹钢琴!其实，这位运气的家长也在逼孩子:“小威廉，你再不好好学习，再不听话，明天一天不许你弹钢琴了!”

和一个卖钢琴的聊天:“至少有一半的钢琴是中国人买走的!”

和一个调钢琴的聊天:“我的客户七成都是中国人!”

和老中聊天，就没有谁家没有钢琴的!(三角钢琴也算钢琴，电子琴也算钢琴!)节俭的老中们买不起 Fazioli,还不能买台斯坦威呀?

可是，老中这么大的群体在玩音乐，为什么就没有人玩得出类拔萃呀?

不用说 Justin Bieber、Taylor Swift 这些超级歌星了，Michael

Clifford、Luke Hemings、Calum Hood、Ashton Irwin、Allyson Brook Hernandes、Normani Hordei Hamilton、Lauren Michelle Jauregui、Karla Camila Cabello、Dinah Jane Hasen 这些都是二十出头的孩子。还有，刚过了二十岁的 Shawn Mendes 已经是如日中天了。

怎么搞的？我们玩音乐的人很多呀？怎么就没有一堆拿格莱美的呢？

昨天读我博客的留言，有人说，中国人在体育和音乐上缺的不是天赋，缺的是 Passion，这个我特别同意。还有一条，就是中国孩子都被老师教坏了。

每个弹钢琴的孩子都是从哈农，约翰汤普森，拜尔开始的，亦步亦趋照本宣科，没有自己的个性，没有自己的创造。弹得好了之后，弹肖邦，弹莫扎特，弹贝多芬，弹古典名曲而且，手指要正确，坐姿要正确，手臂要抬高，头要放正，一个键都不能弹错！

每个孩子都像工厂生产出来的合格产品，缺乏的是自己的创造力。

Kenny G 要是中国老师教的，早就被踢出教室了，哪里有歪着嘴吹的呀？

王羽佳弹钢琴很难在中国下去，怎么能够这样改编大师的曲目呢？很多地方弹的都和曲谱不一样，肯定是弹错了呀。她只能在美国混，只能在美国弹她的自由钢琴。

玩音乐有出息的这些孩子，作曲，编曲，改编，配器都有自己的思想和风格。这些日子看几个中国的音乐节目。有一帮二十多岁的音乐人在玩音乐，比那些老音乐人强得太多了。

希望我们的孩子们不但花钱花时间在玩音乐，也希望她 / 他们玩得好玩得开心！

Go Chinese!

今天收到了哈佛寄来的大信封

十几年前，我的一个朋友送给我一本他写的新书《Mind Set》。

John 写的书我都读过，人家是超级大明星呀，我如果不读他的书怎么能够进步呢？

不过这是我唯一拥有他的签名的他的著作。

他在这本书里写道：“我们所有的计划，基本上都不能如期完成。我们所有的结果，都不一定是当初设计的！”

话说回来，今天收到了哈佛大学寄来的大信封，没有悬念，是女儿的录取通知书。这个要等她回来自己拆开。

其实，闺女上哈佛大学，是 2018 年 8 月份之前从来都没有想过的，根本不是早就设计好的，理想好的。

和每一个孩子一样，俺家闺女什么都学过：钢琴，吉他，口琴，长笛，提琴，二胡，三弦，古筝，绘画，中文，功夫，体操，游泳，足球，乒乓，田径每一样都去试过。最后落实在网球上的原因有二：1）网球俱乐部离家里近，就是跑步过去的距离，2）希望她通过打网球减减肥！

结果歪打正着了，网球厉害了：10 岁的时候可以进入 12 岁组的 Winter National 大名单了。11 岁的时候，在南加 12 岁组排名第一了。11 岁的时候，拿到她第一个 16 岁组的网球公开赛冠军，13 岁的时候，拿到她第一个 18 岁组的网球公开赛冠军。打网球的初衷减肥的效果不明显但是网球的进步神速！

所有的教练都说她是打职业网球的料，USTA 拿她和小威做对比，我也憧憬着闺女发挥她的运动天赋，拿几个大满贯的冠军挣它个几千万美金什么的。

可是，事与愿违，我们的美好愿望都被一个叫 Billie Jean King 的人给搞砸了。她在一个 USTA 的训练营中对我女儿说："I play tennis, not only for the money, not only for the championship, I want to fight for women's right, I want to do bigger things."

听了 Billie Jean King 的一番话，鬼使神差地闺女也不想打职业网球了。她要 do more things for the human being.

从 2018 年 8 月 23 号开始，全美国各地的大学向她抛来橄榄枝，那么多大学，到底去哪里？孩子用了最笨的办法：google it。

"老爸，我 Google 了，Harvard 是全世界最好的大学，我就去 Harvard 算了。"

你说得轻松，哈佛是你想进就进得了的吗？

看看俺闺女进哈佛的这几个 Milestones:

09-10-2018: 哈佛大学女子网球教练开始和女儿沟通

11-23-2018: 哈佛大学女子网球教练到田纳西的孟菲斯看女儿参加全国室内网球冠军赛

12-26-2018：哈佛大学女子网球教练到佛罗里达的奥兰多看女儿参加全国冬季冠军赛

01-01-2019：哈佛大学女子网球教练给女儿打电话："We want you."

03-03-2019: Official Visit to Harvard (and MIT)

10-10-2019: First Interview

10-14-2019: Harvard Alumni Interview

10-18-2019: Likely Letter from Admission Office, Harvard College

12-12-2019: Official Letter through Email from Admission Office, Harvard College

12-16-2019: Physical Letter as following

虽说是没有什么悬念，但是，前前后后也折腾了一年多。

这下，踏实了，还有九个月就该远走高飞上大学了！

其实，以后的路还长，这才是一个开始。就像闺女说的，打网球是我生命中的 Chapter One，上了大学之后，她的 Chapter One is over。上大学是我的 Chapter Two, 以后这样的 Chapter 还很多，很多！

孩子，慢慢走，慢慢地翻那一个又一个的 Chapter！

上大学选全奖州大还是上付钱大藤？

很多孩子都是高中最后一年准备上大学了，也就是说，孩子们的翅膀都长硬了，都要飞了。

孩子们都要上大学了。

上大学的孩子们大致有三种：一种孩子是一直知道自己想去什么学校，于是，就一直做着上自己心仪学校的准备不达目的决不罢休。

另外一种孩子是有A计划B计划C计划，A计划行得通就执行A计划，A计划行不通就执行B计划，AB计划都行不通就做C计划，这样的孩子也准备得不错属于随遇而安的那种。还有一种孩子的心态特别好：哪所大学录取我，我就去哪所学校，这种孩子更是随遇而安。

实话实说，上大学是一个比较艰难的选择，而很多家长的选择在于：是去有奖学金的州大还是交让自己心肝都颤的学费的藤校？最近，和我聊天聊得最多的就是这个问题。

我的观点是：

1）孩子的首选是哪所学校就去哪所学校？如果孩子坚定地去州大，那就听孩子的。如果孩子决心去爬藤，那也听孩子的。因为孩子对学校的了解，对自己的了解以及对自己未来的打算，比父母清楚，比父母明白！

2）如果孩子听从家长的选择，那么，要看哪种学校对孩子的前途更好。作为我自己，我选择大藤，因为，大藤排名世界第一第二第三第四那是有原因的。如果能够进大藤，需要操心的不就是钱吗？很多家长，上小学中学多少钱都出了，尤其是上私校的，每年四五万美元都不够，多少年都过去了，再每年出个七八万，算什么呀？反正都是让孩子受教育，钱不应该在考虑范围之内。

3）如果家里真的有钱的问题，那么，这也是很好解决的问题。如果家里的经济条件没有那么好，就可以申请助学金呀，申请贷款呀，条条大路通北京，如果纠结钱而没有让孩子选更喜欢的学校，那是愚蠢得再也不能愚蠢的做法了。

我自己的情况是比较典型的。如果不去哈佛或者其它藤校，去全美国哪个学校读书都是全奖：斯坦福，伯克利，UCLA, USC, OSU, LSU, NCU, UW, UM, West Point, Wake Forrest, you name it. 孩子可以接受四年的免费大学教育，而且，不但可以不交学费，而且还可能挣钱。但是，藤校是没有体育奖学金的，助学金是 Need based，这就是说，我家娃去读哈佛，很可能是需要要交钱的。

有的朋友就问我：你家娃打了那么多年网球，花了那么多钱，上大学为什么还要花钱呢？我觉得，给孩子的教育不是到了中学就停止了，也不是上了大学就中止了的。教育是一辈子的事情，而投资在教育上面的钱，是花的最值的。

每年付个大几万美金读哈佛，去不去？

去！当然去，绝对去！

每年付个大几万美金读哈佛，值不值？

值！当然值，太值了！

我觉得，要纠结就纠结孩子的选择，而不是纠结为孩子选择的付出。

让孩子飞得高，飞得远！

我最喜欢看的电视不是《加里森敢死队》，不是《大西洋底来的人》，也不是《纸牌屋》，我最喜欢看的电视节目是《动物世界》。

《动物世界》里，我特别喜欢看狮子、猎豹和鸟类的故事，我从这些片子里学到了很多。

母狮子带着几个小狮子，在广袤的土地上生活、成长。母子几个要对付天灾人祸，每天要出外觅食。但是，自然界的生存法则是弱肉强食，你这个母狮子想喂饱自己的孩子，就要去拼命，拼命地追赶瞪羚，斑马，角马等动物，不容易呀！（不信，你去追个兔子试试）而且，还要对付鬣狗和其它猛兽的骚扰以及同类的掠夺。母狮子每天真的是心力交瘁。

猎豹也是一样，虽然是世界上跑得最快的动物，但是，被几个小家伙拖累着，身上的担子很重。有些时候，辛辛苦苦猎来的食物，还被狮子给抢走了，或者是被鬣狗偷食了，自己白忙活一场。

鸟类也是这样的，鸟妈妈为了养活这几个小崽子，每天来来回回地飞行几百公里，捉虫子回来喂这些小崽子。每天都会有生命危险。但是，鸟妈妈从不懈怠，把这些小家伙从嗷嗷待哺一直喂到翅膀长硬。

不论是狮子、猎豹还是鸟类，等孩子们长大了，自立了，能飞了。他们就远走高飞了，而且，永远，永远永远都不会再回来了。母狮子、母猎豹和鸟妈妈也就完成了她们养育孩子的使命。

生命的意义就是这样，让下一代飞得更高，飞得更远，是上一代的成功！

我有一个朋友老 A，绝对是我的偶像。读书读什么是什么，做生意做什么成什么，挣钱想多挣多少就挣多少。老 A 的人品没说的，长相更没说的而且孩子随便一生就是一对儿，太厉害了。老 A 这一辈子活得潇洒，没有吃过苦没有受过罪，真的是幸福人生。我觉得老 A 肯定是被天使吻过的脑门儿的和被女天使吻过嘴唇儿的！

但是，老 A 也有短板，那就是他放不下他的这两个孩子！

两个孩子都从西部考入了东部的名校，老大去了东部没有预谋，是哪个学校好就上哪个学校。老二也放弃了西部的名校考去了东部的学校，那个意思很明显就是想离父母远一点儿，自己要飞得高，飞得远！

但是，老 A 放心不下："两个孩子一个才 28，另外一个才 19，我要去照顾他们，要到他们身边！"于是，空了西部的豪宅，飞到东部孩子学校旁边买了个房子（有钱人就是不一样，买房子什么时候想买就什么时候买，想在哪里买就在哪里买）。带着几大箱子细软就去了东部，住到了孩子的附近。

其实，孩子们的翅膀硬了，就让人家飞。飞得越高飞得越远就越有出息。父母总跟着，让人家孩子怎么想？

建议老 A 看看《动物世界》！哈哈哈

大学 + 学费 @ 州大 vs 大藤

2019 年的年末，我写了一篇弱文题目是：《上大学选全奖州大还是上付钱大藤？》文学城的编辑鼓励我也特别给我面子，把我这篇文章推荐到了首页，但是，广大爱好和平的人们反响一般，在首页搁了两天，点击只有九千多次不到一万次。这让我悟出了一个道理：大家都是到文学城来玩儿的，来找乐儿的，who cares about the tuition, who cares about the colleges？还是整点儿风花雪月美酒佳肴出轨二奶更令人兴奋。

但是，后来我把我的这篇弱作转到了伟大的，好争辩的，爱吵架的，爱挑刺儿的，爱吐槽的和爱胡搅蛮缠的子女教育论坛，那可就是大不一样了。几天之内，六十九万多的点击（目前 696872 次的点击，我没有看错吧？）有链接为证：https://bbs.wenxuecity.com/znjy/4841702.html

作为文学城里的一篇普通博客和我这个非子女坛大咖，这个点击量是非常恐怖的。

看来，子女教育坛的各位大咖，不仅仅关心孩子，还关心孩子上什么学，更关心交多少学费，而且，特别注重在藤校和州大，公校和私校之间的平衡问题。特别是在有关孩子学费的问题上，很多人的关注重点超过了对于孩子未来走向的关注。多么聪明的一个群体呀！

大家大多数是第一代移民，超级关注自己孩子的未来和前途。

但是，纠结的一个关键词就是：学费！

如果上大藤需要付学费，四年下来，那就是令人心疼肝疼肉疼

的三十万美元没了！这钱要是搁德克萨斯州，可以买一个豪宅了！这个纠结是可以理解的。但是，我不理解的是：我们老中的家长们，在孩子们小的时候给孩子花钱送他们去学习钢琴长笛小提琴大提琴数学物理化学画画中文足球篮球排球网球游泳功夫舞蹈滑冰这些乱七八糟的东西，哪一项都花不少钱呀，再加上去动物园海洋公园博物馆水族馆迪斯尼和各种游乐场，哪年不花个几万块钱呀？而且这些钱花的不明不白的真的和打水漂一模一样。怎么到了孩子上大学去一个世界一流的学校，就吝惜起你们那些已经很多的美金来了？

很多志士仁人都说过，在教育上的投资是回报率最高的投资。孩子小的时候家长给他们投资，大把地花钱。但是，上了大学，也是需要投资的时候，更是需要大把地花钱。一个孩子上四年大学所投的钱，说不定人家毕业之后（甚至没有毕业的时候）一年就给你挣回来了。所以，纠结大学学费的家长，不好玩！

钱这个东西呀，看开了的人不多。我就是那为数不多的看开了的人之一：1）钱不是我的，我自己生下来没有带钱来，也不是我自己的私有财产。2）所有的钱都是国家的，国家设计，国家印制，国家发行，所有权属于国家。3）我们只不过是把国家的钱拿来用一用，有什么可财迷的，有什么舍不得的？

子曰：越说自己穷的人，就会越穷。不知道子曰的对不对。

所以，有钱就花，没钱就挣！钱多了就捐，钱少了就揾，钱是为我服务的，所以，孩子需要学费，就用属于国家的钱来付（哈哈哈哈，这个道理很多人不明白，这个腾挪顿挫很多人也不理解）！

对了，今天是 2020 年 1 月 1 日了，祝所有读我这篇博客的朋友今年都可以随便花钱，让你一次花个够！

大家新年好！

我就是多年前
被你的父母误读了的那个男生

读书，是我从小就养成的坏习惯：可以一天不吃肉，不能一天不读书，可以一天不喝水，不能一天不读书，可以一天不美女，不能一天不读书，可以一天不呼吸，一天不呼吸那是不可以的，真的不可以一天不呼吸，就是一分钟不呼吸都不行。

今天读书读了一个故事，是一个中年大妈讲述她年轻时候搞对象谈恋爱的事情，题目叫做：《你就是多年前被我父母误读了的男朋友》。本来，读过就读过了，结果我转念一想，那文中的男朋友，不就是几十年前的我吗？我也对号入座一下，看看我能不能当别人的男朋友。

故事的描述是这样的：

“我一直对我的婚姻耿耿于怀，因为，我的婚姻和我憧憬的，想象的和期待的完全不同。

我生长在一个知识分子家庭，爸爸是大学教授，妈妈也是大学教授，我读大学就是读的爸爸妈妈教书的那个大学，鬼使神差地，也是爸爸妈妈的那个系，见怪不怪，我也修了我爸爸妈妈教的课，他们的确是很好的老师！

那个时候，我喜欢我们学校里一个男生，一个体育很牛的男生。个子高，身材魁梧，说话幽默走路带风，晒得黑黑的笑起来一口雪白的牙齿。学校里的好多运动记录都是他的。好像他什么运动项目都会似的。篮球、足球、排球，滑冰，游泳，田径，哪里的比赛都少不了他，给学校拿过不少冠军，争得了不少荣誉。不仅仅是我，很多女孩子都喜欢他。

有一天，家里来了一位姓王的男生吃饭，他个子不高，戴一个很深度的眼镜，很腼腆，很内向。是爸爸的研究生。

吃完饭后，妈妈和我说：小王是系里的尖子学生，人很老实，也很踏实，虽然是农村来的，但是，学习刻苦努力，上进心强。你爸爸今年招两个研究生，他是优先录取的那个。你喜欢的那个男生，每天风风火火蹦蹦跳跳的，看上去不务正业呀。

老妈的意思很明显了，是让我离开体育生和小王处对象。

我在家里是乖乖女，爸爸妈妈说什么，我基本上就听什么。

小王来家里吃饭的次数越来越多了，我也就听了爸爸妈妈的话，成了小王的女朋友。

小王很努力，除了学习研究就是研究学习，其他事情不管不问。当时，我就觉得这样的人踏实，靠谱，其它的事情没有想过。

后来，小王到美国留学，我作为家属也来了，光阴荏苒，我们有了一对儿女。小王变成了老王，孩子也长大了，和爸爸一样，内向腼腆，都戴着度数比较深的眼镜，在学校里学习名列前茅。

再后来，在一个 Party 上，我遇到了大学期间的偶像，那位体育特别牛的同学。他也在美国，居然和我也在一个城市，他也有一对儿女。没想到，有情人没有成为眷属但起码是重逢了。

都还互相记得，他的两个孩子也都是体育健将：一个打排球，一个打网球，都以优异的成绩进了大藤。他还是那样精力充沛，幽默大度，一切都没有太大的变化。他还是我几十年前心中的那个他。

这一晚，我失眠了。

就像我妈妈说的，小王即使变成了老王，也不会出轨，也不会花心，但是，也不会做家务，也不会浪漫，也不会幽默，也不会做饭，这样说吧，家里的事情基本上他什么都不会做，床笫之事就不用提了。他会的就是研究和工作。家庭只是他生命中的附属品。

其实，这样的婚姻并不是我想要的，而是我父母想要的。”

读到这里，我走神儿了。

我觉得我就是那个当年被女孩子们误读了的男生：学习好，性格好，体育好，幽默外向，有上进心，有进取心，但是不戴眼镜，不内向不木讷。学校里的好女孩儿，都听了她们爸爸妈妈的话，嫁给那些 nerd 了。

有的时候，对号入座也挺好玩的，其实，是读书好玩，可以让你胡思乱想，哈哈哈。

这次要明目张胆地感谢一下赞助商了

我的女儿出生在美国，她和每一个在这里出生的孩子一样，天真烂漫无忧无虑的我这个虎爸还带着她去尝试各种各样的运动和学习项目。也和所有的中国孩子一样，基本上能学的项目都尝试过。但是，闺女从九岁开始学习网球，进步神速，11 岁的时候便小有成就在美国青少年网球里面战绩不错，因此，也被 Wilson 这个专攻网球的运动品牌看中，成为俺家这位小中网球女的主赞助商。

孩子有了赞助商的支持，每年签了赞助合同之后都有球拍，球包，球线，球鞋等等直接从 Wilson 寄来。尤其是球线，合同上是 108 套球线，但是，用完了再找 Wilson 要人家还给寄基本上就是 Unlimited。这样的赞助每年有大几千美金的量虽然不会在经济压力上有太多的改变。但是，对孩子是一个鼓励，一个心理支持。Wilson 这一支持就是七年！今年秋季女儿就上大学了，这应该是 Wilson 给她 Junior Year 的最后一年赞助了。

和往年一样，Wilson 赞助的球线、球拍、球包等等陆续来了。

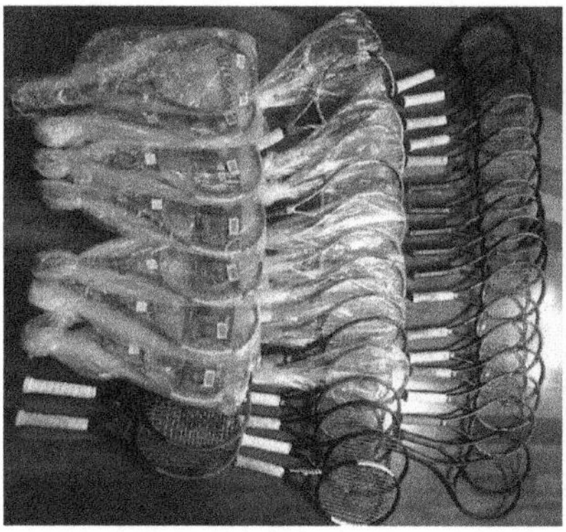
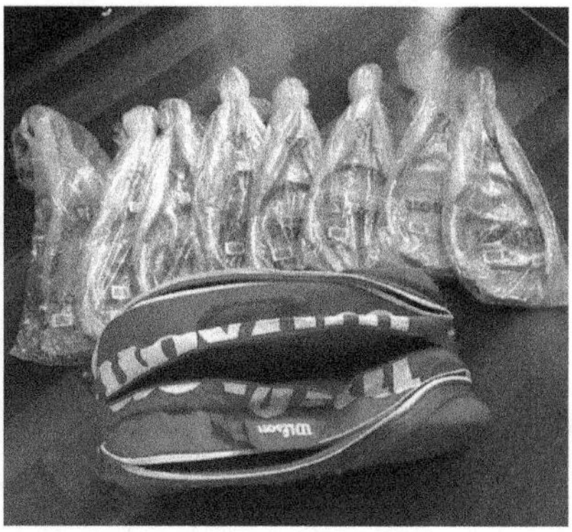

今天，又收到一个大箱子，是今年的球拍。Wilson 真的是高端大气上档次，低调奢华有内涵。本来，同 Wilson 的赞助条款上有承诺，每年要用 Wilson 的器材和设备打 18 个比赛，但是，去年由于已经 Committed 了大学，有点儿飘飘然了，比赛就少打了一两个。但是，赞助商也没有异议，我们也只好自觉一点，赶紧把去年缺了的比赛补上吧。

我从她十一岁开始，就一直自己任命自己为她的球拍管理员，今天把她这几年被 Wilson 赞助的球拍拿出来晒一晒：除了打坏了的球拍，送给亲朋好友的球拍，送给教练的球拍（大约有十把）和她现在正在用的球拍（六把黑色的 Prostaff 97），剩下的球拍就这些，全部拿出来晒了。

感谢 Wilson 这些年来对青少年网球的支持，感谢 Wilson 这些年来对我女儿的支持。

Once Wilson, Always Wilson！

在感谢 Wilson 的同时，也要感谢 USTA 这些年来的支持和帮助！

感谢 Adidas 的支持和鼓励！

感谢 Solinco 早期的支持！

感谢 Klip 花了我们那么多可以用来买排骨的银子！

感谢 RPTC 十年来的支持！

感谢所有的教练，陪练，青少年网球队友、对手和她们的家长。

上大学交学费，天经地义！

经过了三六一十八年的担惊受怕辛勤劳动细心呵护努力培养操心费力吼叫瞪眼斗智斗勇浪费时间自己的闺女终于要上大学了，好事儿呀！自己也觉得自己特别有成就感，把一个光会喝水吃奶嗷嗷待哺的小崽子培养成了一个大学生，很牛！

很多朋友来祝贺，也有很多朋友来衷心的祝贺，我真的很感激。

但是，很多人都提到了一个话题：“牛哥，学费很贵吧？”

对这个问题，我的想法是：就像买车一样，你出三十万，就买兰博基尼，你出三万，就买本田雅阁，你出三十块，就只能加半箱油，但是你要出三百万，那就是商务机。一分钱一分货。贵不贵是要看你得到的什么东西！上什么样的学校，读什么样的专业，如果上最好的学校，学费自然是要多一些了，但是，一定是物有所值。

我认识一位洛杉矶的老兄智叟，他的女儿从小和我女儿一起比赛，一起训练，一起出征，也是一个网球高手。他知道自己孩子以后会上一个很好学校。就早早做了准备：和结发妻子办了离婚手续，孩子跟了他老婆，老婆不工作没有收入靠他的抚养费生活。一家人还在一起其乐融融除了办了离婚手续之外其他什么都没有变。但是，被大学录取之后就不一样了。孩子不但上藤校不用交学费，而且还能得到一些经济资助。这个技巧玩得有思想，有深度，有胆略，有计谋。人家闺女说了，我以后也要按照这个模式做，可以省不少钱！

额滴那个神呀，这老爹的做法，不妥！虽然每年省了七万多美金，但但是但是。

当然，也有人给我出别的主意的：少报你的收入，银行存款提现买个大保险柜存现金，把房子赶紧卖了，把股票全部清仓等等等等，反正，技巧很多方法不少，一个目的：就是要少交学费甚至是不交学费！

其实，是我愚钝是我想不通。孩子小的时候，他们放着免费的公校不上，每年出几万块钱送孩子上私校，也没有见他们和学校搞鬼呀？出银子上私校是天经地义的。他们找网球教练那是要找最贵的，每小时一百八十刀以下的根本不考虑，为什么呀？要价高的教练水平相对也高呀，为了孩子，花点儿钱算个啥！他们也从来没有因为价格问题去和网球教练折腾呀？带孩子去比赛，报名费，租车，酒店，机票都是人家要多少就给多少，必须的呀！怎么到了上大学，上藤校就要想方设法地少出钱不出钱呢？和孩子小的时候相比，上大学是更重要的时期，交学费是理所当然天经地义了！

还有一些家长，在纠结着是选大藤还是州大？大藤每年七八万，州大每年四五万，中间有两三万的差距。为孩子的前途还是为了省钱，it is a question！

为了读书省钱而隐瞒，所谓不义，为了读书省钱而离婚，所谓不仁，为了省钱而藏钱，所谓不智，为了孩子读书省钱而捣鬼，所谓不善。这样做了，也许能够省点儿钱，但是，给孩子做了一个非常坏的榜样。

钱是挣来的，而不是这样抠出来的。有钱没钱都要供孩子上最好的大学受最好的教育！

在中国的孩子累 还是在美国的孩子累？

我是从在中国的孩子帮里一路走过来的知道中国孩子们成长之甘苦。

中国的孩子们从幼儿园开始就要准备上好的小学，小学毕业升初中要上好初中，初中毕业上好高中，然后才能考上大学或者考上好大学，因此黎明即起饱读诗书语文政治地理历史数学英语什么的造就了一个会读书会考试的怪才，那是几十年前的事情。现在的孩子更累有私立学校有奥数补习有高考突击还有新东方英语把孩子给整得死去活来面黄肌胖文质彬彬每个孩子长得都像一个科学家似的。

更有那望子成龙的父母给孩子增加才艺课程绘画钢琴小提琴大提琴书法舞蹈英语个别辅导有那狠心的爸爸说你不弹钢琴你就从 20 层楼上给我跳下去死，结果郎朗怕得要命于是造就了一个钢琴高手。

每当父母听到美国的孩子们上课没有很多的作业尤其是考试得了 A 之后更是作业全免羡慕不已，只恨自己没有生在美利坚合众国让孩子在中国披星戴月相互残杀从小学就开始累一直到大学毕业还找不到工作只恨自己的命不好还累及子孙！

中国孩子读书苦，苦读书！

殊不知在美国的孩子也累：早晨该睡回笼觉的时候就起床去上课，一直到下午两点多下了课还要去课后学校一直到父母下班。家长有点想法的带孩子去跳芭蕾打篮球踢足球练体操游泳网球橄榄球跆拳道一直到月明星稀。虽然不像中国孩子那样一天坐在椅子上十二个小时但是也累得心力交瘁苦不堪言。

周末则是孩子们比较痛苦的日子。早晨一起来就要去上钢琴课一小时 80 美元交着然后赶着去滑冰请个私人教练也是 60 美元一小时中午垫点 Pizza 就去画画课然后是功夫武术然后是中文课程晚上还要赶一个网球的场子直把孩子练就一身的武功什么都会还什么都不精家长辛辛苦苦挣的银子大多都给了私人教练了。

美国孩子玩得苦，练得苦！

一直不知道为什么？我小的时候好像没有这么强烈的竞争呀那个时候中国也有八、九亿人呀？可是，现在美国才三亿人是中国几十年前的三分之一人口按说竞争应该没有那么激烈但是现在好像人人都有危机感好像不会十八般武艺今后在社会上就混不下去似的。

李连杰掀起了一阵武术狂潮李小龙掀起了一阵功夫狂潮马友友掀起了一阵大提狂潮郎朗掀起了一阵钢琴狂潮孙杨掀起游泳狂潮李娜网球狂潮接连不断只要出一个名人就能够掀起一阵花钱狂潮不知道去年得了诺贝尔奖的那个老中高锟能不能掀起一阵老年痴呆的狂潮？

中国孩子没有不会弹钢琴的，随便一个孩子就是十级！

俺们这疙瘩有一个俄罗斯的钢琴老师教的学生都是中国学生价格从 50 美元半小时涨到了 100 美元半小时咱老中还抢着去上，每个家长都盼着自己的孩子成长成为钢琴王子或者是钢琴公主真是可怜

天下父母心呀！

我小时候，就知道玩。

原来还闪念过生不逢时挺羡慕现在的孩子有 Pizza 吃有可乐喝有电视看有 Wii 可玩但是仔细一想现在的孩子不论是在中国还是在美国那压力都挺大的，哪像我小的时候无忧无虑无拘无束地下了课夏天河里游泳摸鱼爬树上房子采桑叶喂蚕粘蜻蜓捉蚂蚱冬天滑冰打雪仗堆雪人儿从来也没有担心过今后的前途，最崇拜的人就是黄继光竟敢用胸脯去堵枪眼儿第二崇拜的是董存瑞竟敢举着炸药包炸碉堡第三崇拜罗盛教大冬天的还敢跳冰窟窿救人什么芭蕾歌剧舞蹈那都是资产阶级的东西咱就不屑一顾！

仔细想想，现在的孩子不论是在中国还是美国他们都累，还是我们小时候快乐生逢其时呀！

为什么中国孩子
更喜欢吃美国的垃圾食品？

中国人引以为骄傲的是几千年前的四大发明和中国几千年的传统文化之外的另外一个引以为骄傲的东西就是中国的美食，啊！中国美食甲天下呀八大菜系上千菜品大有宫廷大宴满汉全席可以吃它个三天三夜小有小酌小品地方特色可以尝它个有滋有味。一般老中离开几天中国菜嘴里就没滋没味胃里就翻江倒海不吃顿面条饺子好像就过不了日子似的。

饺子，中华美食呀！

什锦炒饭，肉蛋菜都有，还香！

令人不解的是生长在美国的中国孩子却不领中国精华美食的大情一说吃饭首选都是 Pizza 汉堡薯条洋葱圈，哪怕是那玉米豆子做的墨西哥 Rubio 也排在中餐前面只要说今天晚上去吃 Pizza 那孩子们就一声欢呼“Oh, Yeah!”不知道中餐哪里得罪了这些远离祖国的孩子们了难道是那些引导您到老年痴呆症的 MSG 吗？

Cheese Pizza，对我来说，就是一个面饼加点奶酪，比饺子包子

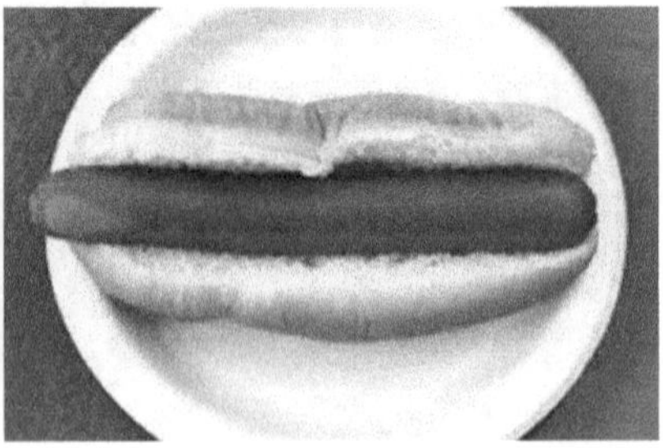

差了十个等级。可是，孩子们喜欢得不得了。

这个热狗，基本上是要啥没啥，但是，孩子们就是喜欢吃。

在中国也一样呀？北京的京菜川菜湘菜鲁菜广东菜山西菜一家接一家千百万家是有了但是哪一家餐馆儿也没有麦当劳的汉堡薯条可乐好。北京的麦当劳一份套餐只给一小包番茄酱多了不给就那样一根薯条沾一丁丁点儿的西红柿酱还让孩子们吃得津津有味食品垃圾不说价格还挺老贵一般的家庭只是孩子考了第一或者满分才奖励一顿麦当劳套餐。中国孩子放着那么多中华美食不去欣赏反而钟情于单调的外国食品，这应该说是中华美食的一个最大失败！

理解不理解，孩子们就喜欢吃炸薯条。

居然抛弃了不舍得打狗的肉包子。

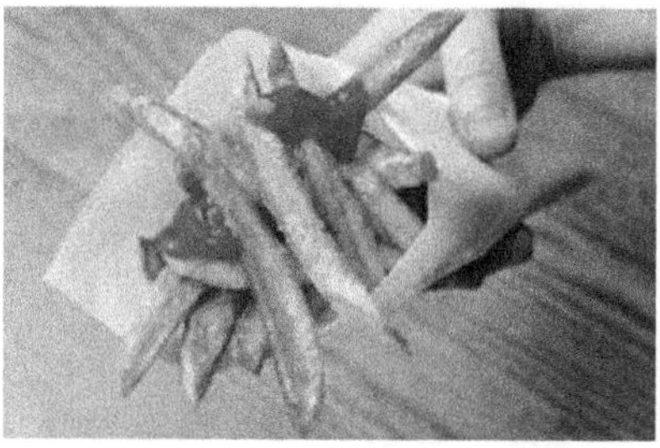

简单比较一下门钉肉饼京东肉饼韭菜盒子哪怕是葱花烙饼哪个都比 Pizza 好吃，炸酱面打卤面热干面西红柿鸡蛋面哪个也都比射破盖底强，包子饺子锅贴烧卖哪个都比汉堡有滋味儿。但是中国餐就是吸引不了下一代。看来刀工再好花样再多大厨再牛也抵不过一成不变的 Pizza 汉堡薯条。乌龙龙井铁观音大红袍再牛也拼不过可乐芬达雪碧加冰块儿。难怪越来越多的中国餐馆现在也卖美国风味儿了。在下一代身上中国菜看不容乐观！

很多中国孩子喜欢墨西哥的塌口比喜欢中国的馅饼喜欢多了。

我就不信你家孩子还信奉中国的八大菜系！（当然一定有人会说我家的孩子爱中国也爱中国菜你说的不对当然了吃玻璃碴子吃铁钉子吃硫磺黑土的人也有那是另类不计算在广大人民群众之内）

天哪，孩子们那带着浓重口音的英文

天下英语，唯口音不灭！

据说，最正宗的英语来自美国的俄亥俄州，俄亥俄州出过全美国最多的播音员：广播播音员，电视播音员，网络播音员，记者播音员等等。加拿大也是标准英语的发源地，在美国就有很多著名的播音员来自加拿大比如皮特节凝思，阿列克斯吹白客等等。不知道正宗的英文是怎么界定的，但是加拿大和俄亥俄好像距离远了点儿，anyway，大家公认的标准英文，就是播音员的那种英文，出在俄亥俄和加拿大，美国南方口音那怕是朱迪福斯特进入播音界不容易。

美国是一个移民国家，美国人民都是从世界上不同地方来的，因此，每个人说英语的时候基本上都带有各自国家的口音，比如印度口音，越南口音，俄国口音，法国口音，德国口音，日本口音，韩国口音，四川口音，北京口音，上海口音，新疆口音，山西口音，东北口音，河南口音，广东口音等等等等。

第一代移民到美国，有口音是正常的。但是，到了第二代第三代，说英语的口音就应该更融入美国口音了，被同化了呗，也融入了这个远离故土的社会。

但是，我认识很多第一代从中国移民过来的老中，努力地在家里教自己的孩子英语。用他们自己认为特别纯正但是带有浓重地方口音的英语教自己的孩子，从孩子刚刚开始说话开始就教他们：古德猫宁，古德奈特，古德古德！

这些父母的英文都是这样努力学来的。

久而久之，孩子学会了英语！英语成了这些第二代移民孩子的母语，但是，口音成了这些孩子的一个印记，一个改不了的印记。父母教孩子英语越努力越用功越投入越疯狂，孩子的口音就越重。

所以，我觉得，从中国来的父母教孩子说话，教中文就行了，教普通话就行了（不建议教孩子方言比如上海话，成都话，河南话，温州话等等），教英文，让幼儿园的老师，小学老师们去教吧。

我还觉得，在美国出生的孩子，讲一口有浓重中国地方口音的英语，是一个遗憾！

新一代的移民，拜托了，千万别教你们的孩子说英语了！（我来美国三十多年，就见过两个说英文特别好的中国移民，那都是天才！但是，五分钟之后，就知道他们是中国人了，因为她 / 他们的口音中有掩藏不住那些改也改不了的中音）！

来美国的父母可以教孩子数学，可以教孩子物理，可以教孩子打球，可以教孩子洗碗，可以教孩子做人，可以教孩子行善，但是，千万不能教孩子英文！

普通班和尖子班的孩子上大学有什么区别?

我一直都不怎么相信学校里的尖子班（学习成绩好而且学校和老师都比较重视的班级）和普通的班级有什么区别，我觉得孩子的成长和成绩是和自己努力有关系的，和在什么班级上学关系不大。上周女儿高中刚刚毕业，学校出了一份报纸，专门有两版列出了今年的毕业生们都去哪里上大学：Making Waves to the Future.

我女儿上初中的时候，学校分班之前进行了一个摸底考试，把从小学升入初中的 330 个孩子根据考试成绩分为十个班级，我女儿有幸被分在那个考试成绩最好的一个班级，俗称 Homogeneous Class。老中的家长都称这个班级为尖子班。

尖子班很有特色：三十三个学生，二十六个中国人，两个印度人，两个韩国人，一个日本人，两个美国人。尖子班里的孩子学习都好，而且，还有一个中国虎爸和一个印度虎爸，每天放学之后都给这个班里的孩子们辅导高等数学天体物理分子生物和宏观经济什么的。

好像这个班根本不是中学而是一个研究所。不过，我女儿一放学就去打网球了，训练比赛玩儿什么的，那些辅导课一次也没有参加过。

我女儿很运气，这个尖子班的人的主体基本上都一直延续着，她也一直随着这个班级的主体到了从初中开始一直到了高中毕业。今天一读报纸，这些孩子都很牛！

Boston College 1

Baylor Univerisity 1

Cal Tech 1

Carnegie Mellon Univeristy 1

Columbia University 2

Cornell University 3

Dartmouth College 1

Duke University 2

Harvard University 3

Harvey Mudd 1

MIT 2

John Hopkins University 1

Stanford University 1

UC Berkeley 3

UCI 2

UCLA 4

UCSD 2

U Penn 1

Yale University 1

转眼望去，都上的是高大上的学校，都是让学校老师 Yeah！ 的学校。虽然，上大学只是一个开始，但是，这些孩子都有一个好的开始。

一直都不怎么相信尖子班和普通班的我，在数据面前也不得不承认尖子班的作用和结果。不过，我女儿在尖子班是一个浪费，既没有参加尖子班的课后学习，也没有接受过尖子班课后的辅导，更没有参加过尖子班的所有活动，对她来讲，尖子班和普通班没有区别。在这个尖子班里，我女儿是一个另类。

这个高中在圣地亚哥是一个非常好的公立高中，亚裔占50%，今年的330名高中毕业生里，有将近四分之一的孩子上了当地的Community College。这个也是出乎我的意料的。

所以，对尖子班，对好的学校，信也不是，不信还不是。最主要的还是孩子自己的努力！

努力吧，孩子们！

教育，就是一个不断和孩子斗智斗勇的过程

教育孩子，对每一对儿父母都是一个挑战，都是人生中的一个崭新的课题。几乎所有的家长从小到大都学的是数学物理化学语文英语政治生物等等，在大学里和生活中，几乎从来都没有学过怎么教育孩子。反正我小的时候没有学过怎么教育孩子，而我爸爸在对我的教育过程中，最常说的一句话就是：“三天不打，上房揭瓦！”

很多家长都认为，生了孩子，给孩子足够的爱就行了，让孩子按照自己意愿去发展自己的天性。从生物学、动物学、进化论和教育理论上来讲，这种想法是非常非常错误的（虽然有些家长自己认为自己是正确的，但是，也不妨碍他们自己是错误的，哈哈）。

根据我自己的经验，对孩子的教育的过程，就是一个不断和孩子斗智斗勇的过程。

我相信，孩子小的时候，很多父母都有这样的经历：孩子就要父母陪着睡觉，很多时候，父母都睡着了，孩子还没有睡着。但是，等到孩子睡着了，父母要离开让孩子自己睡觉的时候，孩子会立刻神奇地醒过来，又哭又闹地让父母陪着。如果不陪着孩子睡觉，孩子就哭就闹。这个时候，就需要父母和孩子斗智斗勇了。和孩子说好了，就陪五分钟然后自己睡觉，说到做到。如果五分钟之后父母要离开，孩子还哭，那就让孩子哭，比耐力，比耐心，比爱心，比狠心。孩子哭累了，知道必须自己睡觉，那么，从今以后就会乖乖的自己睡觉。如果哭了半个小时，父母糊涂了，父母心软了，父母

妥协了，又回去陪孩子睡觉了，哈哈，结果就是前功尽弃了，下次孩子会哭一个小时，两个小时，于是，孩子取得了最终的胜利！

因此，从孩子还没有懂事的时候，就需要开始和孩子斗智斗勇！

孩子一天一天地长大了，有了更多的思想，有了更多的知识，他们就要要求更多的权利，比如孩子要在公园多玩一会儿，孩子到了商店里买更多的他们喜欢吃的，去动物园看更多的动物，和小朋友们在外面疯耍更长的时间，孩子们在不断地测试家长的容忍度和宽容底线，他们永不止步！所以，家长们和孩子们的斗智斗勇，一天都不能停歇。

家长要给孩子立规矩，要和孩子们讲道理，但是，也要同孩子们斗智斗勇。

比如，孩子们有小朋友过生日，要参加生日聚会，如果要 Sleep over，这就要提前立规矩，什么能做，什么不能做，要帮助小朋友的家里洗碗扫地收拾，不能吃完就不管。

现在，孩子大了，马上要上大学了。想法更多了，也开始和大人讲道理了，不但讲道理，还有很多例子和故事来支撑他们的道理。这个时候，当父母的就要小心了，说话做事都需要谨慎，当父母的依然要和孩子斗智斗勇：晚上 9 点 30 前必须回家，开车一定要小心，COVID-19 期间出门一定要戴口罩，说话一定要政治上正确，等等等等。自由可以有，但是，要听大人的话！

回顾这十多年来培养孩子的过程，每年每月每日每时和孩子斗智斗勇的过程，就是对孩子的教育过程。

不要误读了在美国长大的孩子们

最近一段时间，总有人和我探讨教育孩子的问题：怎么教育孩子，怎么培养孩子，怎么解决孩子在成长中出现的难题，怎么督促孩子，怎么鞭策孩子，怎么能够让孩子有上进心，怎么让孩子自觉学习，怎么这样怎么那样。这些家长和我探讨着探讨着就变成了声讨大会：我们家孩子这个也不行，那个也不行，把我们给急的呀。到了最后，我也觉得挺不好意思的。

反正，大部分家长都很着急，很多家长最后都抛出来一句话：唉，在美国长大的孩子都比较单纯！那意思就是说，在美国长大的孩子成熟的晚，比较“傻”。

咦？在美国长大的孩子都比较单纯，How Come？

我个人认为，认为在美国长大的孩子都比较单纯的那些家长对孩子的看法有偏颇，是错觉或者是对孩子的期待异乎寻常的高。

首先，在美国长大的孩子政治上一般都比较成熟，因为几年就经历过一次总统竞选，州长竞选，市长竞选，议员竞选之类的。在美国长大的孩子们对美国的政治体制，对美国的法律体制，对美国竞选人的竞选纲领、竞选理念，竞选哲学都有一定的了解。

在政治方面美国的孩子比国内的孩子成熟很多，在认识好与坏、对与错方面，成熟得很早，至少要比国内那些从来没有参加过政治运动的孩子们懂得多见得多经历得多。

其次，在美国长大的孩子从小就知道挣钱的不易，很多孩子在家里干活，在外面做事情给自己挣钱，在金融经济方面要比国内的那些衣来伸手饭来张口的孩子们要成熟得多，即使是家庭条件比较好的孩子们，也寻求独立，有自己的银行账户，有自己的小金库，很多孩子都知道怎么去理财。

在这一方面，在美国长大的孩子都很成熟，很多孩子那是相当的成熟。

再者，在美国长大的孩子都参加社会活动，做义工，参加各种各样的社会活动。

在与人的交往中，要比在中国长大的孩子们成熟。他们学得更早，学得更快！

还有，在美国长大的孩子都积极地参加各种体育运动，足球篮球排球棒球网球游泳体操田径橄榄球等等，接触社会比较早，接触胜负冷暖的机会也很多。尤其是专项突出的孩子们，更成熟，更理智，更能够看中自己的努力，更能够看淡比赛的胜负。

在这方面，在美国长大的孩子要比在中国的孩子成熟很多，很多。

另外，在美国长大的孩子 16 岁就开车了。很多孩子都是自己加油，自己保养，自己给车买保险。有了车，接触面广了，孩子们的社会圈子就更大了。

汽车给孩子添加了翅膀，在美国长大的孩子可以看到更多的世界，更高的天空和更远的地平线。

获取知识的途径，在美国长大的孩子要比在中国的孩子途径更多。起码有 Google, Facebook, Youtube 等等中国孩子见不到的东西。

在美国长大的孩子都比较单纯？别逗了！ 在美国长大的孩子，一点儿都不单纯，如果你认为他们单纯，最有可能的是：您自己比较单纯。

有一种说法叫——慈母多败儿

慈母多败儿这句话出自明代的《增广贤文》，原文是：严父出孝子，慈母多败儿。这里的“慈母”是指宠溺孩子的母亲们，因为孩子们的天性就是很自私很任性，“慈母”们没有教她们的孩子做一个有素质的人，或是没有用对方法，没有把孩子教育好，所以有人总结出来慈母多败儿这样的警句，而且母越慈，儿可能就会越败。

《增广贤文》又是什么呢？其实，《增广贤文》就像现在的顺口溜集锦比如：有了习大大，什么都不怕；有了任正非，牛皮任我吹；我是厉害国，美帝直哆嗦……等等等等，不过，《增广贤文》则是一些很有哲理的顺口溜集锦，就像：路遥知马力，事久见人心。严父出孝子，慈母多败儿。听君一席话，胜读十年书。儿孙自有儿孙福，莫为儿孙作马牛。少壮不努力，老大徒悲伤，等等等等。

今天为什么提慈母多败儿这个话题呢？事出有因。

咱家娃要上大学了，就有热心人在微信里组织了一个“今年哈达父母微信群”，网罗了今年到这所学校读书的中国孩子来交换信息。这本来是个好事儿，让父母相互认识沟通信息互通有无再有个地方八卦一下反正闲着也是闲着无聊也是无聊还不如大家在一起无聊闲得无聊的更有意义。

当然，我不幸也被邀请进了这个群，既然被邀请了吗，我就先在这个群里走两步。

嚯！这个群可了不得！！！（三个惊叹号）这个群里的爹娘一个比一个牛！

先是有显摆的：“我儿子是钢琴十级的钢琴大师，不知道学校能不能给有郎朗天赋这样的孩子提供钢琴？”

更显摆的：“我儿子喜欢赛车，不知道学校里有没有原装的意大利跑车可以开？”

最显摆的：“我家宝贝从小吃手工榨菜长大，不知道校园里有没有真正的涪陵榨菜？”

额地那个神呀，我就想，我家娃喜欢玩波音747，这可咋显摆呀？

还有更离谱的：“校园里哪家咖啡便宜？”“校园里哪家银行方便？”“校园里哪家餐馆价格合理？”“孩子的被子在宿舍里有没有人给叠？碗筷有没有人给洗？”“校园附近怎么可以租到房子供父母陪读？”“校园附近有没有正宗的针灸按摩师傅？”哇呀呀呀呀呀呀，这哪里是送孩子上大学呀？这明明是各个国家的王储和君主到美国来炫富呀。

想当年，我上大学，老爸老妈没有一个人送我坐着火车就去到一个陌生的城市。到各个国家去比赛，也没有姥姥姥爷跟着呀。后来到美国读书，也是一个人一个背包一个箱子，连个书童佣人保姆小蜜都没有带，只身一人，闯荡美利坚，这么多年来，都是自己操心自己的事情，自己打理自己的事情。现在可好，这些爹妈的心操的呀，那可是真操！

我就发愁了，这所大学的育人宗旨是培养“改造世界的人。”这些孩子连自己都照顾不了，以后可咋改变世界呀？

还是我家娃懂事:“老爸，您就在家里歇着，不就是去上个学吗？不用您送我，我自己去！”

我家娃，有点厉害！

孩子到了十八岁，也考上了大学，就让人家自己飞吧！那些鸡毛蒜皮的小事情，人家会处理。这些爹妈就像鸡公鸡婆一样，什么小破事都拿到微信群里来显摆，什么拉屎撒尿的事情都拿出来到群里问一问，真是令人无语，彰显了这帮人的无知、小气和愚昧，唉，印度人呀！

我立刻就想到了《增广贤文》中的严父出孝子，慈母多败儿。人家增广说得可真对呀！

女儿上大学后第一个学期的快乐生活

到我女儿这一代，我家已经是连着四代人都进过大学了，（原来我写的是三代，我父母那一代，我这一代和我女儿这一代，但是，后来发现把我姥爷给忘了，我姥爷也是大学生，还是到外国留学的大学生，因此，我们家是四代知识分子，四代，四代呀！）我觉得我应该赶紧定制个牌匾挂在我家里的大堂上面，上书四个金色大字：书香门第，四代大学！哈哈哈，自己要是不夸夸自己，别人也舍不得想不起来夸！

我家有女初长成，她从小到大变了十八次变成了一个大姑娘。三个月前，我家闺女带着两个大箱子，背着一个网球包离开了美丽的圣地亚哥前往远方麻省波士顿读大学了。一转眼，这么多日子过去了。我现在来审视一下她这几个月快乐的日子。

从圣地亚哥飞到波士顿，差不多有六个小时，但是对于年轻人来说，算不了什么，也就是去洛杉矶比赛一场网球的时间！

女儿落地波士顿之后，自己叫了 Uber 到了学校，报到、做新冠检测、拿钥匙、去宿舍，搬箱子，安装电脑，学校基本上把所有的事情都安排得井井有条她也就方便了很多。

她住的宿舍本来是有四间卧室的一个公寓，但是，今年有胆寒的学生因为怕 COVID-19 传染因此就在家里待着不到校园里来上学，所以，一个公寓的四间卧室里，只有两个孩子，除了共用的地方之外，每个人还拥有两间卧室，比读私塾还奢侈。

学校在新生到校第一周安排了三次新冠病毒的检测，每次都检测结果都呈阴性的时候，就可以在校园里面戴着口罩乱走了。在校园里面可以戴着口罩乱走之后，在学校的这一个学期，还需要每周做三次的新冠病毒检测，一次都不能少！

我女儿听了学长的意见，她第一学期选了四门课，课程不太重，主要是要先适应一下十八年来第一次独立生活的日子，不要压力太大。哈大有一个好处，每门课的学生都不多，十个学生左右，而且还有两名 TA，学生们可以随时找 TA 辅导，请 TA 答疑解惑。到目前为止，她选四门课还是比较轻松的，估计可以保持她从小学初中高中的成绩。

网球队发了各种衣服和装备。每周训练六次从周一到周六，和她所期待的不太一样（原来期待每周训练五次，现在多出来一次）。今年哈佛招了两个网球运动员，另外一个在家里上网课不到校园来上课了，所以，很多时候就是单独训练：两个教练，一个队员。不过，做身体训练的时候，是和其他队的孩子们一起做的：游泳队，田径队，排球队，篮球队等等，孩子们玩得很开心。在哈大当运动员比较奢侈的是，学校还给运动员们洗衣服。

除了读书和训练，女儿还参加了一些俱乐部，Female Business Club，American Chinese Club，Business Consulting Club，美食俱乐部，扑克俱乐部等等等等，而且她还组建了一个 Asian Athletes Club，有了

自己的组织了，哈哈。现在孩子们上大学真的丰富多彩，我读大学的时候，都是自乐部，没有俱乐部。

哈大的每一个宿舍楼都提供早中晚饭，但是，学校里提供的饭菜，不怎么适合我女儿的口味，于是她就经常去外面买一些自己喜欢的东西，或者是 Uber Eat。到了周末，基本上就是约了小朋友们一起吃饭、读书、写作业，偶尔也去城里玩一玩，海边转一转。

波士顿的龙虾卷是很好吃的，连我都喜欢！

这个学期还有十天就过去了，飞回来过三个节日，然后接着去上学！

对了，长在南加州的小姑娘，没有经历过冬天也没有见过正在下的雪，前几天下雪，可把孩子们给兴奋坏了，哈佛广场，宿舍周围，到处都印满了南加娃的开心脚印。

女儿基本上每天打电话回家来嘘寒问暖一下，汇报汇报她自己在大学里的学习、生活、训练和不拉不拉不拉。今天也打电话回来了："爸爸，我过感恩节的时候要去 Puerto Rico 玩几天……"

啊？不回家过感恩节了？去 Puerto Rico，她比我小的时候玩的野！

不管怎么样，她过得开心快乐就好！

看到孩子开心，比我自己开心还开心！

大学是一个让孩子成长最快的地方

我的女儿上大学第一个学期转眼之间就结束了，昨天，她自己从波士顿坐一架大飞机飞回圣地亚哥了。

晚上到机场接女儿，她背着一个大大的网球包，拉着一个大箱子，手里还拎着一个大包，风尘仆仆的还真的像一个旅行者的样子，哈哈。几个月没见了，看到她感觉很亲切很亲切。

按照北京的老规矩，送行饺子接风面，回到家里，除了鸡鸭鱼肉火鸡大餐之外，我还亲自给闺女做她最喜欢吃的炸酱面算是用传统的中国迷信习惯给她接风！

这几个月大学的历练，女儿懂事多了。她自己把在学校里的所有事情自己都安排得井井有条：上课，面试，训练，交朋友，新冠检测，参加各种俱乐部的活动，居然还当了什么俱乐部的新生科长级的干部，这几个月，把大学的生活过得好充实呀！

她第一个学期选了四门课，根据她的聪明才智、努力程度和自己评估，四门课的成绩全部都是“啊”没有问题了，上大学第一个学期就开了个好头儿。

网球也打得很好，从在哈佛训练的第二个星期开始就开始碾压原来的哈佛一姐继而她自己成了哈佛网球队的哈佛一姐了，这几个月来，教练和助理教练对她宠爱有加，用她自己的话来说：“我网球打得好了呗。”其实，我非常看好她的运动天赋，也一直想让她打职业网球，但是，她自己不愿意呀，和打网球相比，她更喜欢读书。读书就读书吧，不过，穿上 DHA 的衣服她还是很开心的！

这几个月来，女儿成熟了很多：丰富了自己的思想和自己对事物的看法，把自己未来一段的生活和学习都规划得有一些眉目了。这次回来之后还要上网课，每周有几天还要早晨 5 点 45 起床，六点上课一直到十一点半，然后做作业。用她自己的话来说就是：上一个很难上的大学不容易，不努力的话也对不起别人呀。

她自己的事情安排得满满登登的，哪天见谁，和谁吃饭？哪天去海边？哪天看日落？哪天去 Pourto Rico, 去了以后每天都干什么？回来之后去见谁？和谁一起打球，和谁一起爬山，和谁一起做饭，和谁一起聚会，从回来一直安排到了十二月三十一日，额滴神呀，年轻就是好，可以不要喘口气儿的时间！

下学期的课也安排好了，暑假的实习也安排好了，明年的计划也有了，2021 年去法国看法网公开赛的事情也安排好了，真的不用我操心，孩子长大了。

养育她十八年，上大学的这几个月是她进步最快的一段时间。嗨，说来说去，还是我这个虎爸要求严格教导有方才能培养出来认真努力听话上进的好孩子！（实在忍不住了，不夸夸自己这碗豆汁儿就喝不下去了！哈哈哈）

其实，周围的每个孩子都很优秀，我不过是应广大人民群众的要求，显摆一下自己的功劳罢了（如果说我没有功劳，那也有苦劳，没有苦劳，还有疲劳呢）！

今年的感恩节，过得有意思，DHA！

在美国出生的这些孩子讲中文，唉，真的是愁死我了

自从我女儿出生之后，我在家里就百分之百地和她说中文，说普通话，英文一个字儿我都不说，都不教。因为我自己的英文是半路出家，虽然很多朋友都夸我的英文说得真好，和美国人说的没有什么两样，但是，我自己知道自己说英文的时候，北京口音的英文那是一定有的。除非里根总统说我英文讲得好，就是川普总统说我的英文讲得地道，我也不信！我自己别的没有，自知之明还是有很多很多的！

我在家里不说英文不教英文我真的是怕把孩子的英文给教偏了，所以，和很多中国人的父母不一样，从小我在家里和孩子就坚决不说英文，一定要说中文，而且不说天津话上海话河南话东北话新疆话湖北话四川话湖南话广东话，普通话 Only！

孩子上幼儿园，小学、初中、高中，从老师到同学那全部都是英文。英文说的那一个溜儿呀。反正，除了在家里说中文之外，在外面全部都是英文。在美国这个环境中，这是一件非常正常的事儿！

等孩子长大点儿了，上学了读书了，我周末也送她到中文学校去学中文，但是，后来孩子打了网球，根据赞助商的要求，每年要打 18 个 32 Draw 以上的比赛，所以周末一般都有比赛，中文课就停了，到了周末就专心打网球比赛，拿冠军奖杯。

孩子是在英文环境中成长的，中文只是回到家里才说。虽然没有感觉到孩子的沟通有问题，但是，读写说的读写是有一点问题的。

第一次突然感觉孩子中文有问题是她刚上初中的时候：学校里让每个孩子都选一种乐器以培养孩子的音乐感觉。我建议她吹长笛但是她很坚定地选了小提琴。既然孩子选择了小提琴，那就买小提琴让她拉呗。但是一个星期之后，女儿回家对我说："爸爸，我能不能不拉小提琴了？"

"为什么？小提琴是你自己选的呀。"

"是我自己选的，但是，我发现，我不是拉小提琴的那块布！"

"什么叫那块布呀？那叫不是那块料！"

"布料布料，那不是一样的吗？"闺女嘟囔着。

唉，先把中文给她纠正了吧，小提琴不拉就不拉了吧！

……

上高中的时候，有一次她应邀去佛罗里达参加美国网球协会组织的网球培训。回来之后我的一个朋友就问她："去佛罗里达训练感觉怎么样呀？佛罗里达好玩不好玩呀？训练累不累呀？那里的伙食好不好呀？"

闺女一脸的茫然，我知道她没有听懂，我就问她："孩子，你知道伙食是什么意思吗？"

"不知道！"

唉，中文说得不好，很多词儿还听不懂，愁死我了。

……

几个月前，闺女去上大学了。我建议她选一门中文课，她听了我的建议，选了一门中文课。这几个月下来，中文有了很大的进步，认识了很多新字，也会写了很多字，中文写作也得了九十七八分。我挺开心的。学期快结束的时候，她给我打电话说："爸爸，我们几个好朋友，约好了要去 Puerto Rico 玩一个星期。"

"疫情还没有过去，不许去！"我就挂了电话！

不一会儿，她又打来电话："爸爸，让我去吧，我们会注意安全的。这个机会很难得，我一命可能就去一次！"

“什么叫一命可能就去一次？”我大声问。

“就是 once in a life time 呀。”

“那叫一辈子可能就去一次，不是一命可能就去一次！你这是什么中文呀？”闺女把我都给气乐了！

……

在美国出生长大的孩子，即使是学了中文，上了中文学校，他们的中文也就是个皮毛。能够听懂日常用语就差不多了，什么关关雎鸠在河之洲窈窕淑女君子好逑，什么先天下忧之忧后天下乐之乐，什么百善孝为先万恶淫为首，什么月上柳梢头人约黄昏后，什么黄河之水天上来奔流到海不复回，什么高堂明镜悲白发，朝如青丝暮成雪，什么秋花惨淡秋草黄耿耿秋风秋夜长已觉秋风秋不尽哪堪风雨助凄凉，什么白求恩同志是加拿大共产党员，五十多岁了，为了帮助中国的抗日战争，受加拿大共产党和美国共产党的派遣，不远万里，来到中国等等，根本就不要想了。唉，我现在对她中文的要求，以后去饭馆吃饭，能点菜就行了。

就怕去餐馆吃饭点菜，也点那些 Shrimp with Broccoli .

唉，这孩子的中文，愁死我了！

家里养了一个特别能花钱的娃！

家里养一个娃，那就是买了一台碎钞机，我现在看见那些家里有三个五个八个十个娃娃的爹妈我就打心底里发愁，你们这么多孩子，可咋养呀？真的是愁死我了！

生一个孩子就是给家里添了一台 24 小时不停的碎钞机呀！

自从孩子生下来开始，这台免费的碎钱机就开始工作了，24 小时不停全年无休：小崽子穿的衣服，尿布奶粉上上下下各种东西全部都买最好的，什么钱不钱的，什么钱多钱少的，先把这个小苗苗养好再说。

后来上了幼儿园，以为一个月也就是一两千块钱，结果事与愿违呀，需要花钱的地方多着呢。

原来以为这刚出生的金娃娃挺贵，到处都是需要花钱的地方。但是，等到稍微长大一点儿，才知道那些奶粉尿布根本就不算什么钱。学钢琴、画画、芭蕾、功夫，滑冰、游泳反正别人的孩子学什么我们的孩子就跟着学什么还美其名曰让孩子多接触一些项目万一哪一门有天赋那就算是找到宝藏了而且随便一个项目一个小时就是几十块上百块钱，从学校接出来就去了不同的兴趣班，

那钱花的就像小溪的流水哗啦哗啦的。

唉，我们做项目搞投资做生意都设一个止损点，但是，在培养孩子这个项目上面，根本就找不到止损点也根本没有止损点！

后来，仔细思考痛定思痛，不能什么都学了要合并同类项：钢琴提琴小号吉他黑管只能选一样，滑冰游泳体操足球网球只能选一样，素描油画水彩工笔雕塑只能选一样，动物园海洋世界迪士尼来狗蓝六旗山只能一个月选一个去。结果，买了三角钢琴选了网球：网球私教课每个星期三百，大课每个星期一百，装备每个星期若干，比赛报名费来回机票酒店租车吃住七七八八每个月又至少是四位数的银子，和什么都学一点都不少花钱，而且是越来越多。从圣地亚哥到亚特兰大比赛一次十天，那就几十个百没有了。

值得欣慰的就是通过孩子的努力和老子的堆钱，她还经常能拿回来一个个奖杯和一个个金球，也算是一种安慰。但是有的时候坐下来看这些东西，仔细一想：奶奶的，这哪一个奖杯，哪一个金球都是大几千块钱呀！虽然拿钱还买不到，但是，前期那些银子的铺垫，没法算账了！

等孩子过了 15 岁，可以开车了，给她买了车，买了保险，然后她开车，加油，四处乱跑，她就像一个 Uber 司机……

过了 16 岁，女孩子的人生臭美阶段正式开始，扎了耳朵眼，耳环、手链儿，项链儿，戒指与日俱增，眼影，口红，腮红，面膜各种化妆品随之而来，碎钞机加速运转……

好不容易好不容易熬到她上大学了 ……

但是，每年要背一个这么大的垃圾袋，装满了现金交给学校呀！我容易吗？

她上大学的第一个学期就好几万没了，这比打网球可贵多了呀！

放假了，闺女从学校回到家里，立刻给家里买了鲜花（那肯定是用我的钱呀）：“爸爸，家里要有花，要有 life, 要有 a beautiful life! ”

谢天谢地，她没有往家里买这个花！

还买了一个真的小圣诞树，说要有节日气氛。

谢天谢地，她没有把这个圣诞树给竖到家门口！

我现在体会到了，花别人的钱真的是不会心疼的呀！

再仔细想想，那些钱都是国家印的，政府印的，又不是我的，花呗！

反正，养个孩子就是收了一台碎钞机，永不停歇而且越用越顺手，钱越碎越多！

这，这，这，这还真要想一个解决方案！

教育孩子，青春期前圈养，青春期后散养

从理论上来讲，每一对父母生儿育女之后，在教育孩子方面都是新手，不论父母是在中国还是在美国，在教育孩子上面基本上都没有什么太多的经验。因此，很多父母都在通过不同的途径学习怎么教育孩子，学习怎么培养孩子。当然了，培养孩子也有很多理论：什么男孩子要穷养，女孩子要富养，什么情况下圈养，什么情况下散养，什么情况下放养，对于什么样的孩子应该虎，对待什么样的孩子应该熊等等等等，不同的人有不同的经验。那些有成功经验的父母当然就趾高气扬了，嘴里经常会念叨：我的经验就是吧啦吧啦吧啦，但是那是有失败经验的父母就那么不嚣张了：我的孩子与众不同，成功的标准不同吧啦吧啦吧啦。

反正，每个家长都有自己的教育理论，每个家长也有自己对孩子成功的理解，在教育孩子，培养孩子方面，没有一个标准答案！

对孩子的教育，圈养要有！散养也要有！

管它培养孩子成功不成功，我都有我自己教育孩子的理念，那就是：孩子青春期前要圈养，但是进了青春期就要散养了。

我的孩子在青春期之前，我绝对是以一个虎爸的形象在孩子面前出现的：做事情要认真，要努力，要一丝不苟。对老师教练家长长辈要尊敬，要守规矩、重道德、而且一定要善良。每天在上学的路上，都要给孩子谈世界，讲道理，晚上睡觉的时候，也给孩子讲故事，说哲理。带孩子去训练比赛，所有的项目事必躬亲：准备网球、球拍、球鞋、袜子、衣服、球包、水、防晒霜、毛巾、零食、跳绳、皮筋、实心球一样都不能少，每一项都要让孩子看着，记在心里。让她在得到精心呵护的同时逐渐培养她独立自主的精神。

孩子进入青春期，我这个虎爸就逐渐变成熊爸了。我告诉她：你已经长大了，所有我以前为你做的事情现在都是你自己应该做的了。这个时候，教育模式就从圈养模式进入散养模式，就拿网球的训练和比赛来说：不但参加训练的球拍、球鞋服装等等都是她自己来准备了，而且她的比赛报名、对手研究、场地勘察、排名对比，酒店机票、租车吃饭都要她自己亲手来做。我有一个想法就是：早自立，早成才！所以，我女儿十三岁之后，很多事情都是她自己拿主意了。

进入高中之后，所有的选课，上课时间都是她自己安排，所有的考试测验，都是她自己安排。什么时候考 SAT，什么时候考 ACT，什么时候考 Subject，上什么大学选什么学校，她自己做主。上大学写申请、撺掇论文、找人写推荐信全部都是她自己安排，我从不插手。实习、面试的所有准备，也都是孩子自己安排。如果她问我，我会给出我的想法和建议，至于怎么样实施，她自己决定。上了大学之后读什么专业，她自己根据自己的兴趣、爱好和这个专业的前途，自己安排。（看了紫檀里很多父母给孩子写 essay, 帮孩子准备面试，帮孩子求推荐信，给孩子选学校，替孩子选专业，我就觉得，他们操的心太多了而我操心的还真的是远远的不够！）

散养不是放养，散养有规矩，有自由，有限制，有宽松。

现在，我和孩子的距离是 3000 英里，4827 公里，9654 里，4,827,000 米，她每天会打电话回来问候、汇报和沟通，so far so good。

进入 Teenager 应该是一个对孩子教育方式的分界线。好像中国古代也有这么个年龄坎儿，到了一定年龄，就成人了，就应该担起一个成年人的责任了。

非常中国的父母怎么能规划好在美国长大孩子的人生？

最近两年，经常读一些有关教育的书，经常逛一些有关子女教育的论坛，也看过很多父母有关教育孩子的高论和争论。越读我自己的脑子就越清楚，但是，也就越来越不懂很多父母为孩子操的那些心，白了的那些头发和后的那些悔。

很多自己认为“成功”或者自己认为“不太成功”的父母，都在孩子很小的时候，就给孩子规划了人生：“我的儿子以后是一个科学家”，“我的女儿以后将是一位医生，”“我的儿子以后要学 CS，然后找一份好工作，衣食无忧，”“我的女儿以后要做发难死，替别人管钱，”等等等等，说得口沫横飞头头是道有鼻子有眼，把他们自己的思想和理想放大到了极致！

我个人认为，一个人如果做自己不懂或者是不太懂的东西，那很大程度上是做不好的。所以，我也就纳闷这些生于中国，长于中国，受中国应试教育的中国父母，他 / 她们哪里来的这种规划在美国成长的孩子们前途的自信？

这些父母，从小在中国长大，唱着“我爱北京天安门”，爱党，爱国家，爱人民，爱社会主义，信仰共产主义，读语文，读政治，学数理化，学英语，经过了很多年的应试教育参加高考然后在中国上了大学，整个教育过程都是在家长和国家的规划中进行的。他们的 Mind Set 很中国，他们聪明，努力，但是也有短板。他们是幸运儿，到了美国之后读研究生，找工作，娶妻生子建立家庭，然后就开始按照他们自己的想法给自己的孩子规划人生。

而他们的子女，生在美国长在美国，学英语学法语学西班牙语，读美国历史世界历史，读科学，要自由，独立，善良，尊重，公平公正，创新，大爱，做公益帮助别人建设更好的未来。这和中国的教育完全不一样呀。我觉得，这些中国父母给在美国长大的孩子规划人生，就像一头山羊教猎豹怎么样捕猎一样。

从中国来的父母，和自己在美国生的孩子根本就不是同类项，不知道他们如何给自己的孩子规划人生？他们不懂孩子的世界，如何让孩子们走向未来？我还没有想明白。

在美国出生长大的孩子，重要的是这个！

要活出自我，而不是父母让做什么就做什么。

中国父母的那些自信，那些雄心壮志，我一直在看，一直也看不明白。

嗨，其实我也是瞎操心，人家的孩子，关我什么事儿？我就是有点儿纳闷儿，哈哈

唉，这个世界上让我纳闷儿，让我不明白的事情很多很多，学呗！

天赋、努力和运气，一样都不能少！

说起来我家里也应该算是书香门第了，从我的爷爷姥爷那一辈算起，上大学的辈分已经是有四代了，而且是一代人比一代人读的大学更高级，尤其是到了我女儿这一代，上的大学就更好了。这还不算我的曾祖，曾曾祖的那些惊世骇俗的伟大成就。于是，就有人怂恿我写一本有关教育的书，写一本有关教育孩子的书。

一开始我就觉得写书是一个相当伟大的工程，而且，我自己这点儿成就算什么呢？根本不值一提。但是，游说的人多了我就警觉起来了：这是不是要偷我家祖传的武功秘籍呀？

其实，我家根本就没有什么武功秘籍，我觉得我培养孩子的过程中，天赋、努力和运气一个都不能缺，三项中缺了一项，这个稳定的三角形就成不了了。

就拿我女儿来说吧，她是一个很有运动天赋的那种孩子。小的时候开始滑冰，一年半载就滑到 Stage Four 了。教练就使劲地夸：“我教了这么多年的滑冰，就没有见过这么有天赋的孩子，进步太快了，努力吧！”当时这位教练把我给忽悠得够呛，好像我女儿很快，马上就能成为冰上皇后了。但是，后来孩子的个子长得太高了，不适合滑冰（花滑）了，加上我们又搬了家，正好离家不远的地方有一个网球俱乐部，我就让孩子改打网球。运动天赋加上她自己的努力，孩子的网球很快就相当的厉害了。这是天赋和努力的结果。

那说说运气吧。

孩子 15 岁的时候，虽然在全美 16 岁组里挺厉害，但是，在全国 18 岁组里面排名还很靠后。有一次报名参加了在拉斯维加斯的一个全国比赛。但是，因为积分不够，只能排在 Waiting List 上面等，有人退赛我们就有希望顶上，没有人退赛组委会就给我们退钱。但是，32 draw 的全国比赛，有人退赛是很不容易的，也就是说，机会很小很渺茫，就这么简单。

比赛前一天的下午一点钟，这个网球比赛的组委会打电话来："牛先生呀，今天有一个孩子因病退赛了，你的女儿排在 waiting list 上的第一位，她如果愿意来参加比赛，我们就安排把她给编进这个赛事，她如果不来打这个比赛，我们就给别人打电话看看下一位孩子能不能来。"我想也没想立刻回答："去！"想了一下："我们运气真好！"

我立刻就去学校接了女儿回家，装箱打包拿上网球包装满了网球拍开车直奔拉斯维加斯，星期五从圣地亚哥奔向拉斯维加斯的 15 号高速永远都很堵，在路上订酒店，查了比赛地点。路上开了八个多小时到了拉斯维加斯已经晚上快十点了，进驻了酒店之后，晚上十一点了。第二天早晨八点半的比赛，匆匆忙忙的什么都没有准备也不可能休息好，这属于硬着头皮上！

第二天早晨八点半比赛正式开打。

每一个网球比赛的赛事，最后一个进来的孩子的第一场比赛肯定是和一号种子选手对阵了，没有任何选择。但是，我女儿这场比赛打得特别好，第一轮就淘汰了一号种子选手，当年 18 岁组全国室内网球冠军赛的冠军，第二轮淘汰了四号种子选手，这个赛事下来打得还真不错，她在 18 岁组的网球积分瞬时也提高了很多，足以参赛任何一个 18 岁组 Level two 的全国比赛了，这对一个 15 岁的孩子来说，是相当的不容易了。但是，她的积分还不足以参加当年的 18 岁全国室内网球冠军赛。

紧接着，参加了在夏威夷举办的 Level two 全国比赛，在这场比赛中，女儿打得也非常好，淘汰了上一年的 Orange Bowl 冠军和上一年的 Hard Court Open 16 岁组的全国冠军，一下冲到了最后。这个比赛，积累的积分足以让她参加在孟菲斯举办的 18 岁组全国室内网球冠军赛和任何一个美国 Level One 的比赛了。

为什么我要两次提起全国室内网球冠军赛呢？为什么 18 岁组的全国室内网球冠军赛这么重要呢？因为那个时候，全国各个大学的教练都会聚集到那里去挑选运动员，那是一个非常重要的显示自己实力的赛事。事实上是：在这个赛事中，每一个场地上，都有几十个背着背包，手拿笔记本的教练在那里看比赛，挑选运动员，包括大藤小藤，大公校小公校以及所有孩子都梦寐以求的学校。

那么，她的运气在哪里呢？

如果刚才我提到的那个拉斯维加斯那个全国比赛没有人因病退赛，那么按照她当时的排名我们是进不去那个 18 岁组的比赛的。如果组委会打电话的时候我有事情也没有接，那也就失去了这次比赛的机会。如果我们进不去拉斯维加斯的比赛，赢不了那个赛事，那么我们也进不去夏威夷的 Level two 的全国比赛，那也就没有 18 岁组全国室内网球冠军赛的事情了。所以，一环扣一环，一个机会把握住了，就会出现另外一个机会，你再抓住机会，后面还有机会。运气就是这样，你走运了，那就一直走呗。

所以，有天赋，再加上努力，然后等着运气的到来。

运气一来，赶紧双手抓住，绝不放手！

所有的孩子都有很强的第六感!

我小的时候，好像有非常非常强烈的第六感，家里老爸不高兴了，老妈生闷气了，或者是姥姥姥爷开心或者是不开心，我都能感受到。虽然他们很多时候都不把自己的情绪挂在脸上，但是，我能感觉到他们的心情。

后来读书多了，知道那种感觉叫做第六感。

第六感只能感受到情绪，不能感受到事件。这已经是科学研究得到的证实。比如，我可以感受到我老爸不开心了，生气了。但是，我不会感受到我老爸是不是抽了同事给的大前门烟，是不是花了自己的两块钱或者是上班的时候走了多少节台阶这些具体的什么事件。现在很多人玄玄乎乎地说自己的第六感可以感受到明天下午四点中大奖或者是张三在停车场偶遇仇敌李四或者是自己的老公出轨和隔壁王大妈偷情了，那都是胡说八道想入非非甚至是脑子有问题。

废话说了那么多，最后还是回到正题上来，也就是教育孩子的这个问题上。

我接触到很多家长，对孩子的态度都不一样。比如，张小明数学特别好，父母就天天表扬小明同时也和朋友们炫耀:"我家小明就是有数学天赋，什么比赛都拿名次得第一，老厉害了!”虽然这些话不是当着小明说的，但是，小明可以感受到父母的骄傲，于是，数学越来越好，成绩越来越好，这就是一个第六感的正能量影响。

小明接受到父母的思维鼓励，数学越来越厉害，直逼 Paul Seymour。

再比如，李小暗打网球也打得不错，但是，父母就总感觉李小暗不是那块料，也经常和朋友们叨叨："我们家小暗根本就不是那块料，打球的时候脑子不在那里，爆发力也没有那么好，速度也不那么快，个子也不会长很高，我们也就是在网球队混一混，最后还是要去做义工，学CS，参加一些数学竞赛（和小明一样），估计才能考上大学。"不管李小暗的父母有没有当面和小暗说，小暗都能够感受到父母的态度，因此，网球打得半死不活的，最后也就是混个高中网球校队。

小暗知道父母的想法，但是，敢怒不敢言呀！

所以，父母对孩子的态度是非常重要的，而孩子也能够真真切切地感受到父母的想法。父母说不说，孩子都能感受到。这就是人们常常提到的第六感。而孩子们对父母的第六感，那简直是绝了。因此，教育并不仅仅是说教，不是以身作则，更不是打骂，教育很重要的一点就是：

怎样用你的思维去影响你的孩子？

人如果进化到了更年期阶段，所有的第六感基本上都消退了，但是，猜疑，怀疑，猜忌，胡思乱想会代替已经有了很多年的第六感。（总要有什么东西代替吧？哈哈）

希望所有的家长对孩子的影响都是正确的！

看看人家老美在教育孩子上面有多拼！

自从我的女儿上大学之后，经常有人歌颂我表扬我赞美我："看看人家牛哥培养孩子多努力，多尽心，多专注，多成功。"每每听到有人这么表扬我，我都感到很惭愧。其实，不是我在培养孩子上面特别努力，是每个家庭在培养孩子方面都是尽心尽力，当然，那些只顾自己事业或者只顾自己玩儿的家长除外。

我们是移民到美国的，不努力不行呀。但是，看看我认识的一些美国人，在教育孩子方面那也是拼呀，而且拼的力度一点儿都不比我们老中的父母差！别人我不知道，我就举几个我认识的老美家庭的例子，看看人家在培养孩子上面有多拼？

A：土生土长的老美白人夫妇 A 蓝眼睛金头发，除了督促儿子学习之外还打水球，在有全美高中最好的水球队之一的中学圣地亚哥毕肖普私立学校读书（毕肖普里面有 N 多的中国孩子）。A 妈每天早晨四点钟起床送孩子到学校四点半跳进游泳池开练，六点半带孩子回家吃早餐然后送孩子上学。从进入初中到高中毕业一送就是七年。高中一毕业儿子被斯坦福抢走进了斯坦福水球队。够拼吧？但是，人家有三个儿子都打水球，都是 A 妈送的！！！老二上 UCLA, 2008 年代表美国水球队参加北京奥运会。老三也上斯坦福，2012 年代表美国水球队参加伦敦奥运会。A 妈原来是专利法律师，但是，为了培养孩子，律师不当了，十几年如一日培养孩子，够不够拼？

A 家仨娃都上名牌大学，俩娃代表美国队参加奥运会，老爹老妈都骄傲得不要不要的。

B: 土生土长的老美白人夫妇，B 爸是美国的人民警察 B 妈是家庭妇女，他们每个周末都要带女儿到洛杉矶、圣地亚哥或者旧金山等网球圣地参加青少年网球比赛。每周到加州各地参加网球比赛倒没有什么了不起的，但是，人家是美国内华州达拉斯维加斯市的人民警察，每个周末凌晨就从拉斯维加斯出发到加州参加各种网球比赛，车开得远不远？他们够不够拼？女儿前年被 UW 全奖录取而且是提前一年上大学。

C: 老美黑人夫妇 C，他们每个月都带女儿到洛杉矶或者圣地亚哥参加网球比赛，注意，是每个月呀，他们一家住在 Santa Fe，但不是南加州的 Santa Fe，而新墨西哥州（New Mexico）的首府 Santa Fe，远不远？拼不拼？前年两个女儿全奖进入大公校！

D: 老美黑人夫妇 D，只要加州有 Level Two 以上的比赛，D 妈都要自己带女儿来参加，每个月都从印第安纳州飞过来参加比赛，远不远？拼不拼？去年 D 女儿全奖进了 UM。

E: 这个应该算是半个老美家庭，男主人是美国白人高鼻梁绿眼睛黄毛儿，女主人是第二代亚洲移民黄头发黑眼睛小个子，每个月他们都会带两个女儿到洛杉矶或者圣地亚哥参加网球比赛，到洛杉矶或者到圣地亚哥参加比赛倒是不稀罕，但是人家是从新泽西飞过

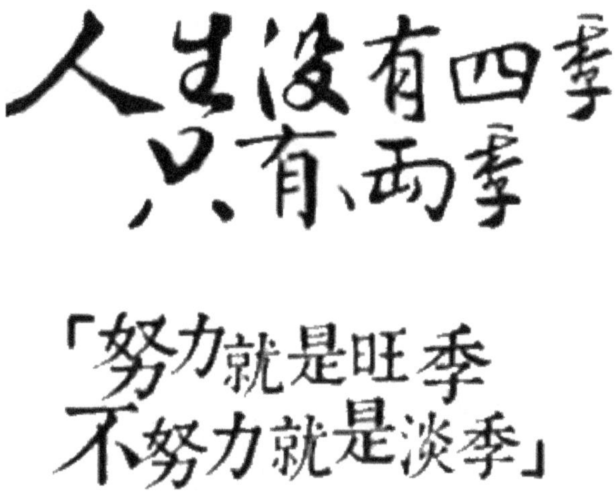
人生没有四季
只有两季
「努力就是旺季
不努力就是淡季」

来，比赛完再飞回去。远不远？拼不拼？最后两个女儿都全奖进了西北大学。

F: 老 F 一家，德裔美国人，第三代移民。大女儿打水球，二女儿打网球，小儿子打棒球。每天 F 妈早晨四点出门儿带老大练习水球，F 奶奶带二女儿打网球，F 爸带儿子打棒球。一到周末，三个人三辆车三个不同的体育项目，一连 N 多年，最后老大进了哈佛水球队，老二进了网球大公校全奖，老三目前高三待产准备去 USC 棒球校队全奖。拼不拼？

老美拼起来，比我们老中还拼！反正让我每天早晨四点钟起床，我最多最多只能坚持一个星期！

努力的不仅仅是我们老中，人家老美也努力，而且，比我们还努力！所以，努力不够就不要抱怨了，哈哈。

我现在依然努力，努力地享受生活！

我们让孩子们钻研的数理化都是小众项目

很多年前，当美国的篮球巨星迈克尔乔丹红遍天的时候，NBC采访了当年不服乔丹的篮球大牛查尔斯巴克利，记者问巴克利："巴先生，如果让你鼓励青少年，以后要成为乔丹那样的人，你会怎么样对孩子们说。"巴克利语出惊人：" Don't play that damn basketball as a professional, you can hardly make it no matter how hard you have tried, try to be a doctor, a lawyer, an accountant, a teacher, a professor, a soldier, a fire fighter, to be a normal person. "（进入NBA打球的职业球员每年只有几十个人，对于大部分孩子来说，NBA只是一个非常骨感的梦想。）

长得像一个土匪的巴克利，其实是一个有思想的人。我觉得，巴克利说的特别对，所以，我也特别喜欢这位快人快语没有虚伪掺杂的巴克利。

在我们培养孩子的时候，一味地让孩子学习数学，学习物理，学习钢琴，学习网球，把孩子们给逼得不要不要的，把家长累得爱死不死的，其实，都不一定是对的。过去中国的教育就是长大要当科学家，当一个像陈景润那样不会洗衣服，不会做饭，不会买东西，不会和人沟通交流，不会和女人调情不会和老婆做爱，只会哥德巴赫猜想的呆子。而现在很多家长，也都沉迷于让自己的孩子从小就参加各种补习班，各种竞赛和各种奇门遁甲。殊不知，不论是数学家陈景润华罗庚陈省身还是三钱老杨，那都是小众中的小众，我们大部分人都做的是普通的工作，过的是普通人快乐的生活。

和陈景润相比，我不懂什么哥德巴赫，不懂什么猜想。但是，SO WHAT？我烙葱花饼，我吃红烧肉，我看天上的白云，我下汹涌的大海，我和美女聊天，我和哥们吃饭，我猜谜语，我听音乐，我享受人生，我探索世界，我的生活过得精彩纷呈，而且，我穿我喜欢的衣服，喜欢的裤子，喜欢的鞋，我不像陈景润那样生活单调枯燥无聊，陈景润就是得个什么奖，他也体会不到其中的乐趣。

你想当陈景润吗？你想让你的孩子成为陈景润吗？

反正我不想！哈哈哈。

这个世界上，只有一个陈景润，只有一个杨振宁，只有一个华罗庚，只有一个费德勒，但是，有千千万万个幸福生活的老百姓，钻研那些高大上只是小众项目，是那些天赋异禀的孩子的专利，我们大部分人都只是当老师，写程序，当会计当律师做实验室工作卖保险的一般人，我们过着幸福平安

的日子就够了，起码我是这样，哈哈。

仔细想想，我们天天逼孩子搞的那些个数学竞赛，物理竞赛，化学竞赛，其实都是非常小非常小的小众项目。就是在各种竞赛得了大奖之后，以后的工作也是普通的工作，过的也是普通的日子。像郎朗，王羽佳，李云迪那样的大神，十五亿人中就有仨，还真的不一定能够轮到你家孩子。

还有，逼孩子打网球，十五亿人就出了一个李娜，当然了，立志当一个网球教练也是一种选择：时间自由，挣钱多，可以天天晒太阳，还能锻炼好身体。

想当年我老爸老妈教育我，属于散养。据说是要培养我的生存能力。现在，我虽然没有成为这个家那个家的，但是，我的生存能力很强了，日子过得很开心。至于数学那一部分，我随身带一个手机就足够了。物理那一部分从来也没有用到过化学那一部分不知道做菜放酱油香油醋算不算，如果是不算，那也用不着。

嗨，反正今天是星期五，脑子乱点儿也没有什么关系。据说，星期五就是让人们胡思乱想胡说八道的日子，哈哈。

祝大家周末愉快，远离数理化！

夫妻同心，其利断金

夫妻同心，其利断金，出处居然是《周易 - 系辞上》，原文是：二人同心，其利断金。原本的二人同心，天长日久被后人以讹传讹就变成了夫妻同心，不过，夫妻也是二人，中国的辩证法和哲学，都是一样的。

最近一段时间很忙，不是忙于东京奥运会或者北京冬奥会的事情而是经常和一些年轻的父母谈论、探讨一些有关教育孩子的事情。大家也都给我面子，认为我在教育孩子方面还算是有心得，有体会，虽然有经验教训但是最后的结局还是能说得过去的，再加上我心地善良，心明眼亮，心存善念，心里明白，一针见血，一语中的，因此，大家都愿意和我沟通有关教育孩子的事情。

每个有孩子的家庭都期待着自己的孩子成功。

我和这些家长说着说着，聊着聊着，我就发现，很多家庭的夫妻双方对孩子的教育理念不一样。当爹的认为自己那一套对，当妈的认为自己的那一套对，因为还没有看到结局，所以谁也说服不了谁。由于在教育孩子的理念上有不同的哲学，所以，也导致了争论、争吵、争斗这类的阶级斗争。

一般情况下，当爹的认为自己是一家之主，自己是某县城的高考状元而且又是全世界最好的大学比如清华大学、北京大学甚至是复旦大学毕业的高才生，而且来美国后自己在公司里面又是项目经理或者是科室负责人，因此就自然而然地认为自己不但会写程序会编码会做 Phage Display 懂科学，就一定会教育好孩子。

而当妈的则认为，我把孩子从小拉扯大，一把屎一把尿地把孩子从零岁养育到十几岁，我最懂孩子，最懂对孩子的养育，最懂孩子的成长过程，所以，教育孩子的事情，我当妈的最在行，要听我的，根据我教育孩子的主线走。

这只是家庭里的教育二人转，当然，还有更复杂的：亲爹亲妈，岳父岳母，公公婆婆再掺和进来，这一大锅粥就乱了。

在我看来，这当爹的和当妈的都错了。

首先，不管当爹的是什么样的人，在事业上有多么的强，在单位里有多么的厉害，有多少股票挣多少钱，这些都和教育孩子半点儿关系都没有。如果没有认真系统地读过有关教育的书，如果没有钻研过美国的教育体系，没有研究过美国的教育理念和美国大学的办学哲学，99% plus 的父亲在教育孩子上面都是大外行。

其次，不论当妈的怎么样把孩子拉扯大，虽然比当爹的稍微懂一点儿养育孩子的事情，但是，如果没有认真系统地读过有关教育的书，如果没有钻研过美国的教育体系，没有研究过美国的教育理念和美国大学的办学哲学，那么，在对孩子的教育方面也都是外行，而且，养育和教育是两种不同的事情。

你想呀，一对儿外行教育孩子，那得走多少弯路呀？如果再有亲爹亲妈，岳父岳母，公公婆婆掺和进来，N 个教育大外行，这弯

路还不走得和迷宫似的？

最惨的就是孩子了，在父母有不同意见的情况下，他们会非常迷惑，非常 Puzzle，非常郁闷，非常 Confuse，孩子们看到两个不懂行的人在争论一件孩子自己比他们还懂得事情，是一件非常可笑的事情或者是一件非常可怕的事情。

其实，Teenagers 是最需要有人指导的，最需要一个精神偶像，一个 Mentor，父亲和母亲本来应该成为孩子的 mentor，但是，一个家庭里面父母双方的教育理念不同，会让孩子无所适从。

所以，父母在教育孩子方面，还是要达成一致。当爹的不要自以为是以为自己在不懂教育的情况下很懂教育，母亲也不要把自己懂得养育孩子就当成自己懂得教育孩子。多读读书，多学学成功的经验，多思考一些，孩子的前途还是比父母自己的争强好胜更重要。

在错误的道路上走，越努力，越费劲效果越差。教育孩子的关键时期也就那么几年，这些父母还是多学学，多学学，多学学吧。别耽误了你们家孩子。

如何与青春期的孩子相处？

人的一生会经历很多不同的期，口唇期，婴儿期，发育期，青春期，成长期，哺乳期，更年期，变态期，衰老期等等，而青春期，是一个让人又爱又恨的阶段。

孩子到了青春期，有变化了：身体发育了，长高了长壮了，脸上长青春美丽痘有了爱情突出点了，也不像小的时候那么听话了，自己的小主意多了，脾气也变了，很多孩子不再是乖乖仔乖乖女了，有了人家自己更多的隐私，做事风格和原来不一样了，所有的变化都让当爹当妈的不适应了，哈哈！

维基百科上面给青春期的定义是：

青春期（又称青少年期）是儿童期至成年期的过渡时期，体格、性症、内分泌、心理及思想等方面都发生巨大变化，人体生长发育是继婴儿期後出现的第二个高峰，各组织器官由稚嫩走向成熟，由能力不足趋向功能健全，世界观及信念逐步形成。

青春期开始的主要是第二性征出现。对于青春期何时结束，没有定论，因为它是体格、智力、社会、法律和心理等多个因素结合。从认知方面说，当一個人能够进行抽象思维时，就在这方面达到成熟。从社会学角度说，如果一个人能够在社会上自立生活並选定一种职业或建立家庭，就可以说已经达到成熟期。从政治角度说，一个人能够行使选举（一般是 18-20 岁）的权利，在没有父母参与下可以结婚或担任民事，就可以当作成年。从心理学角度说，能够发现自己的个性特征，不会依赖父母形成自己的价值观念，建立成熟互相依赖的友谊和爱情关系，即意味着成年。对青春期的阶段目前并没有统一的分期标准，有部分学者将其分为：

- 青春期早期：第二性征开始出现至女孩出现月经初潮，男孩出现首次梦遗为止，表现是体格生长突增，年龄因人而异。
- 青春期中期：以性器官及第二性徵发育为主，以女孩出现月经初潮、男孩出现首次梦遗为该时期的开始，以第二性征发育成熟为止，年龄因人而异。
- 青春期晚期：自第二性征发育成熟至生殖功能完全成熟、身高增长停止，女孩在这个阶段开始出现周期性月经，年龄因人而异。

青春期的生理变化，因人而异，也不必多虑。但是，青春期的心理变化，却是我们不得不面对的事情。

根据维基百科：强烈表现出独立及求知欲强；想摆脱父母的监管，争取团体的认同感，情绪容易不稳定。在性心理上，青春早期会表现出困惑、不安、害羞，对异性疏远和反感，青春中期后则对异性转为好感，喜欢与异性朋友交往。

在这时候，青少年会非常且特别留意自我形象，心理会出现反叛情绪。一些青少年会对性幻想或性行为等“性”的各方面产生好奇，或渴望爱情。

处于青春期的孩子们，会逐渐建立自己的价值观，或信念及一个实际的目标等，都会在青春期的阶段出现，而自己可能不会察觉这微小的变化，同时，在这段期间，价值观及信念和目标都可能因为各个因素而有所不同，这些因素包括：家庭、同学、书籍、本身想法等受到影响，这时，也需要正确的指导，以避免因社会经验不足，而有错误的价值观和信念。青春是挡不住的，青春期也是挡不住的。孩子的青春期到来了，和前面十几年的孩子不一样了，怎么办呢？只是着急吗？有什么好办法吗？

其实。也没有什么屡试不爽的灵丹妙药，就像人家广东人说的：各人各法，各庙各菩萨。每个孩子都是不一样的，因此对付每个孩子的方法也是不一样的。我不知道别人是怎么做的，但是我自己的方法挺灵，有用有效！我是这样做的——

1）读书学习，看看前辈们是怎么样应对青春期的孩子的。有一本书我觉得挺好，书不厚但是书名挺长，这本书教给你和青春期孩子相处的哲理：《Get Out of My Life but First Could You Drive Me and Sheryl to the Mall?》作者：安东尼一狼和苏珊富兰克斯。这本书看看对你和孩子都有好处！

2）提高自己的 EQ, IQ 和 LQ.

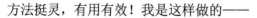

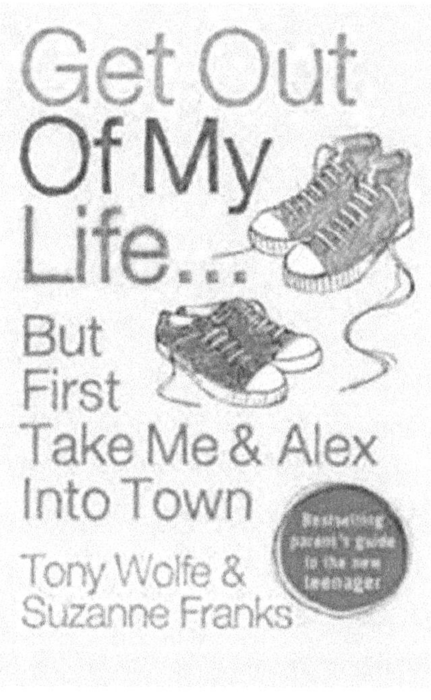

3）给孩子更多的空间，让孩子自己去思考，去行动。

4）沟通：有事没事的，天南海北的，选自己懂得多的话题聊，不一定时间长，但是，要有趣。

5）低调但是要比原来的自己更聪明，如果没有你的孩子聪明，你就要用你的经验来弥补聪明上的不足。

I am sure you need this !

6) 改变自己！

能做好这几条，孩子青春期这几年，就可以比较轻松地渡过了。

如果不能做到这几条，那么，孩子的青春期还没过，你的更年期就过来了。哈哈

怎能不买 529？

529，也叫 529 Plan，还叫 Vanguard 529 Plan，是一个我认为对教育比较好的投资计划！

今天有朋友问我："牛哥，你有没有买 529 呀？"

额地那个大神呀，我家娃再过两个月就大二了，如果没有买，那还能来得及吗？我肯定是买了 529 呀，谁家生了娃不买 529 呀？不买 529 的家庭只有三个原因：第一，家里 Old Money 太多花不完，根本没有必要作什么投资计划，第二，压根儿就没有想让孩子上大学，孩子自由生长，自生自灭，由他去吧！第三，无知加财迷，舍不得花小钱不懂得适应美国社会不懂得接受新鲜事物也不懂得学习。当然，也许还有第四条、第五条、第六条，那是我想不到的，抱歉！

我自己是从孩子出生之前就开始学习研究有关孩子上大学的事情，当然，529 也在考虑范围之内，所以，十九年前就开始投入 529，到现在，不敢看了。

529 的好处多多，投了 529，就想起了愚公移山，这个 529 链是一直可以传下去的。

当然，我也和朋友谈到过 529，人家说：“我们不买。”不过，人家孩子现在上高中了，也有大把的钱，买不买没有关系。我当时买是居安思危，如果当年不买 529，现在最差也就是多出个几十万呗。有的人有钱，不在乎，但是，我有钱的时候，我在乎。

529 很好玩，反正，我自己投了 529，没有后悔过。

又想起了 Italian Job 里面的另外一句名言：“Don't spend it，Invest it！”Invest 进去的不仅仅是金钱，还包括智慧！

我女儿最近常常对我说的一句话是：“谢谢你给我的智慧！”我听了之后，心里很爽！

给新进当爹妈的一句忠告：买 529 吧！

天灵灵地灵灵，保佑我儿能考赢！

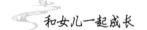

每年的七月份，中国的佛教圣地之一五台山的香火甚旺而且是旺上加旺，广大前来许愿烧香的人民群众成千上万，都到五台山来拜文殊菩萨。

文殊菩萨顶结五髻，以代表大日五智，手中持剑，表示以智慧为利剑，驾狮子以表示智慧之威猛。另外，文殊为相应众生的不同因缘，还会有不同形象的“示现”，如一字文殊、五字文殊、六字文殊、八字文殊、一髻文殊、五髻文殊、八髻文殊、儿文殊等。其中以五字五髻文殊最为常见。

据说，文殊菩萨是专司智慧的菩萨，拜了文殊菩萨就可以考取功名，用现在的话说就是能够让自己的孩子考上一个好的大学。而文殊菩萨的道场就在山西的五台山。

五台山是一个我很熟悉地方，从20世纪八十年代开始，我就经常去那里，有的时候去游玩，有的时候去招生，有的时候去五爷庙看望我的拜把子兄弟常青师傅，但是，从来也没有拜过文殊菩萨。（呀，所以我没有上过哈佛耶鲁普林斯顿呀！）因为我压根就不相信这些从印度传来的宗教会影响我的一生。

广大人民群众都有很奇怪的想法：中国十几亿民众，信一个印度的释迦牟尼信得不要不要的，全世界很多的白人，信一个以色列的神耶稣基督信得不要不要的，反正，很多人是该信的不信，不该信的瞎胡信。拜文殊菩萨就能考上好大学，那还读书干什么？天天给人家文殊菩萨做西红柿炒鸡蛋不是更有戏吗？

还有人相信算卦的，孩子考大学之前要算一卦：把孩子的姓名，生辰八字，身高体重，双眼皮单眼皮，指纹脚纹，学习成绩等等都告诉大师，然后人家大师眼睛一闭，嘴里嘟嘟囔囔地放几个臭屁，假门假事地耗一段时间：嗯，你家娃能考上蓝翔技校，然后三年科长五年处长，前途无量呀！好了，交钱吧！

钱交得少了，就是蓝翔技校，钱交的得多了，人家算卦的可以给你改命。一下子从蓝翔技校给你改到北大清华，从北大清华给你改到哈佛耶鲁，哈哈哈。

这门生意居然流传了上千年！

而且，现在算卦居然和科学结合在一起，有了算卦软件，哈哈哈，这个不知道是哪个程序员给写出来的。

居然，还有算婚姻的：这一辈子结几次婚，都和谁结？能上几次床，来多少次高潮，我的那个妈呀，精确到秒！

看来，愚昧的人民占人类总数的百分之九十五以上，哈哈哈！哈哈哈哈！

请信任美国的教育体系吧！

美国的教育体系是全世界公认的超一流教育体系。美国拥有全世界 95% 以上的最好的大学，有全世界最多的诺贝尔奖得主，有全世界最多的发明创造和全世界最多的高科技公司。如果说，美国引领着全世界的科学技术应该不过分。全世界很多国家的很多人都希望能够在美国接受教育。

美国教育体系始于十九世纪初，经过两百年的发展和进化，这个由许许多多的政治家、教育学家、心理学家、数学家、化学家、生物学家、物理学家、统计学家、经济学家等各种全球顶尖科学家共同打造和不断完善的美国教育系统，无疑是美国科学技术发展的基石，也是世界其他国家可望而不可即的教育领袖。

我本人就是几十年前仰慕美国的教育系统，希望能够接受美国的教育才不远万里远渡重洋来到美国读书的。虽然我在中国的那些年接受的教育不同，政治理念不同，人生观也不同，但是，我看到了美国的发展和强大，我也想在这个伟大国家的教育系统里面泡泡澡，所以，就远离家乡故土来到了美国。

路漫漫其修远兮，去美国受教育喽！

不但是我自己，我自己的孩子也在美国接受的教育，而且，搜发搜顾得！

但是，令我不解的是：我有很多很多的中国同胞，为了自己受教育，为了自己的后代受教育，和我一样不远万里来到了美国。但是，他们来到美国之后，在教育自己孩子的问题上，质疑、诟病、挑战美国的教育系统，嫌美国的小学教育、初中教育和高中教育太浅，教的知识太少，学得不够深不够玄妙。因此，在孩子很小的时候，就给孩子增加很多很多的课外教育。我见过有在孩子三岁的时候就教孩子做数独的，有在孩子四岁的时候就把自己的数学知识教孩子的，有在孩子五岁的时候就教孩子编程的，有在孩子六岁的时候就教孩子设计 AI 的，至于奥数，奥物，奥生，讲演训练，口才训练，写作训练，都是从孩子十岁之前就开始了。在他们的眼里，美国的小学初中和高中教育，就是瞎胡闹！

他们一边为了能够有机会接受美国的教育来到了美国，另一方面又在美国挑战美国的教育底线，把中国教育的那一套搬到了美国，实际运用到了自己孩子的身上，用心良苦，但是是揠苗助长操之过急，最后是事倍功半非牛非马。

很多家长让孩子在学龄前就要理解上面这个麻麻。

在美国的教育系统之下运用自己对教育的曲解来教育自己的孩子，我真的替他们着急。也真的替那些每天没有时间玩，没有时间消化知识，没有生活乐趣的孩子耽心。额地那个娘呀，这些爹妈都怎么了，他们脑子里想的是什么呀？

孩子们需要 FUN。

其实，什么年龄就学什么知识，什么年龄就学什么课程，这个就像干体力活儿一样，五岁的孩子在家里干活儿就是递个毛巾，送个手绢什么的，但是，你要让五岁的孩子去卸汽车的轮胎，那是强人所难。让八岁的孩子去扛大件儿也是毁了孩子。可是，几岁的孩子就要学几何、代数，编程，AI，那不是和让孩子举重，砸铁，推杠铃一样吗？我见过三岁的孩子就会背唐诗三百首的，但是，背是背了，理解吗？不理解唐诗，背了有什么用呢？

罗贯中的《三国演义》中就有一段有关孔融的对话，李膺的宾客陈先生就说孔融：“小时了了，大未必佳。”

对于这些家长，我觉得还是尊重美国的教育系统比较好，让孩子在这个成熟的教育系统下学习，发展，进步。我自己的孩子就是这样的，从来没有参加过补习班，从来没有参加过奥奥比赛，从来没有在很小的时候就学编程，学 AI，学 KY，从来没有。但是，如果要是有人问："切，牛哥，你的孩子培养得怎么样呀？"

我，我，我，我不说，打死你我也不说！

反正，我家娃融入了美国的教育系统健康地上大学了！

请信任美国的教育体系吧！

阿嚏！

孩子读哈佛之后的几个收获

这不，又到了孩子们要高中毕业去上大学的时候了，最近经常看到听到有人谈论有关孩子上大学的事情，比如上了藤校和上其它名校有什么不同？读了大藤毕业后会比读其它名校有什么样更光明的前途？如果藤校毕业当不了 leader 会不会很郁闷？读大藤每年交那么多学费值不值？这样的问题每天都会出来那么千儿八百的，回答也是五花八门。问题问不到点子上，回答也回答不到点子上，我看着特别好玩儿，就和听相声一样，而且是听郭德纲和于谦的相声一样，荤素搭配，笑点不断。

特别喜欢父母对孩子们的关心，看这些父母们讨论，就像听郭德纲于谦两个人的相声一样，乐不可支！

仁者见仁智者见智，我个人认为，我们老中都是想让孩子上更好的学校，能进大藤进大藤，不能进大藤进中藤，进不了中藤进小藤，反正，肯定要疼！如果疼的不够，那就上名校，斯坦福呀，MIT 呀，南方的哈佛呀，西部藤校呀，加拿大的北大呀，墨西哥的清华呀，反正，晚班接下品，微友度数高！

借这个机会，我也聊一聊对孩子选择上藤校的看法。

1）首先，咱不也是老中之一吗？但是，孩子选择什么学校，就要尊重孩子的选择。非常不幸的是，我家孩子偏偏就选中了大藤，既然尊重孩子的选择，那么人家选中什么就让人家去读什么学校！孩子高兴了，我就高兴了。但是，首先之前的那个首先，是要先被藤校录取，然后才能首先。

2）被藤校录取之后，选择上了大藤之后，这个时候是根本看

不到毕业后的前景的。因为我们大家都没有前后眼，只能看到眼前的事情而看不到四年之后四十年甚至四百年之后的事情，其实，连四天之后的事情也看不到。既然看不到今后的事情，那只能看眼前了。孩子读了大藤之后，给她自己和这个家庭带来的第一个礼物就是：快乐！她上了她自己选的学校，自己喜欢的学校，她快乐，然后，我们也快乐！

3）孩子的快乐，带动了父母的快乐，而且，也给她的朋友，她的亲戚，她学校的老师，俱乐部的教练和她所认识的人带来了快乐。因为，快乐的传染度比新冠病毒还要高，正是一人读藤，全村儿高兴。

4）上了大藤之后，她接触的圈子不一样了，接触的人的内涵也不同了。上大学之前，学校的老师都是优秀的老师，教练都是很好的教练。但是，上大藤之后，教课的老师有诺贝尔奖得主，有白宫的经济顾问，有在各个领域的大拿大腕儿。而同学也是来自全世界的人中龙凤。实话实说，比她在中学的同学见识广，知识多，而且，智商和情商也会高一些。同优秀的人在一起，也会让她成长，提高得更快一些。这些因素，也让她的幸福指数更高一些，也会更有存着感。

5）进了大藤距离榜样更近了。藤校的前辈们有很多人都是业界翘楚政界领袖商业精英，有很多人都是我们的榜样。孩子上了藤校之后，和这些神级人物有了超越传说的接触，可以直接学习很多知识，经验和思想。这些都能成为鞭策孩子成长、学习的动力。

6）重新规划人生的目标：这是一项比较大的工程，但是，从现在来看，孩子的思路广了，视野宽了，想法更理智了，而且，自己为自己的未来做了一个比较完整的规划，这是非常重要的一个收获。

用我的话来说就是：孩子长大了。

7）没有遗憾：孩子被大藤录取之前，我一直在纠结是不是鼓励孩子进入职业网球的世界。当时还在想，如果不打职业网球，会不会埋没一个有网球才华的孩子，会不会有一些遗憾。但是，看到孩子上大学之后开心的样子，我的遗憾没有了。不但是对我自己，对孩子也没有遗憾了。

现在去纠结孩子从大藤毕业之后干什么？能不能当上领导，能挣多少钱，和其它名校毕业的孩子相比是不是会更有出息，这些想法都太有局限性了。这些与上大藤给孩子，给家庭，给朋友们带来的快乐相比，都是浮云，都是泡沫，都是油渣。

其实，想那么远，根本就没用！享受现在所拥有的，就是好生活！

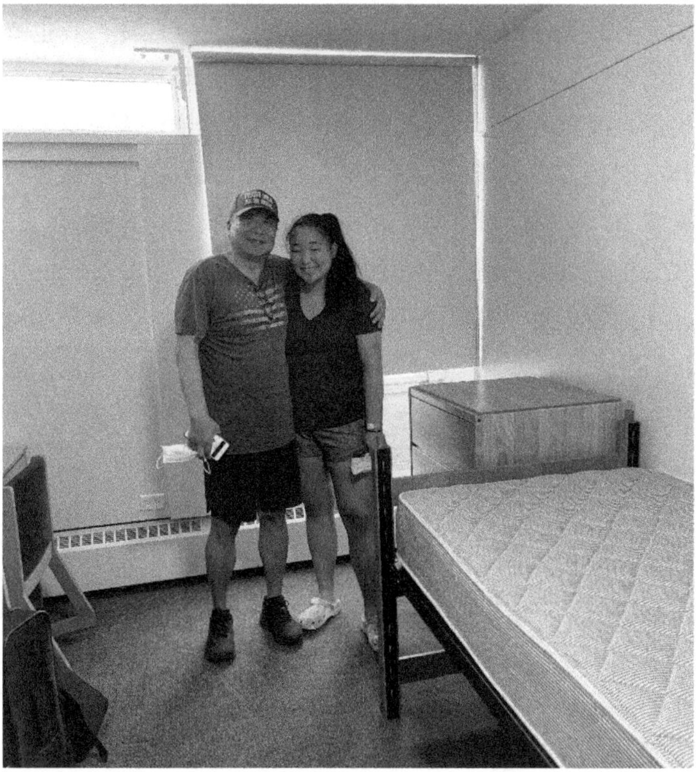

父母的成功不在于孩子读什么学校也不在于孩子挣多少钱

最近有一两年的时间，经常有人伸出大拇指和我说我这个爹当得很成功，我知道他们的意思是两个层面，第一个层面是我这么多年来一直带孩子打网球，孩子进步很快，水平也不低，奖牌奖杯拿到手软，在全国也是名列前茅。第二个层面是女儿中学毕业后大学上了大藤，算是在求学方面有一定成就的那种，因此，我也就变成了成功的爹。

当然，我也看到有很多人在说，你看谁谁谁，人家孩子上的是什么什么名校，人家孩子在哪里哪里工作，人家的孩子每年的年薪是多少多少，人家这爹妈当的，多么的成功呀！

我有的时候就在想，父母的成功是在于孩子读什么样的学校还是孩子毕业后挣多少钱？是不是孩子读的学校越好，父母就越成功还是孩子挣的钱越多父母就越成功？

我觉得不是，因为我有一个亲身经历。

我女儿小的时候打网球，有一个在一起打网球的小师姐叫惠特尼，她打网球起步比我女儿早，当时打的也比我女儿好很多。因为都在一个网球俱乐部，从师于同一个网球教练，也在一个小学后来是一个中学读书，所以关系也特别好。有一次我们应邀去她家里玩，一进人家的门，我们就被震住了：人家屋子里除了有若干个网球比赛冠军的奖杯，还有几十个不同种类和不同样子的奖牌和奖杯。我就问惠特尼，这些都是什么奖杯奖牌呀？人家惠特尼还没有张口，惠妈就介绍了：这个是数学竞赛的冠军奖牌，这个是吉他的奖牌，那个是钢琴比赛的冠军，这个是合唱团的比赛奖牌，那个是跆拳道的段位奖牌，这个是小提琴的决赛奖牌，那个是足球的冠军奖牌，这个是写作的奖牌，这个是网球的奖牌，那个是萨克斯的比赛奖牌……看得我都晕了，真的晕了。

如数家珍呀，这些奖牌奖杯林林总总的，显示出惠特尼这个小姑娘真的是无所不能，无所不会，无所不精呀。惠妈惠爸也是一脸的骄傲。

光阴荏苒，惠特尼长大了，上了大学，上的也是在美国排名前一、二十名的大学。离家不远不近，飞机一个来小时就到家了。

有一天我遇到了惠特尼的弟弟惠别尼，就聊了一会儿，你爸爸怎么样？你妈妈怎么样？你姐姐怎么样？惠别尼说，我爸爸 OK，我妈妈 OK，我姐姐自从上了大学就再也没有回来过，已经有两年多了，我爸爸妈妈过年过节叫她回来她也不回来。

这个天就聊不下去了，惠特尼上大学之后两年都不回家，估计惠特尼和她父母的关系不好。

听了这个消息之后，我觉得，父母的成功并不是孩子上什么呀的学校，也不是孩子毕业之后有什么呀的工作，挣多少钱。父母的成功是能够一直和孩子保持良好的关系。除了是父母和子女关系之外，还是朋友，知音，至交。

在父母和子女的关系这一点上，我觉得我是一个比较成功的父亲。和女儿的关系一直都特别的好。虽然她小的时候我是虎爸，但是，我一直能够和她保持很好的关系和融洽的气氛，我还是比较成功的。有人说我的情商很高，我觉得我的智商和我的体重一样，我的情商估计也低不到哪儿去。

大约有一半的家庭都存在着父母和子女关系紧张的问题，有的家庭的父母和子女的关系非常紧张以至于到了反目成仇的地步。能够和长大成人后的子女保持很好关系的父母，都是情商非常高的父母。而一直能够和子女保持良好关系的父母，那就是成功的父母。

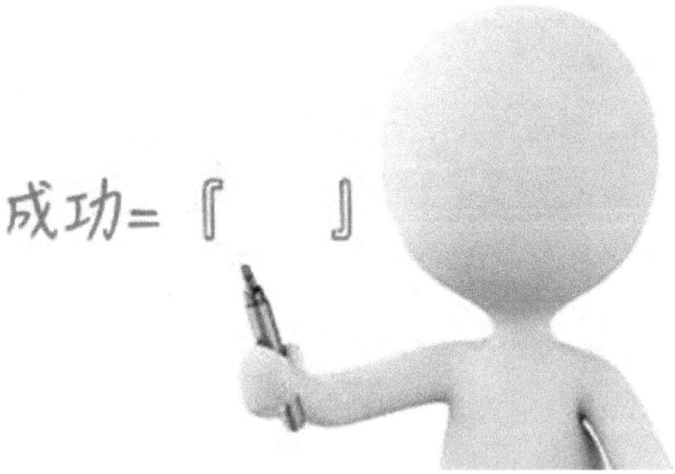

老爸，这些年您是怎么熬过来的呀？

我女儿上个周末应邀和她的小朋友K去洛杉矶参加一个网球比赛并且给她的小朋友客串当网球教练（奇怪，这个比赛是允许有教练指导的）。她们从星期五就走了，星期六两场比赛，星期日两场比赛。我女儿负责帮助她的小朋友热身，客串网球教练，现场指导，买吃的买水做后勤工作，一直到比赛结束才回家。

周六的上午，女儿给我发短信："老爸，我觉得K快输了，第一盘6:2，赢了，现在的比分是1:4，对手是一个亚洲人，个子不高的小胖墩儿，怎么办呀？"

我这些年来大大小小也指挥过上千场网球比赛了吧，经验还算丰富，我就和我女儿说："如果对手是一个小胖胖墩儿的话，一般小胖子的奔跑能力不强，你让K坚持打斜线，在左右两个底线把球打得深一些，让对手来回跑，坚持打多拍，不要着急，利用落点制造对方的失误。"

一会儿女儿发来短信："4:6输了第二局，现在要打10 point tiebreaker."

“不要慌，一分一分的打，还是坚持打斜线多拍，让对手跑动，让K拼！”

最后，抢十的阶段K以10:7小胜，赢了。

后面的几场比赛，女儿也不断地发短信求救，我随时待命也一一回复，不知道是我的远程指导有作用，还是人家小朋友本来就打得不错，反正，这个比赛的成绩还比较理想。

比赛完了，女儿和小朋友打道回府。

女儿回家之后，先给了我一个大大的拥抱！

我心里就纳闷儿了孩子，这也不是第一次离开家呀，这也不是第一次离开我两天呀？怎么回家就给我一个大HUG，这到底是什么梗呀？

“老爸，这些年你都是怎么熬过来的呀？”

“什么意思呀？”

“这两天，我每天六点钟就要起床，去比赛场地，陪K去练习，然后看K比赛。太痛苦了，我看到K丢球失分，我真的是看不下去，太煎熬了，您带我打了那么多年的球，我有过那么多输输赢赢，那么多纠结磕碰，您是怎么熬过来的呀？”

我明白过来了，女儿现在是懂了我这些年来的艰辛了：“是呀，这些年来，我几乎每个周末都要带你去比赛，有的比赛离家远，我早晨四点就要起来给你准备球拍，水，早餐，换洗的衣服袜子鞋等等，每个周末都是这样呀，一连十年呀。”

“我现在明白了，您可太不容易了！我刚刚去参加了一个网球赛事，两天四场比赛，早晨需要那么早起，比赛那么残酷，我看得都快受不了了，神经都快绷断了，你们这么多年，我打过几百场上千场比赛，我输都输过上百场的比赛，你们是怎么熬过来的呀，真的是太不容易了！谢谢老爸这么多年来培养我，包容我！”

嗯，女儿懂得了父母的艰辛和努力，就是长大了。我们这么多年的培养，努力，付出也又一次地值得了。

女儿比我懂事得早也比我成熟得早，我好像一直都没有懂得我父母为我付出的艰辛和努力因为我的父母从来没有带我去打过网球。我爸爸妈妈第一次看我打羽毛球的时候我已经快四十岁了，我的排名已经从世界第一名下降到世界排名第一万名了。而且，这么多年来我和父母聚少离多。我年少的时候他们抓革命促生产大干社会主义，等我长大了我出国留学闯荡天下，也没有多少机会让父母为我操心费力，所以，我一直都不怎么成熟！

反正，孩子懂事早，成熟早对我，对她都是一件好事，努力吧！

我在心里对女儿说：“不用谢，那些都是我心甘情愿的！”

老爸，我知道我们家原来是一个穷人家庭

有的时候，我还真的忍不住要夸夸我自己，夸自己自强不息做事公正，也夸夸我家闺女努力上进懂事聪明，很多时候，不凡尔赛一下是不行的不凡尔赛一下我自己都觉得对不住自己。因为我家闺女上了大学之后是越来越懂事了：懂得了我们这些第一代移民在异国他乡的艰辛，懂得了父母培养子女的艰辛，也懂得了生活的种种艰辛，因此，她也知道要珍惜来之不易的幸福生活。我觉得，懂事这是她成长成熟的一个标志！

就拿上大学来说吧，她婉拒了很多给她全额奖学金的学校，选择了没有奖学金还必须每年要交很多学费的哈大（不是哈尔滨佛学院）因为在选择学校的时候，我们和她说不用考虑上大学学费的问题，只需要选择她自己最喜欢去的学校。因为老爸多年前就未雨绸缪，在教育基金上有所考虑，买了 529，足以供应她上大学几年的费用。

所以，她只要选择她喜欢的学校就是了。当然，有几所学校我是不建议她去的比如 MIT、Cal Tech、George Tech、Indian Tech、英国皇家理工学院和清华大学等等，因为她的性格不适合学理工科，也不一定是当科学家的料！

当然，这所著名的大学，我们就是申请也不可能被录取。

女儿在上完大学一年级回来之后，按照约定重新讨论上大学的花销问题。孩子很自觉地说："原来规定的每个月的生活费，基本上都花不完，所以，下一年的生活费就不用增加了！"我当然同意了："好吧，还是和第一年一样，每个月就是那么多的 $, 这个月花不完，rollover 到下一个月，如果有特殊需要，我们特殊处理。"

Done Deal！

女儿说："老爸，我现在知道我们家里原来是穷人家庭，所以，我们花钱的时候要省一点儿，不能乱花！"

"啊？我们家是穷人家庭？ How？ 你怎么知道我们家是穷人的？"

女儿说："我知道呀，因为我小的时候，你每天从信箱里拿回信来，都要看那些寄来的 Coupon 的呀，后来我才知道，一般来说只有穷人才看 Coupon，穷人才用 Coupon 去买那些打折的商品的，我的那个朋友小 K，到现在都不知道什么是 Coupon，他们从来都没有用过。他们家里买东西也从来没有去过 Costco。"

"而且，老爸，你去 Costco 买东西，看到降价的东西你就可能要买的，所以我知道，我们家里不是特别有钱，起码不像我朋友 K 那么有钱。"

嗯，孩子说得没错儿，好像是这么回事儿，因为，我当年到美国来的时候，身上就带着学校给发的那点儿钱不过区区几千块。现在的所有一切：房子，宅子，院子，家具，细软，玩具，音响，汽车，游艇，轮船，飞机，航天飞机，股票，存款，基金，债券等等，都是这些年来通过努力和奋斗积攒下来的。刚来美国的时候，我就是一个学生，人称穷学生。

经过了这么多年，女儿长大了也很懂事了。感谢女儿理解我们这些第一代到美国的移民，我们就是希望你们这一代人有出息，希望你们比我们这一代过得好，希望你们这一代人生活的幸福快乐！

我们曾经的努力给下一代奠定了一个良好的基础。

孩子上大学之后家长的日子都是怎么过的？

孩子上大学之前的十八年里，家长们都是悉心照料悉心培养用尽了自己的聪明才智金钱体能，终于把自己的孩子培养到了可以超过自己的那条起跑线上。虽然有的家长走过很多弯路，很多家长对孩子所进入的大学和所选的专业不甚满意，但是，到了这个时候，宛如箭在弦上不得不发，学校不论离家多远，也不管离你多近，孩子的行囊一背，离家远去了。

在家里待了十八年的孩子，走了，飞了，上大学去了！

我有幸没有等到孩子长到 18 岁，也比很多家长们少等了两年因为我女儿 16 岁的时候就被大学录取了。我女儿被大学录取之后她对我说：Chapter one of my life is over, I will have a brand new one. 她活的挺明白，对我来说，我的纠结比很多家长都少了两年。

孩子上大学之后，家长都是怎么过的？

周围有很多孩子上大学的家庭，这些家庭的家长在孩子上大学之后的表现都不一样。大致有几种类型：

1）洒脱型：孩子终于上大学走了，父母变得很洒脱，额滴妈呀奶奶个熊娘希匹，总算摆脱了这个小兔崽子了，我们该开始自己的新生活了。于是，两口子唱歌跳舞卡拉 OK 爬山旅游下海享受美食约会朋友把日子过得轻松自在！

2）纠结型：孩子上大学走了，父母很纠结，额滴神呀，孩子上了大学可怎么办呀？孩子到了学校以后吃什么穿什么谁给洗衣服谁给叠被子，会不会被同学欺负有没有半夜做噩梦，出门会不会走很多的路学习会不会跟不上，反正，孩子在远方做的所有事情，父母都会纠结，把他们的脑袋纠结得像一个大树疙瘩。

3）跟随型：孩子上大学走了，父母也跟着孩子一起走。隔壁老王的孩子在塔拉哈斯上大学，老王一家就在塔拉哈斯买一套房子，住到孩子旁边。隔壁老张的孩子在辛辛那提上大学，老张一家就搬到辛辛那提在那里开一家面馆儿，因为孩子喜欢吃面。还有的跟到英国的，跟到上海的，跟到柬埔寨的，反正，孩子到哪里上大学，父母就跟到哪里，父母变成了孩子的跟屁虫儿。

4）蹲点型：孩子上大学走了，父母到孩子的学校旁边蹲点儿。不买房不开餐馆，就租一套房子，孩子需要什么，立刻送到。也不想常驻就是孩子上大学的这四年，在孩子身边儿，随时供应后勤，随时解决问题，随时出现在孩子身边，不惜以身殉职。

5）悲伤型：孩子上大学走了，当爹当妈的悲伤得不得了，整天以泪洗面，好像孩子不是去上大学奔前途，而是蹲大狱坐苦窑，一夜愁白了头发，一夜长满了皱纹，看着他们那么痛苦真的是很可怜，真想和他们说说，让他们的孩子退学算了。

我自己认真地对照了一下，以上的各种类型我哪一种都不是，我的生活依旧，该干什么干什么。孩子上大学和不上大学，对我的生活都没有什么变化。我该吃美食吃美食，我该看电影看电影，我该听音乐听音乐，我该退微信群退微信群，我的日子没有太大的起伏变化，我宠辱不惊八风不动按部就班，该怎么享受生活就怎么享受生活。

不过，孩子需要支持和帮助的时候，老爸的挺身而出是义不容辞的。

你们家孩子上了大学之后，你们的日子是怎么过的？

把孩子当成一个普通孩子养育！

最近这两年，周围的朋友都喜欢和我探讨教育孩子的这个世纪难题，每次我都特别一本正经的和大家说，不论我在教育孩子方面是成功还是成功还是成功，我有一大半儿都是蒙的。我在教育孩子方面的信条是：相信美国的教育体系，给孩子制定学习要求，然后当一个虎爸督促孩子努力。其它真的没有别的妙招了。

有一些家长，向我请教育儿经验教子高招："牛哥，我的孩子特别倔强，和一般的孩子不一样，您看怎么办？"有的家长说："我的女儿特别敏感，和一般的孩子不一样，您看怎么培养？"有的老妈说："我的儿子身体弱，还过敏，从小就是吃药长大的，您看这个这个……"还有人说："我的女儿从小娇生惯养的，吃不了苦，你说该怎么办？""我的儿子从小挑食，不喜欢的东西一口不吃，没有办法。""我的孩子天生叛逆，根本不服管的，我们怎么管教都没有办法。"当然，也有凡尔赛的父母："我的孩子过目不忘，天生的记忆力好，但是就是不喜欢学习，成绩都是 B 以下，牛哥您说怎么办呀？""我儿子都上高中了还不好好睡觉，每天非要我陪着他睡觉才行，牛哥，您说他这样是不是有点像小孩儿呀？"

什么样的父母都有，说什么的父母也都有！

听来听去，没有一个孩子是正常的，全部都是仙女下凡神仙落地。每一对父母说起来他们的孩子，全部都和世界上其他孩子不一样，都特别另类。当然，夸的形式不同，有的夸自己孩子像傻子一样不会和别人交往，有的人夸自己的孩子孤僻另类高冷绝群，还有的人炫耀自己的孩子有多动症，儿童忧郁症。反正，我感觉他们的孩子都不是顺产出来的，总要经过很多很多的坎坷才来到这个世界上来的。

我不知道该怎么样培养教育这些非常特殊的孩子们，我只好和他们说，我的女儿就是一个普通的女孩儿，生下来的时候七磅半，51 公分长，长大了之后上幼儿园，公立小学，公立初中，公立高中。吃饭是我们吃什么她就吃什么，吃药是没有病的时候不沾有病的时候遵医嘱。从小穿衣服就是合适就行没有穿过什么矮鲁威普拉达香奈儿，穿衣服穿鞋舒服合适是第一位的。在学校也不是班长不是组长，学过画画学过钢琴学过滑冰都是为了培养兴趣锻炼身体。后来打网球也是为了减肥但是歪打正着就出了成绩拿了些冠军不过也还是个普通孩子，我们也按照普通孩子养着，按照普通孩子培养着。我从来也没有觉得她特殊过，也没有给过她特殊待遇。就这样，培养着培养着就培养到她上大学了。上大学的学校是她自己选的。我怕我帮她选，万一选错了以后还要担责任。她喜欢什么学校她就自己选，是好是不好她自己的决定，学什么专业我也不帮她选，她自己决定。

一个普通家庭，一个普通孩子，上公立学校，受美国教育，没有参加过任何补习班，没有请过任何升学顾问。但是，我对她的要求是：在学校学习必须拿 A，打网球训练必须刻苦，比赛必须努力，其他的都是顺其自然。

我的孩子就是普通家庭里的孩子，可以吃苦，身体不弱，不娇生惯养，没有忧郁症，不叛逆也不是神童，就是在学校里面普普通通不起眼儿的孩子。我这当爹的就是好好培养这个普通孩子，没有很多家长那些豪华的烦恼和高瞻远瞩的操心，其实，挺省事儿的。

有的时候我在饭店里看到一些家长问他们两岁的孩子："宝贝儿，今天你想吃什么呀？"我就觉得，这孩子智商太特么的高了，我就特别期待孩子对他爹说："我要吃日本 Tajima-gyu 牛排，二点五分熟，在温度 91.3 度的时候，加北爱尔兰有机奶油和东喜马拉雅海盐，用日本 Sakai Takayuki Ginmaki Mirrored Honyaki 蓝钢刀给我切成 3.75 毫

米见方的小丁丁，喂到我长了牙齿的那一边的嘴里。”但是，我每次都特别失望，父母两个人带一个两岁的孩子下饭馆儿还问他想吃什么，孩子知道什么是鱼香肉丝吗？孩子知道什么是夫妻肺片吗？孩子知道炸酱面和牛肉面的区别吗？他懂个屁呀！

还看到过超级溺爱孩子的老爹老妈，给身高1.80米的儿子往盘子里添饭夹菜：“儿子，多吃一点儿了，吃了肉之后长膘膘，吃了鱼之后长高高。”这当爹当妈的，纯粹就是当着众人的面宣布：“我这十八岁的儿子有点儿智障，生活不能自理！”

我就觉得，不要认为自己的孩子与众不同。也许人与人之间有些差异，但是，不瞒您说，又不是人工授精试管婴儿，都是俩普通人性交生出来的孩子，能有多另类呀？把孩子当一个普通孩子培养，谁都省事儿。当然，如果怀孩子的精子取之于英国的大忽悠霍金，那就是另外一回事儿了。

把你的孩子当普通孩子养育吧，你的孩子和别的孩子没有任何不同，如果说有不同的话，只是可能被你们父母给宠的笨了一点。

上大学读什么专业和今后的前程有关系吗？

自从我女儿上了大学之后，自从我的朋友们知道了我的女儿上了大学之后，很多人都会问我："牛哥，你女儿大学读什么专业呀？"

这个问题，我不是不想回答，可是，我特别难回答。第一，我知道我女儿想上大学，但是我不知道她想读什么专业。第二，我知道我女儿想上大学，但是我知道她不想学医，第三，我知道我女儿想上大学，但是，声乐舞蹈绘画拉丁文这些她是不会学的，虽然现在她已经是大二了。但是，我从来都没有问过她想读什么专业，也没有给过她建议。她选什么课程，和我说过，可是，我也没有记住。我自己认为在上大学选择专业或者选择课程上面，我是一个外行。我基本上是外行不管内行的事儿。而且，我觉得我的思维要比她的思维落后个几十年，给她任何在学业方面的建议都会误导她。

我年轻的时候，我姥姥姥爷老爸老妈让我读什么专业。我姥姥想让我去当商人，我姥爷想让我去修收音机，我老妈想让我当律师，我老爸想让我当医生，我都没有听他们的，不是因为别的，是因为他们给我的建议还停留在五十年代，四十年代甚至更早。

再说，现在在大学里读什么专业，和今后的前程有关系吗？

我觉得，基本上就是没有任何关系。

比如苟仲文先生，1982 年毕业于西北电讯工程学院（现西安电子科技大学）电子工程系电子对抗专业，获工学学士学位；1989 年获西安电子科技大学工学硕士学位，在职研究生，管理学博士。本应该是在电讯工程领域里一展拳脚的理工男，但是，他现在却是国家体育总局的局长。

再比如刘鹏，重庆大学机械工程系固体力学专业研究生，工学硕士，也应该是理工男一枚，但是，他也曾任国家体育总局局长。

郑斯林，太原工学院机械系机械制造专业毕业，但是中华人民共和国劳动和社会保障部部长，和他学的专业半毛钱的关系都没有。

美国历届总统，好像没有一位是总统专业毕业的。而大多数的美国总统，都是律师出身，是打官司的高手。在学校里面，也没有修过一门叫做国家管理的课程。

这么说吧，在大学里读什么专业到毕业之后做什么，不相干的占 70%，以上。

我自己上大学读研究生的专业，和我现在做的事情几乎不沾一点点的边儿。

而谈到在大学里选课的问题，我女儿说她最近和一位藤校毕业的长者聊天。那位长者建议我女儿：“选课要选你感兴趣的课，要选你喜欢的课。这样，你才能学进去，钻进去，才能真正学到知识。而你毕业之后，不管你到什么样的地方工作，没有人会看你选过什么样的课程。你所毕业的学校，在他们眼睛里面是最重要的。”

事实也是这样的，谁知道我在美国读研究生的时候，选的课曾经是驾驶小型商业飞机呢？这门课程和我日后的工作没有半点关系，但是，我喜欢。

我女儿不但听了那位长者的建议，而且还要约时间有进一步的沟通。这说明，她长大了，自己的思考模式有了，自己的思维方式有了，可以自由飞翔了。

孩子既然上了大学，就让孩子主宰自己的人生。爹妈整天替孩子选学校，选专业，选课程，天天替孩子做主，唉，这绝对就是坑娃的爹妈呀。

还有那些中秋节给孩子去送月饼的爹娘，你们不会真的认为你们家孩子没有你送的月饼就会饿死呀？而且，我觉得，99.9999% 的孩子不会认同你们的这种“心意”。

能够放手的爹妈，智商肯定超过 100，不能放手的爹妈，智商绝对低于 70，不信你们就测测。

写到这里我就想笑，那么多人对号入座。

你只要足够强大，藤一定会来缠你！

这几天上大学爬藤的这个老话题又发出了很多新的枝芽，还有各位大神把体育爬藤和读书爬藤拿出来比较。很多理智的人都讲各有各的好处，比较极端的是说搞体育的智商可能不够，但是光学习的可能身体不强，反正，说着说着就说到锋利的刀刃儿上了。有刀枪剑戟斧钺钩叉，看得我心花怒放。感觉到我们老中的父母太好玩儿了，明明两商都那么低，偏偏都是高尖端的高级理工男女。明明是抛弃了中国的教育体制，到美国来享受最先进的教育在美国的教育体系之下培养自己的后代的，但是，来到美国之后还要疯狂地挑美国教育的毛病，用他们自己浅薄的理解和荒唐的逻辑来培养孩子，特别的有创意，特别的牛掰！也特别的荒唐特别的傻。

爬藤，对于老中来说是一个永远的话题。

很多孩子，学习不错，成绩也挺好，但是，爹妈总感觉自己的孩子爬大藤还差点儿。就让孩子做义工，让孩子参加各种培训，请各种升学指导，四处打探进入大藤小藤的法门，这个我特别理解，但是其本质就是自己的孩子还不够好还不够强大，但是，想让自己的孩子能够够得着“好”的那条线。毕竟，名校是我们从小就梦寐以求的地方嘛。

当然，我也见过很多体育娃，运动成绩一流，拿过全国比赛的冠军，国际比赛的冠军。但是还到不了打职业自己挣大钱养活自己帮衬全家的份儿上（和我女儿一起打球的娃，今年有六个参加美国网球公开赛的正赛，但是都是第一轮被淘汰了），而且，学习就是跟不上。考大藤对学习要求的最低分，怎么也考不到。爹妈也是急得像是热锅上的猴子一样，补习呀，做题呀，加班呀，吓唬呀，威逼利诱呀，但是，孩子不给力，那也是上不了大藤小藤的，那个急呀。

对两种孩子，我都同情，他们都努力了，但是，也许努力的程度不够，也许努力的方向有点偏差。

有些朋友就对我说，你阿牛是站着说话不腰疼，你家娃进了大藤，你当然可以指指点点了。其实，我自己还真的是站着说话不腰疼，我家娃体育足够好但是她可能怕苦怕累坚决不去打职业网球。可是学习那是太足够好了，虽然打球还可以打得更好，但是，学习已经不能学得更好了。因为 Unweighted GPA 不可能超过 4.0，考那些仨不结科特也不可能超过 800 分。

学习和体育这两样，有一样好了，还不一定够，但是，我觉得，只要你足够好，你足够强大，你足够厉害，你根本就不用去爬藤，那些藤校会来爬你，一定会来缠你（这个我两三年前就论述过了，世上只见藤缠树，哈哈）。

在这一点上，我觉得我家娃就足够强大。高中刚刚进入 Junior year 的第一周，就有八条藤来缠，还有 N 多的名校伸出了橄榄枝，我家娃仗剑挥刀，把那些七七八八的都砍了，就剩下一根粗粗的大藤，决定简单粗暴，很快，学校，家长，她自己都省心了，高中两年，就是快乐开心的两年。

我多年的偶像围观生活大侠最近发了个帖子，说的是孩子上大学不关球的事，说得特别好，但是也间接地批评了我。可是，我家娃和别的娃可能稍稍有点儿不同，我家娃是上大学之前，特别关球的事，但是，上了大学之后，就不怎么关球的事了。她认为既然上了大学，那学习才是最重要的。

爬藤，是我们老中永远的话题，爬上去了，自己怎么教育怎么有理，爬不上去的，全部都是藤的不对！而被藤缠的这些家长们，腰杆儿老硬了，说话老气粗了，话语权老多了。

不奢望自己的孩子是一个完美的孩子！

最近一段时间，我和孩子们打交道比较多，各种孩子，哈哈。

我最近和孩子们打交道多的原因是和孩子的爹妈打交道比较多。很多父母都觉得我人品好，人缘好，人性好都愿意和我沟通交流。不过，我现在越来越成熟了，就像围观生活大侠说的，当你是过来人的时候，你就看淡了一切（他自己从没有过来的人变成了过来的人，就把这个世界看得很淡，雾蒙蒙的，淡淡的，哈哈哈）。

我，是刚刚过来的人，听了围观生活的话，回头一看，喔，真淡！

这些还没有过来的爹妈，肯定是没有看淡一切。他们看什么都那么咸。尤其是看自己的孩子，怎么看怎么完美，怎么看怎么像一个腌的特别好的咸鸭蛋：干净，咸，还出油！而那些还没有腌出油的鸭蛋们，他们的父母对他们的要求也是，一定要做到完美！

我认识很多还没有看淡的父母，对自己的孩子要求真的是非常非常的高：在学校里考试一定要考 A，考 AP 一定要考 5 份，SAT 要烤到 1600 度，ACT 要烤到 36 级，钢琴要烤到十成熟，网球要打到蓝钻，奥数要拿金牌，各种比赛要拿第一。每当这些父母谈论起他们的孩子时，那种从丹田升起的骄傲，直冲牛斗！

看看他们，再看看自己，嘘！好险呀，幸亏我已经是过来的人了，否则，还真的不知道自己傻到那种地步，哈哈哈。

这几天在家里待着看一些原来的网球比赛录像，越看越吃惊。阿格西，格拉芙，费德勒，纳达尔，桑普拉斯，揪科围棋，大威小威这些当年如日中天的球神，很多时候打的都是那么出奇的臭。每一个网球大神都不是完美的。

回想起来我自己还没有过来的时候，还没有看淡的时候，带我女儿打网球，就是要求她打得完美，发球每个球都要发在 T 上，正手每个球都要砸在线上，反手每个球都要擦网而过，赢球尽量每次都给对方背狗，绝对的要求完美，唉，想想自己，真的是稍微有一点点的不对。

当然，有些体育项目必须完美，比如体操，射击，举重，跳水，蹦床，花样滑冰等项目，容不得失误，一失误就是一个赛事的损失。也许就是一辈子的遗憾。这些运动项目追求的就是完美。但是，有些运动项目，就是由一系列的失误组成的，不过，谁的失误少，谁最后就会取胜。

昨天女儿给我打电话说她的 Mid-term 考得不好，只得了 92 分。如果是上中学，我肯定眼睛瞪起来了："那八分是怎么丢的？"但是，现在我过来了，把这些都看淡了。大学不容易，能考 92 分已经是很好的了。她的同学们才 72 分，92 分应该很知足了。

看淡了，也学会接受孩子的不完美，美国不是有一句名言吗：Imperfection is beauty! Imperfection is part of life as well.

所以，不要奢望你的孩子是一个完美的孩子，不然的话，没有发展空间了。

仔细想想也是，我们自己都不完美，还要求孩子们完美，那不是不讲道理吗？不过，也有人认为自己特别完美，那只不过是大多数，哈哈哈。

平常心看自己，平常心看孩子，平常心看世界，向围观生活同学靠近！

因材施教就是一句废话

本来，我这篇题目想写成：因材施教就是一句屁话，但是，临发的时候，感觉到这“因材施教就是一句屁话里面的屁话”这两个字稍微有一点点的楞，不太符合我一贯温文尔雅学富五车才高八斗聪明睿智的形象，所以，临时起意，就把题目改成了：因材施教就是一句废话。

所以，我个人认为，因材施教真的就是一句屁话！

首先，不论是父母，还是祖父母抑或是老师教授，认为这个受教育者是一根材，这就是一个比天还大的误区。所谓材，就是存在于我们的幻想之中而从来都没有见过的天才了。这个世界上，天才有多少呢？说得多了，天才的比例是百万分之一，说得少了天才的比例就是亿万分之一。像我这样两岁就会背唐诗三百首，三岁就会倒背老三篇，七岁就通读三国演义可以记得三国演义里面的一千一百九十一个人物，十八岁的时候就可以把 1975 年版的《新英汉词典》全部背下来的人也根本沾不上天才的边儿，最多也就是脑子不笨记忆力好一点儿算一个正常人吧。怎么培养我？怎么对我因材施教？难道我能比得上一张 128K 的硬盘厉害吗？ No！

其次，就算是有一个天才，那百万分之一千万分之一亿万分之一的概率，怎么偏巧就落在了你的头上？怎么能够让你就发现了人家就是个天才？太难了点儿吧。也许我有一点儿悲观，但是，一个天才被家里人发现的几率比被雷劈死几次的几率还低，但是，很多很多人天天都喊着要因材施教，其实，就是真的发现了那个材，100% 的人也不知道要怎么教，因为没有经验呀，最后的结局都是，把一个像我这样的正常人给毁了。

而真正的天才，是不需要教的。

再者，就是很多很多家长都误读了自己的孩子，把自己极为普通的孩子误认为是天才了。有坏脾气的孩子那是有个性，不会说话的孩子那是内敛，有多动症的孩子那是活泼，呆呆萌萌的孩子那是专注，反正，自己的孩子，所有的缺点都是优点，所有遗传父母的坏习惯都是特色，总想着让学校的老师对自己的孩子因材施教，总想让足球教练对自己的孩子因材施教，总认为自己的孩子就是一块玉，而其他的孩子都是孩子。

其实，对于老师来说，任何一个孩子都是一个非常普通的孩子。一个班里二十个孩子，每个孩子都有优点缺点，分别就在于努力或者不努力。你的孩子连续考了 10 个 100 分，基本上也都是蒙的。老师也没有办法专门为你的孩子因材施教。每个国家的教育体系，都是由教育学家，心理学家，数学家，科学家，社会学家，政治家以及各种专家悉心打造的，都是在多年的教育实践中逐渐成形的，都是给普通孩子设置的。在全世界的教育体系中，根本没有因材施教这个概念。而我，一个读书破万卷的人，也没有读过任何一本书或者一本专著是专门给需要因材施教的孩子写的。

因此，因材施教是那些自嗨的家长臆想出来的一种思维排泄物，也就是我想说的："屁话！"而且，因材施教是最不公平的一种思维。

让孩子接受和每个人都一样的教育，让孩子在同龄人，同类人中成长，让那些因材施教见鬼去吧。真正的天才，都是自己教自己，因为，没有人能够教得了天才。

我得益于好学、谦虚、低调

最近这几天闲得没事儿，退了不少无聊的微信群，删了很多超过三个月不联系的微信朋友，自己的时间嗖的一下就多了起来。于是就审视一下自己过去这十年：有过什么进步？有过哪些收获？有些什么进展？犯过什么错误？走过什么弯路？然后计划一下在未来的十年怎么样完美自己的人生。

拿一张大大的纸铺在桌子上一分两边，左边是缺点，右边是优点，左边是失误，右边是收获。很快，我就写满了密密麻麻的一大张，结果发现，右边的纸都不够用了，只好占用左边的地盘。

总结一下，过去的十年，我之所以有很多收获，那是因为我好学、谦虚、低调。我也得益于这些好学、谦虚、低调。这些收益主要表现在教育孩子方面。

在我过去读书的二十多年的校园生活中，我没有选过如何教育孩子的课程，也没有研究过如何教育孩子、培养孩子。在我的知识层面中，教育孩子是一个空白。但是，有了孩子之后，自己的孩子毕竟是需要好好教育，好好培养的，于是，在这个过程中，我努力学习，除了研究美国的教育体系、学校结构和教育方法之外，还悉心听取有经验父母们的意见和经验。去粗取精去伪存真广种薄收认真分析，把美国教育系统和有经验的父母所总结的精华，运用到我自己的教育过程中。在此，我非常感谢所有给过我建议和意见的学校、朋友，书籍、视频和图书馆。

在这个学习的过程中，我谨记两个字：谦虚。对于自己不懂的事情或者不太懂的事情，绝对要谦虚。现在我遇到的很多父母，就没有我这种谦虚的素质。他们都认为他们自己是天下最牛最好最懂的父母，认为只有他们自己才能培养出来最优秀的孩子。即使大家都可以看出来他们在培养孩子教育孩子方面的瑕疵，他们依然固执己见，不谦虚不接受别人的意见，按照他们自己认为的所谓的“正确”方法前行。看到这里，我觉得特别的可惜，因为，教育孩子的过程是不可逆转的，过了这段时间，就再也回不来了。很多犯过的错误，都没有机会改正了。因为，时光不会倒流。所以我觉得，谦虚是一个很好的素质，一个让父母让孩子都受益的素质。记得中国有一句话叫做：满招损谦受益，说得挺好。

过去十年里，我还有一个小小的优点就是低调，相当的低调。不论自己在教育孩子上面取得了哪些进步，还是自己工作中取得的成就，都要保持低调的状态。我觉得，低调才能让自己进步更多。当然，低调并不是不庆祝进步的喜悦和成长的收获。在进步的同时低调、内敛是一个让自己有更多的成长空间和进步幅度的表现。

嗨，说了半天，全是吹牛，自己吹自己，不算，哈哈哈！

Anyway，做人还是谦虚低调一点好，如果再加上好学，那人品就完美了，哈哈！

看别人家的孩子成长我心中也充满喜悦

昨天我接到一则朋友发来的短信：Dear Niu，I have to tell you this: 胡里阿塔拿到美国青少年网球进军法国 LES PETITS AS 的最后一张入场券。

Wow，Wow，Wow！ 这个一定要祝贺一下！

胡里阿塔是 2009 年生的孩子，（2009 年，这也太小了吧？！）她的两个姐姐和我女儿一起长大的，都在圣地亚哥的同一个网球俱乐部打网球，也在周围差不多的网球赛事中参加各种网球比赛。2010 年，我女儿和她的两个姐姐刚刚开始参加网球比赛的时候，胡里阿塔就晃晃悠悠地跟着几个姐姐在网球场上跑来跑去。姐姐们比赛的时候，小胡里阿塔就在旁边跟着妈妈爸爸静静地看着，特别特别的乖。

胡里阿塔第一次拿起网球拍，应该也就是两岁左右。

胡里阿塔是我见过的最可爱的小女孩儿，没有之一！胡里阿塔的妈妈的梦想就是不要让胡里阿塔长大，永远是两三岁可爱的样子。

光阴荏苒岁月如梭，转眼几年过去了，胡里阿塔的几个姐姐都上了大学，也都拿了奖学金在大学的校队里面打网球。她也从一个特别可爱的小女孩长成了一个亭亭玉立的大姑娘。我们虽然不像原来在一个俱乐部的时候打球练球每天都见面，但是，我和她的父母经常有电话和短信联系。我也经常关注胡里阿塔的比赛成绩。2020 年，胡里阿塔在美国青少年 12 岁组排名第一了，她的成绩已经超过了她所有的姐姐。

今年八月份，在全美最大的青少年硬地网球冠军赛中，胡里阿塔获得单打和双打的双料冠军。我代表全世界爱好和平的人民送去了贺电，哈哈哈。

代表美国青少年网球最高荣誉的金球，胡里阿塔一个赛事就拿两个。

我自己把自己的孩子从一个嗷嗷待哺的婴儿，日复一日年复一年地培养成为一名大学生，心里感觉特别的好，特别的欣慰，感觉特别有成就感。而我看到邻家的孩子长大成人，我的心中也充满了喜悦。看到孩子们的成长，真好，有一种发自内心的喜悦。

昨天还有一个消息，全球首座 NBA Dream Courts Preview Center 落户中国苏州。

当年跟在我屁股后面的小跟班儿，现在都成长为同 NBA 签合同的大腕了。

眼看着一代新人成长起来，我的确欣慰，但是，我们不老，谁老呀？

期待下一代成长，成人，成材，我喜欢看着她 / 他们成功！

从那一天起，我放弃研究数学了！

在我小的时候（也就是两三岁吧），我的算术特别的好，几乎就到了人人说我基本上就是神童的地步了。什么三位数、四位数、五位数乃至十位数的加减乘除，那都是秒算。还会把那个圆周率背它个百十来位。（好像十位数的加减乘除有一点水分不是秒算，但是，三、四位数的加减乘除开方乘方之类的算术，那真的是秒算！也不知道怎么回事儿也不知道是为什么，我就知道答案了。）

那个时候，我二姨和姨父就对我说：“孩子，好样的，学好数理化，走遍天下都不怕！”（但是后来我明白了，我就是不学好数理化，我走遍天下也没有害怕呀。）

不过，二姨和姨父的话总是对的，经过她们的表扬，我对数学就更感兴趣了。

但是，后来发生了一件事情，让我瞬间对数学的兴趣全无。

那是在我当运动员的时候，有一天我们的大领队小球司的周司长突然把所有的教练和运动员都召集在一起，给我们每人都发了一套新运动服，新鞋新袜子就好像七月中旬要过年一样。当天晚上，全队集合开会说要有国际比赛了，要教给我们一些接见外宾的礼仪比如不要当众骂街，不要在场上吸烟，不要随地吐痰，不许说八格牙路之类的。原来，是日本 Yonex 的羽毛球代表队远渡重洋到中国和我们切磋武艺来了（还有一个规矩就是招待日本人的巧克力，我们不许拿，拿一块招待外宾的巧克力就扣半个月的工资）。

Yonex 羽毛球代表队的水平比我们还差一截我们也就是点到为止讲了很多的武德。但是，他们带来了特别好用的 Yonex 球拍。三下五除二我们就和日本人混得挺熟，听不懂的就比画，比画不懂就写汉字。后来，Yonex 提出来要成为中国羽毛球队的赞助商。

只见日本人的领队从屁兜儿里拿出来一个像小本儿一样的小东西，在上面戳来戳去的，就显示出来一大堆的数字。

我们就好奇呀？这是啥呀？从来都没有见过呀？我就问外联主任老何这是个什么鬼？老何通过李翻译问了日本人回来告诉我：这是日本人发明的新式日本算盘！

我们中国的算盘是这个样子，呦呵，日本的算盘呀？没有珠子呀？个儿还挺小，不过可以随便就放在裤兜里了特别的方便。

日本领队见我这么好奇，就演示给我看：加减乘除平方什么的，数字一点进去，加减乘除符号一摁，再那么一等于，结果就出来了。哇哇哇，可是比我这个数学神童算得快多了。我太羡慕了，这个日本算盘也太神奇了吧！

日本领队说："如果 Yonex 成为中国羽毛球队的赞助商，我们除了每年给中国羽毛球队提供不限量的羽毛球拍子之外，还会给每个运动员赠送一个日本算盘！"

开完会之后，我们就围着国家体委装备处的许处长，我们接受日本人的请求吧！

后来，日本的 Yonex 连续二十五年都是中国羽毛球队的赞助商，那是后话。

而这个日本算盘对我的震撼是：有了这个东西，我再也不用学数学了。而从那次比武切磋之后，我第一次有了一个夏普牌的日本算盘，而我，真的再也不努力学习数学了。

我觉得，我当时的决定太对了。砍掉数学，学习哲学、逻辑、文学、音乐以及其它，节省了大量的时间，成就了今天的我。

后来，我有过很多个日本算盘（当然，还有美国的德州仪器算盘），我女儿上中学时候的那些德州仪器算盘，我连用都不会用，太复杂了。但是，如果没有那些外国算盘，要用我们最笨、最复杂的那些解题方式，人类就不要进步了。

现在我看见很多中国人的家长，逼着自己的孩子学数学，搞奥数，拼数学比赛，我就想：难道他们没有见过日本算盘吗？难道他们没有见过德州仪器算盘吗？难道他们不知道 Dollar Tree 有卖 $0.99 一个的中国制造的广东算盘吗？难道他们不知道孩子上了中学之后，老师对孩子的这些算盘是有要求的吗？而那些外国算盘可以秒杀任何数学大师呀。

看来，我是一个走在时间前面的人，哈哈哈。

子曰：家长越宠孩子，孩子就越没出息

中国的伟大哲学家兼教育家的子曰：家长越宠孩子，孩子就越没出息。这已经不仅仅只是一个说法了，世界上的各种哲学家、科学家、数学家、心理学家、教育学家、统计学家等大家几百年来已经把这个真理给数字化，具体化了。我就在这里得罪一下宠孩子的父母，把结论给列举出来，让大家看一看子曰的对不对，这些大家们研究的对不对？

陪孩子睡觉
一岁：没出息指数小于5
二岁：没出息指数大于20
三岁：没出息指数大于40
四岁：没出息指数大于60
五岁：没出息指数大于80
六岁：没出息指数大于95
十岁以上：不敢说了。

喂孩子吃饭：
一岁：没出息指数小于5
三岁：没出息指数大于20
四岁：没出息指数大于40
五岁：没出息指数大于60
六岁：没出息指数大于80

十岁以上：没出息指数大于 99
十二岁以上：人神共愤！

给孩子穿衣服
二岁：没出息指数小于 5
三岁：没出息指数大于 20
四岁：没出息指数大于 40
五岁：没出息指数大于 60
六岁：没出息指数大于 80
十岁以上：没出息指数大于 99
十五岁以上：残疾人。

帮孩子写作业
三岁：没出息指数小于 5
五岁：没出息指数大于 20
七岁：没出息指数大于 40
十岁：没出息指数大于 60
初中：没出息指数大于 80
高中：没出息指数大于 99
大学：无语

替孩子选大学
孩子没出息指数超过 50

替孩子在大学选课
一年级：没出息指数 50
二年级：没出息指数 75
三年级：没出息指数 99

四年级：孩子有病！

替孩子找对象
十八岁：没出息指数 50
二十岁：没出息指数 60
二十二岁：没出息指数 80
二十四岁：没出息指数 99
二十六岁以上：没出息指数 没出息
三十岁以上：最好变性吧。（子曰的呀）

允许孩子开车：
15 岁：没出息指数 小于 2
16 岁：没出息指数 小于 5
17 岁：没出息指数 20
18 岁：没出息指数 45
19 岁：没出息指数 60
20 岁：没出息指数 90
21 岁以上：没出息指数 99

如果十岁以上的孩子还需要父母喂饭，还要父母陪着睡觉，还要父母给穿衣服，那么这种孩子是铁定没有什么出息了。用粤语说就是废柴。

走了，去看朝阳彩霞蓝天白云凭海临风了。

当心下两周的全国病毒性感冒大流行！

这个周末，全美国大部分的大学都放假了，离家几个月上大学的孩子们都要回家了，全美国的人口流动性空前的大，因此，牛哥预计，下两周将有全国病毒性感冒大流行！

此言并非危言耸听，是有根据的。上个周末，我女儿从波士顿回来，要在家里待一个星期准备复习考试。当时我是严阵以待：口罩，消毒液，新冠病毒快速检测试剂都准备好了。家里通风加湿调温也都搞得近乎完美。

从机场接女儿回家，女儿鼻子不通，嗓子哑，嗓子痛头痛一副病恹恹的样子。到家之后，立刻进行新冠病毒的检测：十五分钟之后，检测结果为阴性。大家都舒了一口气。她是感冒了，流行性感冒？

鼻子不通，立刻订了拿瓦吉电动鼻腔清洗器，当天订当天到，每天两次盐水冲洗！

有感冒症状，每天两次喝三牧拔口，增强身体抵抗力。

大量的蔬菜水果，增加维生素的摄入量，也是增强身体抵抗力。

各种解馋的美食，有求必应！

她喜欢吃的日式捞面，咱去，她喜欢，我更喜欢。

结果，她一天比一天好，一天比一天健康，鼻子也通畅了，头也不疼了，嗓子也不疼了。但是，我被传染了：头疼，嗓子疼，浑身酸痛，咳嗽，浑身无力，典型的波士顿病毒性感冒。躲了两年的新冠病毒，都躲闪过去了，结果，被女儿带回来的波士顿病毒性感冒给击中了。一头老牛，轰然倒下！

病来如山倒，病去如愁死。孩子病了，自己知道怎么样照顾她。

现在自己病了，只好自己照顾自己了。吃药喝水睡觉，昨天还煮了一大锅的酸辣汤。

昨天闺女走了：鼻子通了，头不痛了，哪儿哪儿都好了，留下波士顿病毒性感冒，带着一身的健康，飞走了。

我要说的是：这个周末大学都放假了，孩子们都回家了。虽然不能说 100% 的孩子都会把病毒带回家，但是，99.99% 的可能性是有的。孩子可以把病毒带回家，传染给老爸老妈，爷爷奶奶，弟弟妹妹，亲戚朋友等等，因此，下一周将会是全美感冒大流行的一周。

各位，要严防死守，防患于未然呀！

我的这个前车之鉴，希望各位空巢父母，亲戚朋友，商贾大人，大腕领导，如果有上大学的孩子放假回家就一定要注意，不论你的孩子是在加州德州宾州佛州也不论是在藤校公校私校或者是技校，只要是放假回家过节，就一定要注意。家里备上各种美食，各种医疗器械，各种药品饮料，以防病毒的侵入。

每天喝两杯这个 Airborne，据说是很管用的，who knows?

家里还要必备空气加湿器，Costco 卖得很便宜功能还很多，家里每个屋子放一个，湿度控制在 60% 左右比较合适，人住得舒服了，病魔就却步了。

这个世界上的病毒多呀，大家小心！

钦此！

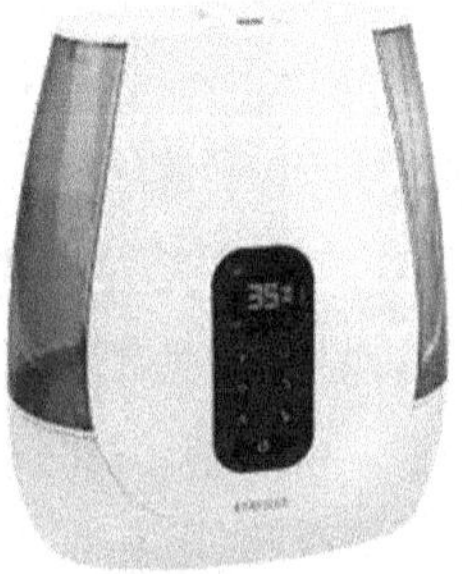

我们如何融洽和孩子的关系?

上个星期，女儿从波士顿回来，在家里住了整整一周，安安静静踏踏实实地在家里准备这几天的期末考试，然后又飞回到波士顿，考完试这个周末再飞回家过寒假和那些中式美式的各种节日。

虽然从波士顿到圣地亚哥单程都要差不多飞六个小时，基本上就是美国本土上最长的飞行路线了。我都建议她放假之前不要回来了，但是，女儿还是要坚持回来。回来就回来呗，孩子回家总是要欢迎的。

孩子回来一周，在家里没有待一周，也没有在家里吃几顿饭。白天都说是和小朋友一起做作业，看教练，健身打网球，在家里待的时间还真的不多。早晨懒觉睡到九点，然后出门晚上八、九点才回来，按小时算的话在家里待的时间挺少的。

但是，想想我自己的当年，从美国回中国待一个月，除了回到中国之后第一天到家后在家里和家里人吃了一顿团圆饭，临走的时候在家里和家里人吃了一顿散伙饭之外，其他的时候都被狐朋狗友叫走了，各种饭局，各种娱乐，各种活动，各种各种。不但没有在家里待一个月，在北京也没有待多长时间：深圳，广州，上海，天津，大连，太原，郑州，青岛，西安，乌鲁木齐等地的乱跑，那个不着家呀，比现在我女儿的不着家还不着家。

我知道很多孩子上了大学或者是大学毕业之后，就很少回家了。有的孩子宁可在学校里面待着也不愿意回家。那是因为回家的压力太大了父母管得太严格了。很多父母管得太宽：学习的事情，实习的事情，交友的事情，生活的事情，搞对象的事情，以后结婚的事情面面俱到什么都不放过。孩子好不容易有了一个自由的世界，可以放飞自己那自由的心了，还是要被父母约束，因此，孩子们宁可和狐朋好友们混也就不太想回家去了。

想当年我回国的时候，父母也是事无巨细都要一遍一遍地问。我就有点心烦。只要有人召唤我，我立刻就出发了。我估计当时我的父母也没有意识到他们的那种管制欲和控制欲对我有没有影响，但是，从我自己的角度来看，我真的不喜欢父母管我太多，问我太多。

现在，我的女儿上大学了，我从我父母那里汲取了教训，不管太多，不问太多，支持她的想法，同意她的选择，在她的生活上提供支持、帮助。她需要的时候及时支持，无关痛痒的事情不管不问。课程、前程的事情她自己做主，交朋友的事情她自己衡量。她的世界是属于她自己的，我只是一本参考书。

看到很多家的孩子都一去不回，不再留恋那个让他们成长的家，也一直在思考其中的原因，我觉得，自己的过去就是一个很好的例子。将心比心，自己对子女也不要有太多的奢望。我们有责任培养孩子，有义务教育孩子但是我们没有权利去掌控孩子们今后的生活。

Let her fly with her own wings.

也不知道我自己想的对不对，但是，我们家的情况嗖发嗖顾得，先这么发展着看吧。

我再好好想想……

多子女家庭的父母基本上都是偏心的

提起父母偏心眼儿，这好像是一个不孝不敬的话题，但是，在我们的生活中，的确是每一家都有的事情，我不敢说别人家，就说说我们家里偏心眼父母的轶事吧。

我姥姥姥爷一共有三个孩子，我妈妈是老大，我还有一个二姨和一个小舅。我的姥姥姥爷就偏向我舅舅，这个我也理解，因为中国的传统文化就是这样，虽然姥爷是留法的学子，但是，骨子里的那种重男轻女是无法消除的。而我妈妈和二姨，也就默认了我姥姥姥爷的偏心，默认了重男轻女的事实。

重男轻女偏心可以理解，但是，我姥姥姥爷的偏心眼儿还有延续。我家里有兄弟三人，我二姨家有两男一女，我舅舅家有两个儿子，也就是说，我姥姥姥爷的孙子辈里面一共有七个男丁。但是，我姥姥姥爷唯独喜爱最没有成就，最平庸的我舅舅的两个儿子。不论是出国留学的我，还是做生意的我弟弟，还是我那曾经火遍全国的表弟，在我姥姥姥爷眼睛里面都不如一直没有什么正经工作的两个孙子，这两个跟着他姓的孙子，这俩孙子！

有好吃的给这俩孙子，有好衣服给这俩孙子，有什么福利都给这俩孙子，这就是我姥姥姥爷的偏心之处。种在他们骨子里的偏心和流淌在他们血液里的偏心。

我爸爸妈妈也是偏心眼儿。老爸喜欢性格内向，比较内秀的老二，老妈偏心性格倔强脾气固执的老三，而我不管做得多么努力，多么优秀，在老爸老妈的眼里，都不如两个弟弟。不过我也不在乎，爱谁谁，不如他们就不如他们，反正我自己远走他乡，什么都不缺，也不需要他们那点儿遗产，只要把和两个兄弟的关系搞好了，什么都 OK 了。

我身边也有很多朋友，也都是偏心眼。比如远方的老王偏向他家的大儿子，比如隔壁老王偏心他家的小女儿，比如对门的老王偏心他家的二儿子，反正，如果家里超过了两个孩子，父母就很难一碗水端平，总是会偏向某一个人的，而且，这种偏心还有他们自己的理由，和自己不承认自己偏心的原则。

有一个歌里唱道:“偏心总是难免的，总做不到一碗水端平……”

不论是中国外国，东方西方，父母对孩子不偏心眼儿是很难的，你可以不承认你偏心眼儿，但是，你改变不了偏心眼的事实！

去 IW 看网球大赛，被女儿白眼儿了

这个星期，Indian Wells 公开赛的比赛开始了，这个赛事号称全世界网球第五大网球赛事，也叫 BNP Paribas Open。我比较闲，就订了酒店和周末比赛的票，去看看呗，反正闲着也是闲着，还不如四处走走，散散心开开心舒舒心呢。

Indian Wells 这个地方，来过很多很多很多次了。我女儿上大学之前，每年都要到这里 N 多次参加各种网球比赛，大赛小赛周赛国赛国际赛，对这里的一草一木一饭一店那个熟悉呀，就像对纽约，对北京，对上海，对洛杉矶，对温哥华，对圣地亚哥，对伊斯坦布尔一样的熟悉。

于是，骑着车就来了。

老美就是厉害，愣是在荒漠中开放出来棕榈泉这样一个伟大的城市！

住的酒店也很好，被我不喜欢的高尔夫和喜欢的高尔夫球场包围着。

到了酒店 Check in 之后，远在美国东北的闺女就打电话来了先是汇报学习很忙生活很好训练也很正常这个周末要去佛罗里达训练比赛一周生活过得很充实，然后问我："老爸您这个周末干啥呢？"

我说，我刚刚到 Indian Wells 来看网球比赛，订了今天晚上和明天晚上的票。其实，我看各种大赛，很少买票都是组委会或者赞助商送票而且都是好位置的票，现在年龄大了不喜欢和别人扎堆儿吹牛了，想看什么比赛，自己就买票去看了。

女儿沉默了有十几秒钟，我估计她在查一下我看谁的比赛。

"老爸，没有想到呀，您这是去看曾经输给我的人比赛，而且，还是付钱去看的呀，老爸的欣赏水平怎么下降得这么快呀？太过分了吧，哈哈。"

"订票的时候，我也不知道谁在比赛，也就是周末没事去看看，而且，你不打职业比赛要去读书上学，我只好看别人打球了。哈哈哈哈。"

没想到，自己在 Indian Wells 看网球比赛，还遭到了闺女的白眼儿，哼！

不行，先吃点东西，垫垫肚子，不能让闺女给鄙视了。酒店里有好几个饭店，第一顿先服服水土，吃点儿素的。

被闺女白眼儿就白眼儿呗，反正票也买了钱也出了，不看白不看，吃完晚饭看比赛！

还要去看俄罗斯诗人的比赛，看纳豆的比赛，周六晚上看嘻嘻怕死和杰克飒的比赛。

这俩哥们的球好看，嘻嘻怕死赢了两个抢七，进入下一轮，杰克没有那么想赢，以玩的心态去比赛，打出了很多好球，但是输了比赛。

周六晚场的最后一场比赛是“日本”的奥萨卡对阵俄罗斯的哭得米拖娃。比赛刚一开始，观众有人喊奥萨卡萨克斯，奥萨卡情绪受到了极大的影响，第一盘 0:6 就输掉了。第二盘调整心态，但是，俄罗斯美女哭得米拖娃打得不错，轻松地淘汰了曾经的世界第一。

赛场的大屏幕的两旁，飘扬着美国国旗和乌克兰的国旗，以表示美国人民反战的态度！所有俄罗斯和白俄罗斯的运动员，都没有他们国家的国旗，以表示美国人民反战的心情！

Anyway，买票去看网球比赛，被闺女翻了白眼儿，哈哈哈！

人生的最大豪赌之二：赌儿女

去年我聊了人生最大的豪赌之一就是赌婚姻。婚姻赌赢了，幸福一辈子，婚姻赌输了，很多人都会继续赌。但是很多人都是再赌再输，再输再赌，最后，大不了就是输光了自己。

人生还有另一个豪赌，那就是赌儿女。

生儿育女，其实也是一种赌博。

其实，赌儿女比赌婚姻有更大的胜算。因为，你从设计生儿育女，到培养儿子女儿，都是有计划，有预谋，有节奏，有调整的。因此，只要用心赌，胜面还是很大的。

赌儿女最难过的第一关就是出生前的这一段，很多事情都是不可预测的。比如生男生女，孩子生下来是不是健康，是不是有病，是不是需要生理性的调整，这些都是未知数，都是一种盲赌。如果孩子生下来是一个健康的孩子，那么这赌儿女的第一关就算是赌赢了。当然，如果这第一关如果没赢，那也不能算输，最多是个平手，可以继续赌。

接下来的日子也都是在赌：孩子聪明不聪明，智慧不智慧，有没有音乐天赋，有没有绘画天赋，有没有体育天赋，有没有学习天赋等等。如果孩子有很多天赋，那么父母的心情会好很多，就像赌博赢了一样。

再往后，孩子的成长，健康不健康，学习好不好，脾气好不好，性格好不好，长得是不是高，是不是壮，是不是苗条，是不是美丽，我滴那个神呀，很多很多个指标，每一个指标都是一种赌博。

父母在孩子的成长过程中，一直在赌，一个赌接着一个赌。

我有一个国内的朋友，生意做得很好，婚姻赌了一把，娶了港姐儿。孩子一个接一个地生一共生了七女二男，他的理论就是：我这些孩子，只要一个有出息，我这辈子就有靠了！这绝对就是赌博的心态。

孩子上大学，也是一种赌博。上什么样的学校，读什么专业，赌了！

毕业以后，是自己创业，还是打工？是给政府打工，还是给资本家打工，都是在赌。

人生经过一连串的赌，孩子很快就长到了他们自己该面对自己人生第一个豪赌的时候了：赌婚姻！

人类就是这样，一个赌博接着一个赌博，但是，人生的豪赌只有两个！一般来说没有选择，只有硬着头皮：赌！

赌需要运气，也需要智慧，所以，怎么赌，你自己决定！

赌不赌，也由你自己决定！

被很多人误读了的藤校（ Ivy League ）

根据 DVD 的调查，亚裔是所有族裔最器重爬藤的族裔，而中国人在亚裔里面，对孩子爬藤尤为重视。学而优则仕嘛，要学优，就要上名校，在中国是考北大清华，在英国是进牛津剑桥，在印度是拼印度理工新德里大学，而在美国则是挤有大藤小藤的藤校们了。

在美国上大学进了 Ivy League 的学校，就像当年中了举。

在中国的家长们，一听说谁家娃进了藤校，那发财的眼睛，亮晶晶的！要是搁过去，肯定是戴红花，骑白马，在县城里游街一个月了。那上门提亲的如过江之鲫呀！

最近，也一直有中国的家长和我交流他们家孩子想要上藤校的事情："我们家孩子聪明好学，也非常努力，从小到大，钢琴绘画提琴长笛舞蹈功夫数学物理生物写作编程那是学什么会什么，学什么精什么，我们家的这个，简直就是上藤校的坯子，进哈佛的料呀！"

我很羡慕人家，我女儿除了喜欢画画，除了曾经想弹过钢琴，提琴长笛舞蹈功夫数学物理生物编程那都不是我女儿的菜，看着别人家的孩子什么学什么都会，我一直都特别特别的羡慕！

聊天呗，我肯定要说人家娃的好话了，夸奖呀赞许呀一堆一堆一套一套的，还不时地射去羡慕的眼光。

人家妈说了："我们正在向藤校努力，这个学期，我们又选了数学、物理、生物、化学的几种培训课程把孩子的假期安排得满满的，争取提前进入常春藤联盟的行列。"

我稍微有点儿纳闷儿，我就问："您那么想让你家娃进藤校呀？那您知道常春藤联盟是一个什么样的联盟吗？"

人家妈挺自豪地说："当然了，常春藤联盟，世界八大顶级学术机构的大学联盟，有着全世界最美的校园，最顶级的学术氛围，最优秀的师资队伍和最先进的研究成果，常春藤联盟，有谁不知道呀？"藤校妈说的声音越来越大，好像她是哪个藤校的地恩一样。

我不好反驳，我只好说："据我所知，全世界最美的校园，杨百翰大学曾经当过好几十次，应该还没有轮到过哪个藤校。而常春藤联盟，不是学术联盟，不是研究联盟，不是数学联盟，不是物理联盟，不是化学联盟，甚至不是钢琴联盟，不是绘画联盟，不是成功学校的联盟，常春藤联盟是一个体育联盟。"

"啊？体育联盟？不会吧？"

"YES, Madam, it is a sports league. "

"怎么会？我一直以为常春藤是一个培养人才的大学联盟呀。"

"您对常春藤有点误读，Ivy League 不是钢琴联盟，不是绘画联盟，不是提琴长笛联盟，不是数学联盟，不是物理联盟，不是生物联盟，也不是研究联盟，常春藤是一个体育联盟，A Sports League. "

"是这样呀？还有没有天理了？那我暑假让我孩子上那些数理化还有用吗？要不，让我家娃暑假参加一个拔河俱乐部？对了，还可以参加打乒乓球斗拐拐爬山扑克下象棋等体育运动！"

"哈哈哈，我觉得拔河挺用劲儿的，可以试试，但是，不知道藤校有没有拔河队？"

对了，我也不知道美国哪个大学里面有拔河队，但是，我知道这些藤校里面没有乒乓球队，美国很多很多很多很多学校都没有乒乓球队。

想进藤校的想法很好，但是，要知道常春藤是一个什么样的联盟，他们要培养什么样的学生，如果想进藤校的钢琴队，长笛队或者写生队，那就有点儿想歪了。看看每年光哈佛就提前录取几百个体育生，哈佛大学一共拿过一百多枚奥运会的奖牌，就知道他们对体育有多重视了。

给个链接，脑补一下藤校：

https://en.wikipedia.org/wiki/Ivy_League

先研究，再设计，然后就是努力了，最重要的就是：不要误读！

唉，多少家长误读了 Ivy League 呀！

如果样样通，肯定样样松！

小的时候，我特贪玩儿，放了学之后不是在房顶上跑就是在树干上爬，对什么都有兴趣，对什么都喜欢，小孩儿玩的东西我就没有不会的。

斗拐拐，弹蛋蛋，砸烟盒，叠糖纸，扔沙包，滚铁环，抖空竹，抓羊拐，砸摔炮，射弹弓，下象棋，打扑克，捉蛐蛐，逮蝈蝈，斗公鸡，粘知了，摸鱼抓虾逮螃蟹，踢球跑步打水漂，凡是我见过的，就没有不会的。在我们大院里，我和谁都能玩得来。

好多老头儿老太太都夸我：这孩子，真聪明。每当他们夸我，我都乐得屁颠儿屁颠儿的。

就是住在我们家楼上的柴伯伯不甩我，有一次我听到柴伯伯在和我爸爸说我的坏话："孩子是不笨，但是，爱博不专呀！"

我当时还小，晚上我就回来问我爸爸："爸，爱博不专是什么意思呀？"

我老爸就告诉我，爱博不专的意思就是什么都喜欢，什么都会一点儿，但是什么都干不好！

我就沉思了，是这样的吗？我斗拐拐斗不过杜哥，弹蛋蛋弹不过小强，砸烟盒砸不过六子，叠糖纸叠不过小芳，扔沙包扔不过建国，滚铁环滚不过小松，抖空竹抖不过王叔，抓羊拐，砸摔炮摔不过豆角，射弹弓射不过老头子，下象棋下不过赵爷，打扑克打不过翻译，捉蛐蛐捉不过虾米，逮蝈蝈逮不过臭屁，斗公鸡斗不过三舅，粘知了粘不过三瓣儿，好像还真是，我真的是什么都会，什么都不是最好。

有一天我遇到柴伯伯我就问柴伯伯："柴伯伯，我怎么样才能够不爱博不专呢？”

柴伯伯说：“你就捡一件你喜欢的事情，把这件事情干到最好，不需要你什么都会。你看你庄哥，就打乒乓球，一直打到世界第一名！”

从那个时候起，我好像就顿悟了。

我自己做一件事情的时候，就特别专注，要做到最好，教育我的孩子也是专注一件事情，把这件事情做到最好！

现在看我周围的很多家庭里的很多孩子，和我小的时候一模一样，什么都干什么都学五花八门儿的：绘画，跳舞，钢琴，提琴，长笛，中文，吉他，足球，网球，数学，编程，篮球，游泳，物理，下棋，乒乓，AI，整得比我小时候的项目还多。我估计和我小的时候一样，什么都能玩两下，但是，什么也玩不了太好。我就觉得，这些孩子缺的不是条件，缺的不是金钱，缺的不是兴趣，缺的不是时间，他们缺的，就是一个名字叫柴泽民的老爷爷。柴伯伯虽然早已仙逝，但是，他对我的影响却是一生。

我现在看到这些什么都学的孩子就头疼，但是，也没法和人家父母说呀。我想，只要我和人家父母一说，人家肯定抽我个大嘴巴子：“你管得着吗？我们愿意松！”

所以，还是别找事儿了，咱蔫不悄儿地就在这里嘟囔两句吧，哈哈。

孩子们想学什么专业我们管得着吗？

最近两年，我经常去逛逛文学城的紫檀（子女论坛）。

紫檀的紫民们每天都讨论得非常热闹，有牛掰的，有低调的，有装傻的，有充楞的，有挑事儿的，有捣乱的，有侃侃宏论的，有娓娓细谈的，真的是特别好看。但是，紫民们谈论的话题中有几大热门主题：爬青藤，读名校，挣大钱，给孩子选专业！

我觉得，想生活得更好爬大藤读名校挣大钱都是非常好的想法，也是值得去努力的方向，我也非常赞同很多人的想法和做法。我自己也不能免俗，也希望孩子们有出息，起码是比我有出息吧。

但是，给孩子选专业的事情，我稍微有一点点不同的看法。

我小的时候，我姥爷就想让我学一门手艺比如修理电匣子呀，弹棉花呀，做木工呀，后来与时俱进了，我姥爷想让我长大了以后修电话机，开汽车，修自行车或者是去当一个高级的电工。我姥爷认为有一技在身这辈子就不会饿死。在我姥爷的时代，修电匣子相当于现在的电脑工程师，当一个汽车司机相当于现在的客机飞行员，高级电工相当于现在 Double E 毕业的工业大佬。在我姥爷的那个年代，他的想法还是比较超前的。没有让我去卖冰棍，去当大厨已经是他那一代为数不多的留学生可以想到的最有前景的事情了。

我老爸老妈好像比我姥爷要开明一些，没有让我去学一门具体的手艺，但是让我学数学当老师，学法律当律师，学医当医生什么的。老爸老妈说学好数理化，走遍天下都不怕。文明社会永远需要律师，人都有生老病死，当医生是越老越吃香等等。当然了，一直到现在，教师、律师、医生也不过时，我老爸老妈还是比较有眼光的。

结果，我既没有听我姥爷的话去修电匣子或者是当一个汽车司机（当然了，现在也是一名光荣的开小车的汽车司机），也没有听我老爸老妈的话当一个人人羡慕我自己憎恨的医生，而是出国留学远走他乡做了我自己喜欢大家看着热闹隔一段儿就来一个高潮的奥运会。我没有实现老一代的梦想但是实现了我自己的理想。

现在很多出了国的中国父母，都是受过良好教育的人，让孩子学一门手艺：学 CS，学 AI，当牙医，学针灸，当会计，当外科医生主攻颌面外科，哈哈，给孩子的前程定了一个点，让孩子向着自己想象的那个点飞奔，哈哈，和我姥爷几十年前太像了。

我觉得，给别人制定前程是一种特别愚蠢的做法。尤其是现在这个时代，孩子们的知识，思维和远见要比我们这一代的父母要强千百倍。虽然在我们看来他们都是孩子，但是，他们的理想，他们的抱负，他们对自己未来的憧憬是我们很难想象得到的。就像我姥爷一样，虽然在法国留学知道什么是电匣子，但是，他根本想象不到星链，想象不到遥感，也想象不到互联网。

孩子长大了，翅膀长硬了，就让他们自己飞吧。孩子们是自由的鸟儿，而不是有一根线牵着的风筝。

当然，这个世界上没有最弱智父母，只有更弱智的父母比如还真的有人问：A 学校和 B 学校的 TF 专业，我的孩子应该选哪个？我滴那个大罗天呀！

唉，又瞎说了，会得罪一小撮广大人民群众的！

这孩子没有上大学，这可咋办呀？

我有一个朋友，和我同姓不同名，在国内读的是名牌医学院，到美国后有幸和我在同一所大学读研究生，同修几门课程，因为都是从北京来的，平时也吹牛聊天侃大山，在一起混得挺好，遇到生人介绍的时候我会说：这是大狗，我哥们儿！

大狗不是狗，是一米八几的北京爷们儿，因为就喜欢大狗，自己就叫自己大狗。他自己连属狗的都不是，就是喜欢狗，所以，自己给自己的小名就叫大狗。大狗的老婆喜欢猫，大狗就叫他老婆猫咪，后来因为他老婆比较厉害，每每在家里大呼小叫地呵斥大狗，我就给大狗个建议："你别叫你老婆猫咪了，你叫她猫王吧！"自此，大狗的老婆就是猫王了。

这猫狗两口子，喜欢玩！

即使是有了孩子，两口子也不能耽误玩：滑沙滑雪，爬山下海，没钱的时候穷玩，有钱了就富玩，去北极看极光，去南极看企鹅，去纽约看时装，去巴黎看走秀，养狗玩船摩托艇，喂鸟摸蛇斗蛐蛐。象棋围棋打麻将，掼蛋拱猪斗地主，生活的主旨就是玩儿！

不督促孩子写作业，两口子玩的时候，就给孩子打开电视。两口子出门的时候，就把孩子托付给邻居。

后来，猫狗因为不知道什么事情打架了，就分家了。

狗娃跟了猫王，大狗伤心了，远走他乡。

猫王没了大狗，玩心依然旺盛。工作可有可无，但是玩的热情不减。有的时候和大猫沟通一下，大猫就是三条：自己玩得比较爽不虚此生，大狗王八蛋不是个好东西，下个星期又要出去玩了吧啦吧啦吧啦！

狗娃没有什么拘束，也没有学什么东西，老中娃学的钢琴，画画，提琴，数学，中文，足球，网球，游泳，小号，编程一概没有接触过，电视看了不少，游戏玩得一流，狗娃的童年，应该是挺幸福的，起码没有饿着，没有营养不良，一米八几的大个儿，虎背熊腰狮子头的，一看就像一个蒙古人！

狗娃高中毕业了，该上大学了。我这个当伯伯的也就问一声："狗娃上哪所大学了？"

猫王说："不知道呀？他自己折腾吧，大狗不管，我也忙，管不了，估计不上大学了吧，他上大学，谁给出学费呀？我们这里很多街坊老美老墨老越的孩子都没上大学，一样过日子呀？"

我觉得大人玩可以，但是，生了孩子还是要管孩子教育孩子的。

儿孙自有儿孙福，但是，大狗猫王的孩子和我认识的所有的孩子都不一样。

嗨，我也是瞎操心，多管闲事儿。

和“暑期补习班”的对话

昨天星期天，是在家里休养生息的好日子，读读书，喝喝茶，看看电视，品品美食，在圣地亚哥的日子过得舒服、惬意、安逸、巴适。

下午我正在欣赏买来的两千七百分之一 CD 的古典音乐，突然有人敲门。这是谁这么没有眼力见儿在我最投入的时候打断了我的雅兴呀？不过我还是走过去开了门儿：一男一女两个年轻的陌生中国人挺有礼貌地和我打招呼：“先生您好，不好意思打搅了。我们是‘聪明孩子暑期补习班’的，我的名字叫黑桃 K 她的名字叫方片 Q，我们想向您介绍一下我们暑假期间的一些补习项目，如果您的孩子在这个暑假需要补习的话，我们愿意帮助您的孩子提高英语、中文、数学、物理、化学，电脑，生物，历史，社会学等科目的水平。”

我赶紧说:“不需要不需要，我们从来没有上过这些暑期补习班，我们暑假的任务就是一个，那就是玩！”

“没事儿先生，我给您留一下我们的资料，你如果看了好，也帮我们推广一下。”人家这俩人还有点儿那个锲而不舍。

看着这两位这么热情，我也就顺手接过来他们递来的资料，扫一眼吧，哇，全是大词儿：“一步领先，步步领先！”“要赢在起跑线上！”“成为在校内领先的孩子！”都是鼓励那些糊涂父母的话，很浓很浓的鸡汤，特别的励志！

这个暑期补习班还挺忙活，每天都有好几个小时，当然了，收钱的手也不软。

我就问这俩年轻人：“我有俩问题想问你们一下。”

这俩年轻人一看我还有问题，立刻来了精神，发财的眼睛亮晶晶："问吧，您呐"。

"这一天有 24 个小时，为什么学校只教 6 个小时呀？一周有七天，为什么学校只开 5 天？一年有 12 个月，为什么学校还要放 4 个月的假呢？每天学 12 个小时，每周学 7 天，每年学 12 个月多好呀？学的时间多么充裕呀？这美国的教育部，为什么不让孩子们多花时间在学校里呢？"

"这个，这个我们还真没想过，不好意思。"

"美国是一个教育立国的国家，你们数一数，全世界最好的大学都在美国，美国有最好的、最成熟的教育系统，美国培养了世界上最优秀的人才，在这个教育系统里面，为什么还需要你们这样的补习班？"

"这个我们也不清楚。"

"你们的这个暑期辅导班的材料里面说，一步领先，步步领先，我觉得，这是一个大大的误导。我再问你，你参加过体育比赛吗？"

"我看过比赛，还真的没有参加过。"

"你如果看过田径比赛，比如 5000 米跑，很多人都站在起跑线上等待发令枪响。在发令枪响之前你跑了，那叫抢跑，是犯规的一种。而且，所有的竞赛项目，输赢都在终点，没有一项比赛的输赢在起点，所以，你材料中所说的赢在起跑线上，是一种偷换概念的胡说八道。这个世界上，没有一个人是赢在起跑线上。"

唉，看到那俩年轻人那么囧，我也就不再问了，大礼拜天的，我还是继续听我的豪华古典音乐吧。

暑假期间，带孩子看看美国的大好河山，逛逛世界最著名的博物馆，放松，调整，开心，快乐，上什么补习班呀？

阿嚏！

大二孩子的暑期实习选择

孩子上了大学，转眼就是大二了。

大学二年级的孩子们，在暑假这几个月期间，大多都选择了到一个公司或者是在大学里面实习。实习是一个临时的工作但是选择实习是一个技术活儿。

远在三十年前，我也在美国的大学里读书，暑假期间，我们一般都跑去纽约打工：当 Waiter，当 Cashier，当 Delivery Boy，反正，挣钱快也不需要什么工作许可。纽约唐人街的那个职业介绍所把中国来的各种留学生分配到各个中国餐馆、洗衣店、副食店、或者其他什么中国移民开的小生意里面。我也不例外，第一年的暑假，就在新泽西的一家名字叫“溢富”的中国餐馆里帮助餐馆送外卖。“溢富”，有文化的好名字！

第二年，1994 年世界杯组委会去我们学校招收实习生，每天给十刀，管中午饭。这可是一个千载难逢的机会呀。于是，我就动员我们一个系的老张一起去美国世界杯的组委会实习。(不是老王)。可是，立即遭到了老王的讥讽：“一天十刀，一个月两百多块钱，我们去年去纽约打工，挣差不多二十倍的钱，我们还是去纽约打工吧。”

于是，我和老张就各说各话，各讲各理，最终，谁也没有说服谁。第二天，我们哥儿俩分道扬镳，我去世界杯组委会实习，他去纽约餐馆打工，我挣少少钱，他赚多多票！

我当时就觉得，世界杯从我身边走过的机会，一辈子只有一次。但是，想去餐馆打工，当时可以去，以后可以去，到了七十岁，还可以去！

我当时也没有前后眼，也看不懂未来。但是，十五年之后，我跻身于奥运会的团结友谊进步更高更快更强的行列，而老张，在俄亥俄踏踏实实地开了一家中国餐馆。我们快乐的维度不一样了。

今年我大二的娃实习，也有很多选择：去 M 公司，工资没有那么高，但是，可以学到很多东西。去 B 公司，工资是 M 公司的两倍，但是，就是一个打杂的。去 C 公司，工资在 M 公司和 B 公司之间，但是，离家很远。还有 A 公司，X 公司，G 公司，L 公司等等。

孩子也没有征求我的意见，自己就选择了 M 公司，但是，给 M 公司开出了一个条件，就是要在 San Diego Branch 实习。 结果，M 公司还真同意了，工资没有很高，事情很多，但是，可以学到很多东西，每天还可以回家，不用租房不用坐车也没有太多的麻烦事儿。每天还可以孝敬孝敬老爸，哈哈哈。

顾得巧意思！

反正孩子大了，有人家自己的主意，想到哪个公司实习就去哪个公司实习，有公司收她有公司要她就说明孩子还行，有好多公司要她说明孩子更行，哈哈哈。

自己的道路，自己选择！

那些“升学指导”到底有什么用？

有一个遍布全世界的组织统称“升学指导”。这个组织在全美国各地也基本上都有，尤其是中国人或者亚裔多的地区，“升学指导”尤其多。像在洛杉矶的二万、怕啥敌哪、扭腰、休斯敦、圣地亚哥甚至是亚特兰大都有各种形式的“升学指导”。“升学指导”以不同的形式存在，有的“升学指导”是有办公室，有网站，有 CEO，CTO，CFO 和一整套班子的，属于规模比较大的那种。也有的“升学指导”就是一个人单打独斗，号称自己的孩子进了名牌大学，自己经验丰富就整了一个个体“升学指导”，一边助人为乐，一边收钱快乐。当然，也有几个人搭伙做升学指导的。

“升学指导”这个组织好像是一个非常重要的。孩子小升初，初升高，高升大都有这个组织在帮助我们大家。很多时候让人们感觉，如果没有“升学指导”这个组织，我们的孩子就不能上初中，不能上高中，不能进大学似的。

我写的这个标题，可能会得罪“升学指导”这个组织，也可能会得罪一些人，也可能让很多人感到困惑，因为我自己就对这个“升学指导”倍感困惑！而且，我也是有“好人卡”的好人呀！

我们住的这个地区，据说是一个好学区。虽然这里也有其他的学校说他们自己是全圣地亚哥最好的学校，但是，我家娃上的这个高中每年也给藤校送去十个八个孩子，也给 MIT 送去七个八个孩子，应该也算是我们这个城市里的一流高中了。

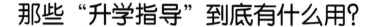

我知道即使是在圣地亚哥顶尖的私立学校或者顶尖的公立学校，也有很多的家长请“升学指导”：帮孩子写挨塞，帮孩子整推荐信，

帮孩子选学校，给孩子辅导各种考试学科，给人的感觉他们不是什么“升学指导”，而直接就是藤校和名校的招生办公室似的。

两年前，就有一位著名的升学指导和我联系过：请问你们家孩子都申请了哪些学校？谁帮助写的挨塞，谁帮助写的推荐信，谁协助这个，谁协助那个，问了好几个问题，特别热心，也不知道人家怎么拿到我的电话的。出于礼貌，我就回答她：“我家娃的挨塞是她自己写的，推荐信是她自己找学校老师写的，申请大学吗，就申请的一个学校，交了一份申请费，上大学所有的事情都是娃自己搞定，没有人协助。”

这位升学指导就着急了：“这可不行呀，你要耽误了孩子呀，我必须帮你，这个这个那个那个……”

好像，上大学必须要有这个升学指导帮忙似的。

我回家之后就问我家娃：“张三有没有请升学指导？李四有没有请升学指导？王五有没有请升学指导呀？你认识的那些小朋友，都有谁请了升学指导了？”我家娃就问了一圈儿：“老爸，我的朋友们大部分都是自己申请的学校，就有几个同学去请了升学指导。自己申请学校的同学都去了布朗耶鲁哥大斯坦福普林斯顿达特茅斯，请了升学指导的去了 UCI，UCR，UCS。”

我觉得请升学指导还是有用的，可以就近上学。

升学指导让我很困惑：我家娃从来没有上过任何形式的补习班，从来没有请过任何等级的升学指导，从来没有找人写过她申请大学唯一的一份挨塞，也没有让别人给策划过什么升学策略。换句话说，我家娃就没有花做这种冤枉钱。结果是：我家娃上的大学也不错，除了离家远点儿，其它没毛病！

不管“升学指导”有多么好，有多么管事儿，但是，对我家娃没用。其实，我家娃也没有用升学指导！

信则有，不信则无。反正我觉得按照美国的教育体制，“升学指导”对于我们家娃就是画蛇添足。

这孩子，简直要反了天了！

自家娃上大学了，虽然不算做是一件光宗耀祖的事情但是她自己受教育对她的一生都是有益的。这两年来，她修了不少课程也学了不少知识，算是有进步有成长。这个暑假期间，她申请了一些公司去实习，也有一些公司给她实习的机会，我觉得，这样挺好。

她要去实习的公司就在圣地亚哥。实习的公司和实习的地点都是我非常满意的：世界五百强的公司，离家里开车十五分钟。实习的时间比较灵活，可以早去晚归，也可以晚去早回，我就奇怪了，这好事儿怎么都让现在的孩子们给占了？

这不，她在家门口实习都实习了都一个多月了。孩子自己说她感觉特别的轻松。老板交代的所有的任务，她用了不到一半的时间就已经完成了。这说明老板有点儿低估了孩子的能力，给孩子任务少了，给她的压力小了。

但是，这几天，我家娃却是忙得脚踢屁股头点地。

昨天，娃参加了一个 USTA 的成人比赛，邀请我去看："老爸，来看我比赛吧，以后我参加比赛的次数可能越来越少了，太忙了，没时间了呀！”于是，我就去看了。实话实说，四年没有带她训练，也有四年没有看她比赛了，她的这个网球水平可是下降了不少，虽然一波三折磕磕绊绊地赢了球，但是，哪里有打青少年比赛的时候那么爽想赢谁就赢谁呀。

回家的路上，闺女就和我聊天：“老爸，我这几天特别的忙，这个周末，有朋友从北加州、纽约和佛罗里达过来，我们在商量做我们 Non-profit Start up 的事情。所有的公司结构，公司章程细节，公司的财务管理，律师，市场，顾问，投资方，股东股权的事情，都需要在这几天里搞定。都是和我的大学同学还有朋友们合作的。各方面的人才都有。”

哇，现在的娃简直是厉害呀，在我二十岁的时候，我的脑子里还是一片空白，基本上就知道吃，什么远大理想都没有，根本没有做公司的概念！

“我们大家的目标都挺一致的，就是把这个 Start Up 做好了，我们就可以退学了！”

“WHAT ？你们就退学了？ 一帮哈耶普斯的孩子，大学不毕业居然就想退学了？ 简直是反了你们了，反了天了！”

你们想退学呀？你知道上一个大学多么的不容易吗？你知道从大学退学的人的下场吗？你们学校这个退学的老哥们连老婆都不要他了！

还有这个中途退学的，像个小偷一样，公司都改名了。

好不容易上了一个大学，你还想退学？我，我，我，我一时语塞！

“老爸，我们这几个人都是这样想的，所以，也请了一些比较有名有经验的人当我们的顾问。我们肯定经验不足了，所以，也请了专业律师帮我们把关。”

“都是些有什么经验的人呀？他们是有退学经验的人吗？”

“我们先试试吧，说不定就能做得很好呢？老爸你等着好消息吧！”

哇，现在的孩子，敢想敢干呀！二十岁的大学生想着创业是件好事，但是，想到退学那就超出了我老人家的思维了。

我估计，谁家的孩子上到大二就想退学，这老爸老妈肯定会着急的，真的是要反了天呀！

不过，毛老爷曾经说过：“天要下雨娘要嫁人，由它去吧！”

盘点那些和自己孩子有仇的父母

就是因为我的女儿从小打网球并且在我的督促和训练之下取得了一些成绩，拿过一些冠军的奖杯，我就自然而然地成了我们这一块儿当地的网球大腕儿，我们这里的一些新进的网球父母，也会时不时地向我询问一些有关网球的事情，比如怎么样培养孩子，怎么样寻找教练，怎么样训练，怎么样比赛等等。不过，最多的还是想向我咨询怎么样才能找一个好的网球教练，让他们的孩子更快的进步，更早地提高成绩，更多地拿到奖杯，然后……

当然，我也的确熟悉当地一些非常好的网球教练，比如曾经教过我女儿的几位网球教练。遇到有人向我求教，我也会把我认识的网球教练介绍给他们。

前一段，就有一位当地的网球推妈找到我，信心满满地让我帮她给她的孩子推荐一位好的网球教练，教她的孩子打网球。这事儿对我来说，反正也就是一件顺手的事情，我就给这位推妈介绍了我熟悉的一位曾经教过我女儿的教练，给人家教练发了短信，告诉了教练推妈的名字，让他在有可能的情况下，有时间的情况下，教教人家孩子打网球。嗨，与人方便自己方便呗。

说来也巧，我今天就碰到了这位网球教练，老朋友相见就寒暄呗。寒暄着寒暄着就寒暄到那个推妈想推孩子网球的事情上来了。教练说："先感谢你的信任，推荐给我这些孩子。那个网球推妈给我打电话了，说她的孩子是个男孩，今年六岁了，对网球特别有兴趣，也看到周围的孩子都在打网球，所以，想请个好教练教一教孩子。但是，妈妈在电话里说这个孩子是个好孩子就是不能吃苦，协调性很差，怕晒怕累，做什么事情都不能坚持，所以，还请教练多担待一些。”

“额地神呀，想学网球还不能吃苦，协调性很差，怕晒怕累，做什么事情都不能坚持，那还找我干什么呀？我教了几十年的网球，从来没有见过这样黑自己孩子的妈，所以，我也就正好没时间估计也担待不了，就和她说了声抱歉，让她另请高明吧！”

我的脑子也“嗡”的一声，这网球推妈，脑子有问题呀，怎么能这么黑自己的孩子呢？抑或她说的就是实话，她的孩子就是不能吃苦，协调性很差，怕晒怕累，做什么事情都不能坚持！

不过，脑子有问题的父母我见过不少。

经常见有的父母抱怨：“我这个孩子，就有小儿多动症，学习坐不住，吃饭也坐不住，屁股下面好像有刺儿似的，干什么不像什么。”

“我这个孩子呀，动手能力极差，都十五岁的人了，连个鞋带儿自己都不会系，哪儿像我的孩子呀？”

“我这个孩子呀，就是猪脑子！”

“我这个孩子呀，协调性极差，走路都是一顺拐的，一点点运动能力都没有。”

“我这个孩子呀，娇生惯养的，一丁点儿苦都吃不了，这以后怎么办呀？他就是一条寄生虫。”

“我这个孩子呀，和人的沟通能力极差，不会说话，不会做人，不知道以后怎么传宗接代？”

反正，很多父母都以不同的方式黑自己的孩子，用不同的语言来骂自己的孩子，好像和自己的亲生儿女是世仇似的。我一直想去理解这些父母，想知道为什么他们会这样贬低自己的孩子？是试管婴儿吗？是隔壁老王的孩子吗？是有什么其他不可告人的原因吗？

我一直想不明白，为什么这些父母和自己的孩子有这么大的深仇大恨，这么贬低自己的孩子。换作我，夸孩子还夸不够呢，凡尔赛都凡不过来呢。

本来，那位网球推妈和教练联系一下，告诉教练孩子想学网球，如果有空的话，就安排个时间试课，如果能合得来，就跟着教练学网球。结果，还没有开始就说自己的孩子“不能吃苦，协调性很差，怕晒怕累，做什么事情都不能坚持，”这哪个教练愿意教呀？

如果以后找工作，和人家用人单位说：“我家娃又懒又馋，动手能力差，理解力没有，就想要一份高工资！”不知道哪家愿意雇佣这样的孩子？

唉，不知道这些父母是怎么了，这么黑自己的孩子，该和孩儿他爹他娘有多大的仇呀？

在美国的孩子们费那么大劲学中文有什么用?

在中国待不下去了或者是在中国待腻了的人，已经绞尽脑汁历尽千辛万苦移民到国外的广大人民群众，很多人都一直认一个死理儿：让自己的孩子努力刻苦地学习中文！

这些家庭的家长们在家里给孩子布置中文作业，逼孩子学习中文，在学校里选中文作为第二语言，周末送孩子去中文学校，假期让孩子参加中文补习班，参加中文夏令营，参加中文朗诵班，中文阅读班，中文讲演训练，聘请中文私教等等，目的就是为了让孩子们不要忘记自己的父母的母语，还有的是为了教育孩子不要忘记自己是一个中国人。

学一门和英文完全不搭界的语言，对于孩子的压力可是不小。学习中文，想要学出点儿样子来，每个星期至少也要花个十个钟头吧？

我就纳闷儿了，你说你们都砸锅卖铁破釜沉舟义无反顾头也不回地移民到国外了，都放弃了中国国籍成了外国人拿外国的护照了，你还逼着你们的孩子学习中文干什么呀？还教育自己的孩子不要忘记自己是个中国人干什么呀？

如果是为了学习一门外语，那学法语、德语、西班牙语，不比学习中文容易得多，有效得多，简单得多吗？如果是为了让孩子记住自己是个中国人，那你们把孩子生在美国干什么呀？这不是脱了裤子放屁吗？

有的时候和我周围的朋友聊这个问题，他们就说："我们身为中国人，不会中文怎么行呀？千万不能忘记自己是一个中国人呀！"我觉得这个理由太牵强了吧。首先，你们移民国外，孩子生在美国，孩子们已经是美国人了，孩子们说的语言孩子们的母语已经是英语了。能够使用英语作为沟通的工具，比世界上任何一种语言都有优势，为什么不学中文就不行呢？看看第三代的移民，有百分之多少的人还会说自己国家的语言？有多少人还会读自己国家的文字？我个人认为，少之又少，少之又少！

也有的人说，会中文是未来的趋势！我觉得这个说法甚至这个想法特别的可笑。为什么中文是未来的趋势？是因为难写难读难认吗？是因为中国人口众多吗？是因为中文有一词多用的功能吗？我觉得，中文有很多的特点，但是，中文绝对不会成为未来的趋势。

我 的 你 是 了 不 们 这 一 他 么
子 生 时 样 也 和 下 真 现 做 大
觉 太 该 当 经 妈 用 打 地 再 因
法 电 间 哪 西 己 候 次 信 欢 正
工 许 东 名 同 长 亲 种 者 嘿 白
更 钱 马 思 部 场 嗯 计 任 确 吃
少 切 失 算 性 此 必 备 合 德 队

还有人说，如果不会中文，今后的生活将会很困难，而且，工作上也没有优势。这个就更扯了。美国人 99.9999% 的人都不会中文，而美国是这个世界上最伟大的国家。远了不说了，里根不会中文，克林顿不会中文，不影响人家当总统吧。乔布斯不会中文，比

尔·盖茨不会中文，不影响人家当企业家吧？索罗斯不会中文，巴菲特不会中文，也不影响人家有成就吧。就是斯皮尔伯格这样伟大的导演阿汤哥这样的演员，人家也不会中文呀？世界上那么多伟大的人，那么多优秀的人，都不会中文，不影响人家成为改造世界的人呀。

习大大倒是会中文，赖小民倒是会中文，赵立坚倒是会中文，华春莹倒是会中文，SO WHAT？

我个人认为，如果不是孩子自己有兴趣，如果不是孩子自己愿意学中文，家长没有必要逼着孩子学中文。而且，学了中文之后，有更多的机会接触假话、谎言，错误的历史和错误的信息，对孩子还真不一定是一件好事儿。

我还认为，如果举家移民到了海外，孩子也是“歪果仁”了，那么学不学中文还真没有什么关系，学会了中文也没有什么用。有那个时间，让孩子学习一些孩子感兴趣的事情，对孩子今后的生活更有用处。

纵观各个国家到美国的移民，也就是中国人办了那么多中文学校，也就是中国人办了那么多的中文补习班，中文加强班，中文夏令营什么的。好像从来没有听说过菲律宾学校，埃及学校，希腊学校，法校德校什么的。（有人和我抬杠，说斯瓦西里语的学校都有，哈哈，你对！）

中国人很怪！

牛娃们也有择校选择困难症

我的这个闺女自从放暑假回来之后就特别特别的忙，除了在一个公司在圣地亚哥的分公司当实习生之外，她自己还要打网球，参加一些网球比赛，做身体训练（主要是女孩子减肥的那种身体训练），还要见她中学的同学，小时候的朋友，大学的同学等等，而且还有不少的社会活动。昨天回家汇报今天行踪的时候就和我说了："老爸，我明天中午不回来吃饭了，我要和哈德森一起吃饭，他让我帮他分析一下选择学校的事情。"

四年前，和我女儿在一个俱乐部打网球的四个男孩要上大学了。值得一提的是，这四个孩子都是在全国前十名的青少年网球高手。四个孩子有三个孩子面临着大学的多项选择，只有一个孩子阿文铁了心要去 UCLA。瑞恩犹豫半天最后去了普林斯顿，山姆在去斯坦福还是去 UT 之间徘徊了很久，最后 UT 给的条件更好就去了 UT。最后一位汤姆是在哈佛和斯坦福之间摇摆了好长一段时间，最后，终于选择了斯坦福，进入了斯坦福大学的网球队。汤姆没有选哈佛最主要的一个原因是：我不想和我的老爸是校友！

这四个娃，妥妥的牛蛙！

到了我女儿上大学的时候，她没有什么纠结，她自己早就有了主意，在众多的学校中，就答应了一个学校，就奔着一个学校去，没有选择困难症。

今年，和我女儿同一个俱乐部的同门师弟哈德森也要上大学了，他和他的师兄们一样，也面临着选择去哪所学校的难题。哈德森这孩子的网球打得很好在全美都是数一数二的，他也有意往职业网球方向发展。美国很多很多学校都要他，各个大学也都给他开出来很好的条件，最后，他犹豫在是去斯坦福大学还是去哈佛大学。这两所学校，各有利弊！

我觉得，这些孩子都太牛了，而且不是一般的牛。

就像我女儿说的一样，去她们学校招人的公司，手里拿的不是 Application，而是 Invitation！这就是牛校和马校的区别。

不得不说这些体育娃很牛，到了上大学的时候不但会被提前录取，不但有奖学金，不但可以在各大名校中挑来拣去，而且，上了大学也可以优先选课，有专门的 Tutor 辅导，唉，好处多多！

这些体育娃都很阳光，不论去哪所学校，都是栋梁之材，祝福！

最后，哈德森选择了斯坦福大学，因为，斯坦福的体育比哈佛好太多了，而且，斯坦福给了哈德森全额奖学金！

再次祝福！

现在的父母培养孩子，用力过猛呀！

我们现在在圣地亚哥居住的这一个区，据说是一个特别好的好学区。不论是小学、初中、高中都是圣地亚哥地区非常好的学校，都是学校评级里面十分的学校。而这里的房价自然也比一般学区的房价高出来百分之二十以上。就是这样，房子也不好买。因此，像我们这样很早就搬进来住的老住户，心理就平衡了不少。

在我们这个区域居住的族裔，以美、中、印、日、韩为主，大家都认为老美一般都不太在乎学区，好像住哪里都行。但是事实上，老美也特别重视学区，老美也往好学区里面扎堆儿。越、菲、墨、黑等就不怎么在乎了。因此，我们这一带，中印日韩很多，和老美们混在一起，其实也都是为了培养孩子。

不过，现在的父母培养孩子，那真是下了血本儿昏了头，我觉得他们都有些用力过猛了。

很多老中家庭孩子才三四岁，就给孩子报了各种各样的班：中文班，英文班，数学班，跳舞班，体操班，网球班，足球班，电脑班，AI 班，编程班，绘画班，篮球班，高球班等等不同形式，不同种类的班，什么都要从小抓起，他们的概念就是：从起跑线就要开始赢。

最近流行一个新词儿，叫做内卷。我的眼神儿不好，一开始理解不了，还是怎么都理解不了。因为我把内卷给看成了肉卷，还以为是新出的一款美食呢。一直等到有人念出来，我才明白那是内卷。而且，上网查了才知道内卷是什么意思。太好玩了。

终于，直接影响到我的生活的事情终于因为有很多人内卷而发生了。

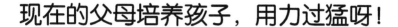

我女儿是两年前上大学的，虽然她上中学的时候在学校一直是一个小学霸，但是，还是有很多学校因为她打网球打得很好而争相要她，最后，被一个小的私立学校给抢了。于是，有一些家长也就效仿我们的模式，带自己的孩子们打网球。两年前，我们这里有一个打网球的家长群，也就是几十人的样子。到了现在，发展迅速而且发展成了 500 人的大群，500 人的网球家长群装不下了，又有人开了网球家长分群。打网球的孩子们越来越多，网球场地、网球教练都成了稀缺产品。也经常有人找我来取经。

我能有什么经呀？也就是一些我自己学习的过程，走过的弯路和带孩子打网球的一些心得体会，也就和大家交流一下，沟通一下。有的时候，自己心情没有那么好的时候，也会劝一些家长不要拿我家孩子作为模板，因为每个孩子都是不一样的，不能按照同一个模式来培养，不能按照同一种方法来训练。结果，还会被人家家长怼："啧啧啧，你家娃牛了，传授一些经验也不会损失些什么，不要这么小气嘛！"

每当这个时候，我就只好说，你家娃绝对就是大威小威的料，赶紧好好努力培养吧！唉，我也只能这样恶意鼓励一下了。

下个月在圣地亚哥有 ATP250 和 WTA500 的比赛。按照往常的惯例，我都是要去看一看的。在家门口的比赛，价格也不贵，开车二十分钟就到了，也是一个休闲娱乐加享受，特别高大上的活动。但是，今年不行了，门票开卖的第一天，票就被抢光了。我不知道是谁抢的，但是，我知道只是我在的网球群和网球群副群，就有 800 人，再加上这些人的老婆孩子们，一两千人估计是有了。但是，那个场地，也就坐个一千来人，我滴妈呀，我享受的权利也快被剥夺了。

嗨，也许是我自作多情，人家孩子打网球也许就是为了锻炼身体，就和喜欢玩 Lego 一样。根本就没有想过按照我家娃的模式上大学。但是，这个联想的接触面太大了，也不能怪我自作多情。

不管怎样，我还是觉得这些父母在教育孩子方面有些用力过猛。孩子的发育和发展都是有一定规律的。身体发育、智力发育、体能发育、理解力的增长、对知识的吸收能力，对世界的观察能力，都是随着年龄的增长和身体的成长而增加的。总想着三岁就会微积分，两岁就会背唐诗三百首，五岁就拿网球冠军，六岁就会嘉瓦，七岁就会控制 AI，那就绝对是揠苗助长。

让孩子们玩玩吧，玩玩尿泥，捉捉迷藏，丢丢手绢，跳跳皮筋，爬山游泳，上树下海都是成长的一部分，带孩子们去动物园，去海洋世界，去迪士尼，去六旗山，去博物馆，去钓鱼捉虾，去上树下河怎么开心怎么玩。那么早就让孩子们学那么多东西，还真的不一定是什么好事儿。

对了，我想起来了，我教育孩子最成功经验就是：不要用力过猛！

女儿就是一只现金焚烧炉!

其实，不仅仅是女孩儿，培养孩子不论是男孩女孩，都是一个烧钱费力耗时间的事情，但是，女孩子从十岁以后，女孩子们烧钱的速度就开始加速而且很快就会把男孩子们远远地甩在后面，成为一只真正的现金焚烧炉！这个我是深有体会的。

我女儿在十岁之前，和别的男孩子烧钱的速度差不多，我们周围的男孩女孩都在烧钱，烧钱的速度也不相上下基本上是平衡的，如果说是女孩子烧钱的速度稍微快一点儿的话，那就是买一些好看的裙子呀好看的衣服呀什么的，其实，和男孩子相比，也多烧不了多少钱。但是，到了十岁，女孩子烧钱就开始加速了："爸爸，我要扎个耳朵眼儿！"

给孩子扎一个耳朵眼儿并不贵，好像就是十几块钱几十块钱的事情，和没有扎耳朵眼儿的男孩们比真的是可以忽略不计，但是，扎了耳朵眼儿之后，后续的东西就多了，耳朵眼儿上要戴耳环吧？珍珠的耳环，银子的耳环，金子的耳环，玉石的耳环，钻石的耳环那可是无穷无尽的烧钱小炉子！这个就比男孩子烧钱烧的快，烧的多了。

"爸爸，我也要染指甲！"

看看，这又是一个比男孩子能烧钱的去处！指甲需要每隔一段就染一次。

"不行！扎耳朵眼要到十五岁以后，不然会特别疼，染指甲也要到 16 岁，染指甲的颜料是化学物质，对身体不好！"我要尽量延迟她烧钱的时间！

但是，最终她扎了耳朵眼儿，各种耳环就接踵而来了，当然是花我的钱了。虽然她自己说都不贵，但是，也有贵的呀！除了耳环，还要配相应的手镯，项链什么的。我平时对她要买的这些东西都带搭不理的。但是，上大学的时候总要送给她点礼物吧，于是就给她买了一对她一直想要的手镯，配上项链和耳环，一下子我的半套音响就没了。她这一套手镯项链耳环加起来也就是几两重，我那半套音响好几百磅重呢。

今天怎么想起来说女儿烧钱的事情了？是因为她开的车的事情。

上个星期她和朋友一起去打网球的时候，她朋友的车在网球场的停车场被坏人给砸了，她的书包被偷了，钱包，电脑，衣服，网球拍和车钥匙都被偷了，损失大大地呀。而且，丢了车钥匙可不是一件好事儿，我们这里离墨西哥那么近，万一敌人把车开走，那就是好几万美刀呀，肯定需要重新配一把钥匙。我给车行打了电话，人家说一定要到车行重新配一把车钥匙，还要 De-activate 丢失的那把钥匙，要 order 一把新钥匙，然后把新钥匙 activate, 而且，车又需要换油了，她忙呀，这些事情只好老爸我帮她去做了。

昨天去换油，车行东拼西凑烧了我 $611.60, 同时 order 了新的车钥匙，今天早晨去车行去做新的钥匙，又花了我 $687.20, 这两天就把我这一个月的午餐给烧没了！

得，中午不吃饭，减肥了！

现在孩子是上大学了，也就是花个学费，机票，吃吃喝喝，应酬礼物什么的，以后工作了烧钱的地方更多了：职业套装，红底高跟，口红眼影，各种化妆，耳环手镯，项链戒指，裙子帽子，把她自己打扮得花枝招展的所有东西，都需要大把的烧钱呀！

女孩儿们就是烧钱无底洞呀！

赶紧嫁人吧，去烧别人家的钱吧，哈哈哈哈。

天灵灵，地灵灵……她的白马王子赶快出现吧！

孩子比我敢想，也比我敢做！

家里如果有一个上大学的孩子是一件很幸福的事情，孩子上了大学放暑假的时候有实习的机会是一件更幸福的事情，而孩子的那家实习公司就在家的附近那是最幸福的事情。我就是那个最幸福的人，因为孩子在美国东北上了大学，暑假实习就在离家不远的一个公司，天天上班下班，晚上可以回家吃饭，幸福得不要不要的！

但是，孩子在这家公司实习了两个多月就不去了。原因是她一个月就完成了老板交代的三个月的工作，事情都做完了，现在去了公司无事可做，所以，就不用去了。我觉得，不去了也有不去的道理，主要是公司的老板低估了孩子的能力，给孩子安排的工作不够多，孩子没毛病，哈哈。

不去正规的公司实习了，娃也没闲着，很快就和几个志同道合的朋友折腾了一个 NPO，还起了一个特别贴切特别励志的名字，Play with Hearts Foundation，每天早出晚归，忙得不亦乐乎。唉，我在她那个年龄的时候，对生活，对未来根本没有什么想法，就知道玩儿。现在的孩子，敢想敢做，厉害呀！

前几天，娃回来和我说："老爸，我和您商量个事儿。"

"啥事儿？是不是请我当你的那个 Foundation 的 CEO 呀？"

"不是的，我的那个 NPO 已经有 CEO 了，就是你女儿我。我是想下个学期 GAP 一个学期，不去学校上学了，用一个学期的时间好好想想自己的将来，规划一下未来，去国外的大学修修课，换一个环境读读书，再好好地做一下我建立的这个 NPO 。"

"啊？大学不去念了，那么好，那么难进的大学不去念了？要

GAP 一个学期？不行，那有点儿太 Crazy 了！你一定要按部就班地把大学读完再说！”

“老爸，我也觉得是有点儿 Crazy，但是，我如果不做一些与众不同的事情，那我就会和我那一千多名哈佛的同学们一样，毕业后找一份高薪的工作，做一个白领，挣很多钱，然后庸俗地过那些千篇一律的日子，我不想那样，我想要有一个不同的生活，做一些有意义的事情，就像我做的这个 NPO，帮助孩子，帮助社会，造福人类。”

二十岁的孩子，有想法，有胆识，也能说会道。

“老爸，我明年暑假的实习已经搞定了。我 GAP 的这段时间，也会在一个咨询公司里实习，在大学里修课，参加一些职业网球比赛，然后把我的 NPO 好好的推进一下，争取有一个质的飞跃！如果我有时间，我还会在学校里面修一两门课的，应该不会耽误按时毕业。”

“我先和您说一下，然后马上就通知学校我要 GAP 一个学期，先把学校的事情搞定，再把我周围的事情搞定，这周我飞纽约，在纽约同我的几位同学聚一聚，商量一下下学期一起做的事情，然后从纽约直接飞到我的目的地！”

看来，这孩子早就定了要 GAP 一个学期，现在只是礼貌地通知我一下了。

“老爸，我这次 GAP 一个学期，是有一个公司支持资助的。这也是一个很好的机会，如果不做我自己想做的事情，我以后一定会后悔的。您就让我闯荡闯荡吧，大学的学业我一定会完成的，您知道我是一个喜欢读书的人，何况，我又在这么好的学校里读书，我不会放弃学业的。我就 GAP 一个学期！”

她比我敢想，也比我敢做。如果我在读大学的时候，让我 GAP 一个学期，我是放不开手脚的。既然孩子已经决定了，我这个当老爸的，只有支持的份儿了。

孩子，飞吧！

上公立学校还是上私立学校，怎么选呀?

我有一位朋友是一位纯种的老美高高大大的一个白种人，长得五官端正，高鼻深目人也相当不错。他的名字挺有哲学意味的叫：软但是胳膊有劲儿（Ryan Armstrong），他娶了一个中国老婆，家里有两个孩子。软对两个孩子的教育那是特别特别的上心，从小就送到私立学校读书，从小学开始，每天开车差不多一个小时送孩子到我们这里的一个有百年历史的叫弗兰西斯帕克私立学校读书，一送就是十多年那真的是风雨无阻呀。

但是，上大学的时候，两个孩子都上的是这里的大公校，UCR和 UCD, 我们就看着有点儿晕，小半辈子都上私立学校，等长大了，却去公立学校读书，好像有点儿怪，但是，人家的想法我们不懂，我就是看着好玩儿。

我的女儿，幼儿园上的私立幼儿园（找不到公立幼儿园呀），小学、初中、高中都上的是公立学校，到了上大学的时候，她自己选了一个小的私立学校就去上了。她的这个模式是：私立 --> 公立 --> 公立 --> 公立 --> 私立。很多我认识的朋友都是这种模式。

也有不少家庭的孩子是：家立 --> 公立 --> 公立 --> 公立 --> 公立，其实，这种模式占大多数。也是一种模式。

也有私立 --> 私立 --> 私立 --> 私立 --> 私立，一直都上私立学校的，那都是特别有钱的人家或者是有钱没处花的有钱人。

当然，也有 私立 --> 公立 --> 私立 --> 公立 --> 私立 或者 私立 -->

私立 --> 公立 --> 公立 --> 公立 或者 私立 --> 公立 --> 公立 --> 私立 --> 私立的模式。

不同的读书模式，都是父母给孩子们的选择，父母认为什么模式好，就选择什么模式。我认识一位朋友给孩子设计的模式是，从小就上私立，幼儿园，小学，初中，高中都要交钱上私立学校，要打好学习的基础，以后去欧洲读公立大学，因为欧洲的公立大学是免费的。

我个人认为，小学、初中、高中，私立学校和公立学校出来的学生，没有太大的差别。从知识储备到知识结构，都不会有一个明显的差别。但是，到了大学，区别就会有一些了。也许我认为的不是百分之百的对，但是，我就是这么想的。

我本人从来没有上过私立学校。在中国长大的时候，没有私立幼儿园，我上小学初中高中，都没有私立学校，等到上大学了，还是没有私立的大学。因此，一生都上公立学校。到美国读书之后，上的也是大公校。一个大学有十几万人，那可是绝对的大公校！因此，我对私立学校挺好奇的，不过，我认为我现在也过了学习的年龄，也过了上大学的年龄了。

不过我闺女上了私立学校，她还送给我有她们学校 DHA 的帽子，我戴着也就等于我上了私立大学，哈哈哈。

在美国上公立学校还是上私立学校其实根本就不是一个问题，想上公立就上公立，想上私立就上私立，想上哪个就上哪个！

让孩子开心就好？？？

我相信，我也见过很多很多父母在教育孩子的时候都有一个想法：“让孩子开心就好！”不管世事如何，不管如何变迁，大人们是不在乎的，只要让孩子开心就好。

我觉得，这种想法也没有什么不好，孩子开心，父母也开心，大家都开心。但是，在这种想法的驱使下，很多父母就有点放纵孩子了，对孩子的要求也松之又松，散之又散，孩子当时是开心了，但是，父母今后却发愁了！

小的时候开心的孩子出了问题，孩子没有达到父母对孩子的预期，父母是最发愁的！

其实，我在培养孩子的时候，也想让孩子开心，但是，懒惰是任何一个物种的天性也是人类的天性，如果不督促孩子去努力，不鞭策孩子去上进，不 push kids to their limit, 他们就会松懈下来。在家里躺沙发看电视打游戏，总归是比在外面打网球晒太阳流大汗安逸呀！

我在培养孩子的时候，应该是一位地道虎爸。因为我年轻的时候，也被我的教练狠过骂过甚至是打过。但是，我知道教练是为了我好，为了我进步，为了我成才。当时的教练手里都拿着一根一米来长手指来粗的小棍儿，看谁偷懒不努力，照屁股上就是一棍子，我们在国家队训练比赛，没有人没挨小棍儿我也没少挨过小棍子抽打。但是，如果哪天教练不理睬你了，不拿小棍儿抽你屁股了，你就心慌了，你离被退回地方的日子也就不远了。因为，教练不打你了，也就是他不在乎你了，国家队的位置你也就待不住了。所以，教练打不打你，就成了对你好不好的一个标尺。我倒不是说教练打人是对的，但是，反映出来教练对你的态度，你在国家队里待的时间和你成长进步的空间。

孩子小的时候，开心很简单。一块糖，一块儿蛋糕，一个玩具，去一趟动物园，去趟游乐场，去过小朋友的生日就能快乐。这种快乐是浅层的快乐。孩子需要这种快乐，但是，这种浅层的快乐不足以支撑孩子今后的生活，这种浅层的快乐也不能保证孩子今后的快乐。

我女儿有一个打网球的朋友曾经和她说过：“我小的时候有一次看到你在车里哭，那个时候你是十一岁左右吧，你爸爸在一旁凶你，好像是你打网球没有打好。当时我就想，如果我爸爸那样骂我，我就再也不打网球了。”我女儿对他说：“那又怎样呀，我老爸当时凶我那他也是为了我好，为了我打好网球，为了我的网球进步呀，我现在上了哈佛，早就忘了那个时候的哭泣，现在的我很快乐呀！”

我的女儿很懂事，也明事理。

我就觉得，我女儿现在很懂事了。我就问她："你小的时候，老爸经常凶你，如果你再把过去的路走一次，你会怎么选择！"

她说："没事儿了，如果我知道我有现在的开心和快乐，过去的那些事情，都是 nothing 了。如果再让我选一次，我还是您的女儿，您还可以那样严格要求我。"

我就想，儿时的快乐，都是浅层的快乐，都是短暂的快乐。等到孩子长大了，上了大学，找到了工作，进入了生活，那个时候的快乐才是真正的快乐。

所以，小的时候对孩子严格一点儿，严厉一点儿，培养孩子努力上进不放弃的性格，对今后孩子的快乐是有益的。

所以我觉得说让孩子开心就好，是对的，但是也不完全对！

很多人都误读了美国的军校

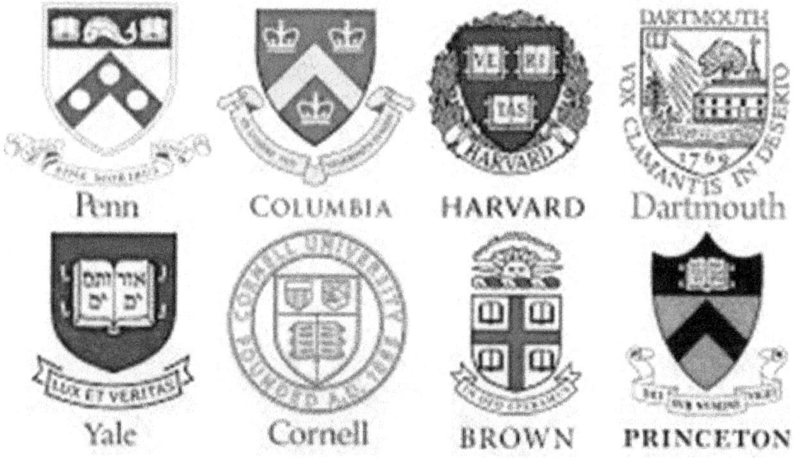

我们大多数的老中都特别重视教育，重视对孩子的培养。也有相当一部分人移民美国就是想让自己的孩子们受到更好的教育。他们从孩子生下来不久就开始对孩子进行教育，上各种学前班，上了学之后各种补习，各种培训，从小学到初中再到高中，然后目标就瞄着各种名牌大学了。

相当一大部分老中的孩子上大学，首选是藤校，然后就是MIT，斯坦福，接着看学校排名和专业排名，很多家庭看到学校的排名在五十名之后，就不怎么考虑了，因此，感觉到很多老中的孩子都读的是名校。

我在子女教育论坛也混了有那么一段时间了。看到了很多虎爸虎妈推爸推妈，也看到了很多很优秀的孩子，进名牌大学，毕业后四十万年薪什么的，俨然人生赢家。

但是，美国还有一种学校，那也是世界上一等一的学校，排名和毕业生一点点都不输给那些名校藤校，但是，这些学校一般都被我们老中忽略或者是跳过，那就是军校。我个人认为挺著名的有这么几所学校：

西点军校（West Point），即美国陆军学院（The United States Military Academy），又被称为美国陆军军官学院，是美国的第一所军事学校，位于纽约州西点（哈德逊河西岸），总面积约 6,500 百公顷。西点军校的校训是“责任、荣誉、国家”，该校是美国历史最悠久的军事学院之一，与弗吉尼亚军事学院齐名。爱国者联盟（The Patriot League）成员。

在 2023 年 U.S. News 美国最佳文理学院排名中，西点军校位列第 9 名。

西点军校不仅培养了 37 批军事家，还为美国培养和造就了众多的政治家、企业家、教育家和科学家。2014 年 US News 美国大学机械专业排名第 5。创建于 1976 年的美国国防大学直接隶属于美国参谋长联席会议，是综合性军事学府。校长一般为中将或由国防部指派文官担任，现任校长罗伯特·卡斯兰中将。

西点军校是全世界最著名的军校，没有之一，西点军校培养出来过无数的人才，

美国空军学院（United States Air Force Academy），又称美国空军军官学院，位于科罗拉多州斯伯林斯，是美国空军培养初级指挥军官的院校。为军队培养出多名著名空军军官和优秀飞行员，数十年来一直是美国军方的骄傲。

据美国空军学院报道，该校培养了 35 名罗德奖学金得主、9

名马歇尔奖学金得主、13 名杜鲁门奖学金得主、115 名肯尼迪奖学金得主、39 名宇航员。

美国海军学院（United States Naval Academy，缩写 USNA），中文翻译为美国海军军官学校，位于马里兰州首府安纳波利斯，因此又称“安纳波利斯军校”，爱国者联盟成员（男子橄榄球队除外，于 2015 年加入 AAC 联盟）。是美国海军培养初级军官的一所重点学校。

该校的主要任务是为海军舰艇部队、海军航空兵部队和海军陆战队培养各种专业的初级军官。学院的格言是“ex scientia tridens”，字面上来翻译这句拉丁文的意思是“三叉戟是用知识铸造的”；三叉戟是希腊神话中海神波塞冬的武器，是海军力量的标志；因此，意译这句话的意思是“制海权来自于知识”。

美国商船学院（United States Merchant Marine Academy）海军的精英院校美国商船学院主要负责培训海军陆战队，基本上为辅助海军，支持海军，尤其是在战时，运送物资和军人，他们基本上都采用军事运输服务。

这几所学校都是世界上一等一的好学校，而且是冠以国字头的学校。

前几天还看到有老中说："好男不当兵，好铁不打钉，孩子肯定不去军校当兵呀。"其实，这是对军校大大的误解。

不论是 United States Military Academy，United States Airforce Academy，United States Naval Academy 还是 United States Merchant Marine Academy，都不是培养当兵的。比如西点军校，有行为科学和领导力系，化学系，EE，CS，英语和哲学，外语系，环境工程系，历史系，法律系，物理学，社会学系，系统工程和人类学系等等。平均班级人数是 15-18 人，甚至比藤校的课堂关注度还要好。

再比如 United States Airforce Academy，在美国是 # 1 Funded Undergraduate Research University，#3 U.S. News Top Public School，#6 Forbes Top 25 STEM Colleges，有生物系，化学系，数学系，历史系，哲学系，法律系，管理系和政治系等等，从学校的专业设置上面来看，这些军校根本就不是很多人认为的那种培养当兵的学校。

United States Naval Academy 甚至还有中文专业和 Quantitative Economics 专业。这些学校，在专业上都是一等一的好学校，而且，从这些学校毕业之后，基本上都是衣食无忧不存在找工作的问题。

好像这些学校都是 D-1 的学校，奖学金是大大的！

美国的军校，都是培养高级人才的学校。我个人认为，上军校是一个不错的选择！

孩子们，有机会就去读军校吧！

孩子爬上了藤，到底开心了谁？

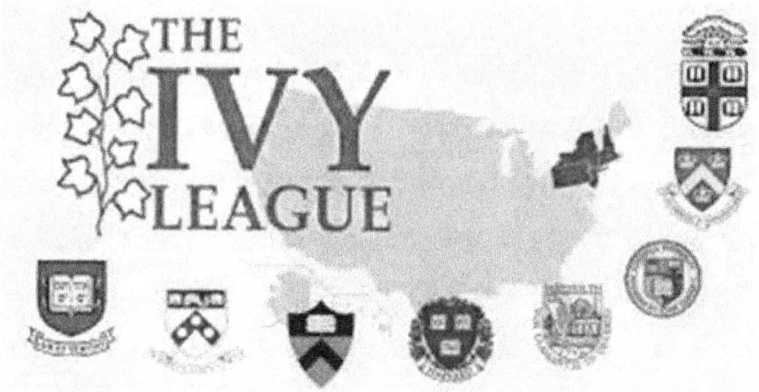

两年前，和我女儿一起高中毕业的一个同学上了藤校布朗大学，这个孩子是个老实孩子，是那种父母让干什么就干什么的乖孩子：不善言辞，学习很努力但是天资一般成绩一般，这孩子属于那种天赋平平但是比较吃苦耐劳心事也很重的那种孩子。孩子刚上了布朗的那个时候，这娃的家长兴奋不已弹冠相庆。每每见到他们，看到他们的脸上洋溢着幸福的红光说话的声音都高了一百六十度，同时也在谦虚地说道："这些年带娃上各种课，读各种补习，参加各种比赛，终于修成了正果，苍天有眼呀！"

但是，这娃经过两年在藤校布朗大学的痛苦挣扎之后，适应不了那种近乎残酷的竞争，终于退学了。据说，这孩子的梦想学校就是家门口的 UCSD 或者是 UCI, UCR 什么的。但是，爸爸妈妈就认准了爬藤，结果，藤是爬上去了，但是，被藤缠住了脖子，呼吸不畅，挣扎了两年，终于退学了。

我就在想，这老中父母从小就设计着让孩子爬藤，千方百计地让孩子上大藤小藤 MIT 斯坦福，好像其他学校就拿不出手似的。估计也没有问孩子想上哪所学校，想学什么专业，反正就和中国的家长一样，一言堂，老爸老妈给你设计好了人生，你就按照老爸老妈设计的走吧！

那有人说了，你牛哥是站着说话不腰疼呀，你家娃爬了藤，你在这里说风凉话，也不怕闪了你的牛舌头。实话实说，我从来都没有考虑过我家娃上大学的事情。因为我女儿从小所有教过她的网教练和亲朋好友都说我家娃绝对就是一个打职业网球的料，我也准备着让她打打职业网球，说不定能拿几个大满贯什么的就功成名就了。但是，孩子十五岁的时候突然说她不想打职业网球，想上大学。我就问，你上什么大学，上哪所大学？她就在手机上一 Google，查到最好的大学就是哈佛。她说，我就是想上大学，那我就上哈佛吧！我当时就觉得她特别的可笑，哈佛可不是你想上就上说上就上的大学。但是后来，哈佛提前录取了她，所有的推荐信，Essay 都是她自己整的，我在她上大学的这个问题上，根本就没有管过一丢丢。所以，我站着说话坐着说话躺着说话，都不腰疼。

我有些朋友的孩子，从小就是按照藤娃养的：上私立学校，参加各种竞赛，参加各种考试，做各种公益活动，学各种课外知识，上学的时候，除了申请大藤小藤麻省理工斯坦福，美国剩下的其它那几千所大学根本就不考虑。但是，最后没有被藤校录取，父母那个失望呀，好像孩子不爬藤就没有前途了似的。

对于在美国生美国长的孩子们来说，能不能爬上藤，还真的不那么重要。

这就回到了题目上问的问题：孩子爬上了藤，到底开心了谁？

我觉得，孩子爬上了藤，挂上了 MIT，挤进了斯坦福，最开心的倒不一定是孩子，最开心、最高兴、最疯狂的应该是父母。孩子爬进了藤，父母瞬间就变成了英雄。我们这疙瘩就有孩子爬进了藤校，父母就开课办班，讲授自己孩子爬藤的经验，都成了一门赚钱的好生意了。

很多时候，父母推孩子爬藤，催孩子爬藤，逼孩子爬藤，一方面是从心底里想让孩子有一个光明的未来，另一方面，也是未来满足父母自己的虚荣心。很多家庭，父母从来都没有问过孩子想去哪个学校，都没有问过孩子的兴趣爱好，都是给孩子灌输爬藤的概念，都是给孩子必须要求爬藤的指令。爬好了，父母欢欣鼓舞，没爬好，父母失落，孩子也跟着失落。

其实，孩子想上什么学校，都会有自己的想法的。其实，十五岁的孩子要比很多五十岁的父母要更有想法，更有知识，更有理念，所以，孩子到了十五岁，就应该尊重他们的想法了。过去“三十而立”的说法已经太老套了，“十五而立”应该是当下的思想，而这个“立”，也应该是思想上的“立”！

嗨，我也就是随口这么一说，你们该卷的卷，该逼的逼，该让孩子爬藤的继续让孩子们爬藤，不然的话，后悔，哈哈哈。

上大学是一件很不容易的事情

今天我环顾左右，周遭都是博士硕士教授高工，这个是院士那个是专家，不是这个学者就是那个研究员，让我感觉到自己真的是谈笑有鸿儒往来无白丁呀！

那是因为我人在美国，周围的人都是从国内出来的“高端人才”，不是这所大学的教授，就是个研究所的高工，每个人都不含糊，好像这些人上大学，读研究生，发表论文，成为院士就和玩儿似的，就是 a cup of tea or a piece of cake。

当然了，我自己也在这些人的行列中，祖父是留洋的老前辈，老爸老妈是国内著名大学毕业生，我自己也读了好多年的书，现在闺女也上大学了，在读书上大学的这个圈子里，我们家算是四世同堂了。

但是，环顾我家的亲戚，上大学的还真不多。我老爸那一支：大伯有四个孩子，只有一个上过大学，二伯四个孩子，没有一个上过大学，三伯三个孩子，也没有一个上过大学，老姑三个孩子，还是没有一个上过大学。我爷爷的十七个孙子孙女，只有三个上过大学，这个上大学的比例还真的不够高！

我老妈那一支还好点儿，我二姨两个孩子，一个上了大学，但是我舅舅的两个儿子，都上的是蓝翔技校，应该不算大学。我家里的其它亲戚里面，也是没有上大学的人比上大学的人多。

因此我得出一个结论，上大学也不是一件特别容易的事情。

我在出国之前在中国的一所大学里面当过十年的大学老师，我就发现一个很奇怪的事情。我在的这所大学里面很多大学老师的孩子，都没有上过大学。不少的大学老师在孩子高中毕业之后就安排自己的孩子在大学里当教辅，做后勤，当电工，管食堂什么的。让他们的孩子早早地进入社会，早工作，早挣钱而不是让他们继续读书。我个人认为，大学老师在大学里工作教书，对于想上大学的孩子还是可以提供一个近水楼台的，但是，很多的老师选择了让他们的子女工作而不是上大学。这是一个让我怎么想也想不通的地方。

因为我们自己的圈子，我可能遇到了更多的人有大学文凭，但是，真正的生活中，现实的世界里，能够有机会读大学的人还是不多的。也就是说，能够上大学也是一件挺不容易的事情。

不容易，干什么都不容易，什么事情干好了，都不容易。我就是从不容易当中走出来的。

唉！

家长凭什么要给孩子们安排前程?

我经常逛文学城的子女教育论坛俗称紫檀，逛着逛着我自己就湿了鞋。

我经常看到紫檀那些特别负责任的父母说：我要让我的儿子学医！我要让我的孩子当一个眼科医生！我要让我的孩子学 CS！我要让我的孩子学生物！我要让我的孩子学 AI！我要让我的孩子当律师！我要让我的孩子学经济！我就让我的孩子像我一样当一个码农！我要让我的孩子也奔向四十万！我要让我的孩子当这个当那个做这个做那个的！反正，他们孩子们的前程就是由孩子们的父母来决定的。

我个人认为，这个事情好荒唐呀！

以我自己的经历来作为例子：在我很小的时候，我姥爷就想让我学一门手艺，比如修电匣子呀，修电话呀，修自行车什么的，姥爷说有一技在身，这一辈子都饿不死。我没有听我姥爷的，如果真的听了我姥爷的，现在是一个修电匣子的或者是修电话修自行车的，我估计早就在马路边上要饭了。

我老爸就想让我当一名医生。老爸的观点是：人总有生老病死，永远都需要医生，而且医生这个职业是越老越有经验，越老越值钱，所以，我上大学的时候，我老爸一直暗示我要去医学院读书，我就假装听不懂，没有去医学院读书而是读了招生老师能忽悠的学校和我自己喜欢的专业。但是到了后来，我到医学院读研究生，也不是为了当医生，那是后话。

我的老妈则一直怂恿我当律师，说律师今后在中国是一个有前途的行业，我上大学的时候，中国还没有什么法律基本上就是领导说了算，我也觉得律师也搞不过法官，法官也搞不过书记，书记也要听党的话，而党，一直在拨乱反正……于是，我也没有听我妈的怂恿去当一个律师。

最重要的是，我认为我姥爷的思维是三十年代、四十年代的思维，我老爸老妈是五十年代、六十年代的思维，我那个时候，已经是七十年代、八十年代的思维了，我在思维上，只能向前看，不能朝后走，因此，不管他们有多么德高望重，他们对我有多少养育之恩，在选择我自己未来的这个问题上，我坚决不能听他们的，哈哈。

最后，我选择了远走高飞。

斗转星移光阴荏苒，到了我女儿上大学的时候，已经是 2020 年了，我给不出我女儿任何建议，也没有能够给我女儿安排前程。十八岁的她，有主意，有主见，有思想，有理想。和我有几十年的思维差距，让我不可能给她安排她的未来。

当然，我也尝试过培养她打职业网球，但是，不管她多么有天赋，不管她当年的成绩有多好，但是，她自己不愿意。我想可能是她不喜欢不停地 Travel，抑或不喜欢每天都累得像条狗一样。反正，她没有按照我的意愿去当一名职业网球运动员而是选择了上大学。

上大学的所有程序都是她自己走的，自己申请学校，自己去参观学校，自己写 Essay，自己找老师写推荐信，自己去面试，自己折腾来折腾去的，那个时候我从来都没有在文学城的子女教育论坛问孩子上大学怎么写 Essay，没有在文学城的子女教育论坛问怎么样要推荐信，没有在文学城的子女教育论坛问到底去哪个学校好，在我家娃上大学之前我和文学城的子女教育论坛基本上就没有什么纠结，不过最后还算她运气好，被大学录取了。

她上了大学之后，修什么课选什么专业，也是她自己做主，我都不稀罕知道了，反正，从小我就是一条规矩，你要读书，就要拿 A。

反正，孩子的前程，孩子自己做主！到目前为止，孩子自己做主上的大学，读的专业，做的事情还都不错，比我想象的还要好！

我们这一帮老鬼和老女鬼，思维至少比现在这些孩子们落后三十年甚至更多，用三十年前的思维来评判现在的世界，那肯定是会有一个巨大的落差的，所以，我看到文学城的子女教育论坛那么多的父母为他们的孩子们设计前程，我那个着急呀！

着急也没用，孩子又不是我的！

反正，我是想不明白这些父母凭什么要给自己的孩子设计前程，安排前程。

唉！

一篇博客将近七十万次的点击量，挺好无感！

前些日子，我写了篇博客题目是《孩子爬上了藤，到底开心了谁？》因为是有关教育题材的博文，我就顺手发到了文学城里面老中们最喜欢谈论爬藤的论坛，也是我常在那里走来逛去，最后也湿了鞋的子女教育论坛，也就是我们常说的“紫檀。”

紫檀的坛主识货还特别给我面子，顺手把我的小文在子女教育论坛给置了顶，悬浮在子女教育论坛的第一层，以非常环保的醒目绿色呈现，这样，去紫檀逛的志士仁人一眼就能看到我的博文了，荣耀之至！

两天过去了，我的小文居然还在上面漂浮着。于是我就点击进去看一下，有没有什么人留言，有没有什么人楞怼，有没有人说闲话，有没有人送鲜花之类的。结果一看，我有点小诧异。

本文已被阅读：458514 次

居然有超过四十五万次的点击量，这真的是出乎我的意料之外，一篇小小的博文，几天之内竟然有超过四十五万次人阅读，我心荡漾。（我一直在想，每个人读一次就给我一块钱，我就是四十五万次美刀 richer 呀，想想都美好！）

我又仔细数了数，是四十五万次，不是四万五的电击吧？

其实，四十五万次这还不是我的博客中被点击次数最多的一篇博客。2019 年我发在紫檀的一篇博客，题目是《上大学选全奖州大还是上付钱大藤》，那个点击居然是：

本文已被阅读：696847次

这要是读我的博客的人每一个人给我一个美刀，那我就可以买度假屋了，哈哈哈。我只能说，紫檀的紫民们，我喜欢你们！但是，也鄙视你们的那种读了美文却舍不得捐款的抠，哈哈哈！

我要是读了别人的美文，我一定要表示表示，哈哈哈。（但是，我就是怕表示表示，所以我从来不读别人的美文。）

其实，人到中年，这些都是身外之物了，自己在家里吃点儿饺子面条卤牛肉，喝点儿咖啡酽茶疙瘩汤，自己享受人生就行了。什么点击量不点击量的，胡凯尔斯？

对了，昨天还有大侠专门发博客歌颂本牛了，歌颂得特别到位，哈哈哈！

今天星期六，上帝都要休息，我们好好过这个周末！

祝你我他都开心！

不是谦虚，我真的不是这里带娃的天花板！

大家都说，有人的地方就有江湖，有中国人的地方就有很多的江湖。看来，江湖是一个无处不在的好地方。（现在的说法是：有网络的地方就有江湖！）

在我自己生活了几十年的南加州圣地亚哥，就有一个又一个的江湖，也有一个又一个中国人的江湖。我自己好像也在江湖之中，不过，我自己的江湖很小，只是一个享受自己，培养孩子的江湖。不过，我十年磨一剑，这些年来我把孩子培养的还不错，所以，自居为我这个小江湖中的老大，也算是给自己一个交代，给自己命名为：江湖大佬牛员外！

自从孩子上了大学到外面的世界闯荡江湖，我就在这里的小江湖里隐退了，每天喝茶饮酒餐美食，音乐电影看风景，生活得很惬意。外面的江湖上有孩子的传言，都是正面的消息，我也就不操心不担心，自得其乐了。

不过，近来在我们这疙瘩我也听到一些江湖传言，一些有关我本人的江湖传言比如牛大哥已经过气了，牛大侠风光的日子已经没有了，牛员外早已跌落神坛，我听了也就是一笑罢了，谁还能够永远在江湖上叱咤风云呢？很多年前，我的女儿还没有上大学的时候，江湖上就有一位大佬这样评价过我：“你可以不服牛哥，但是，你超不过他！”我听了之后特别的受用，就特别想请这位大佬吃饭！

不过，在我隐退江湖的这几年，也一直不断有人来拜访，向我请教培养孩子的法门，我都把我过去的经验全盘托出，有人开心有人受益有人赞叹有人感激，他们很开心，我也很开心。我能帮到江湖朋友，我能让江湖朋友的孩子成长，我真的很开心！

至于谁是这里江湖中教育孩子的牛叉大佬，WHO CARES?

有的朋友想请圣地亚哥教网球教得最好的史大侠当师傅，但是苦于无门也拜不了师傅，有自认为自己是培养孩子天花板的阿猫阿狗们也说：想找史大侠呀？没个五年八年的苦熬，根本就别想！但是你想找唐大侠呀？至少要排队一年两年吧？这些自诩自己是在圣地亚哥培养孩子天花板的人都说话了，这就让很多人投师无门无路可循，他们只能郁闷了。

但是，我这个人特别好说话，也乐于助人。只要是有朋友找到我，想找史大侠教授武功？我给史大侠发个求助帖子，史大侠秒复："安排！"有朋友想找唐大侠教授武功，我给唐大侠发封鸡毛信，唐大侠秒复:"立刻安排！"看来，我牛哥虽然隐退江湖多年，但是，江湖上的同道中人还是非常给我面子的。

我心释然！我隐退多年，我在江湖上依然有好朋友！

朋友的孩子们从师于史大侠、唐大侠、刀大侠等名师，球技大涨武功大进，他们的父母杀猪宰羊的感谢我，那是真心地感谢，我也就不推辞了。猪头肉，酱猪蹄，白切羊肉，羊蝎子一盘一碗的招呼，当然还有好酒，我太开心了，助人为乐吗，还有美食美酒，巌闹特！

感谢我的同时，孩子的父母说了："牛哥，江湖上很多大侠一直都说他们自己是圣地亚哥网球江湖培养孩子的天花板，我们也一直认为他们是圣地亚哥网球和培养孩子的天花板，没想到，牛哥您才是真正的天花板！"

我微醺："我？我真的不是圣地亚哥网球和培养孩子的天花板，我真的不是！他们才是天花板！"

"牛哥，您太客气了，您真的是天花板！"

"别，别，别，我不是客气，我真的不是天花板！"

"您都这么成功了还不是天花板，那您是什么呀？"

我是什么？我是什么？我沉吟片刻。

"我是苍穹吧！"

我真的没喝醉，哈哈哈。

人到了50岁：
就不要再去取悦谁了
宁可孤独，也不违心

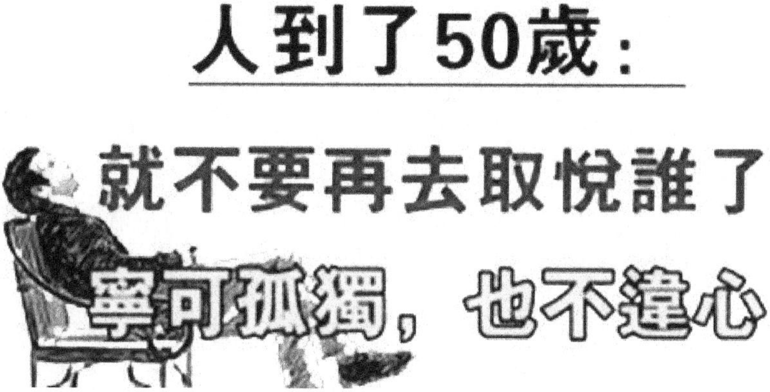

除了脑子，说他什么不行都行！

因为新冠病毒在全世界流行，我很久都没有被邀请参加活动了，这个周末，有一个乒乓球团体要去参加全国比赛，组织者老刘特意来请我去给看看。我一开始还谦虚一下："刘兄，我打乒乓球不在行，虽然认识很多乒乓大咖，但是我自己的水平很差，恐怕不能胜任呀！"后来，架不住人家死缠烂打地请:"牛哥，不是请您来打球，而是请您来给这些孩子挑挑毛病把把关，我们选择队员参加比赛的时候，也有一个权威的参考，我们知道您原来是专业运动员，见多识广，您就抽空来给指导一下吧。"

唉，谁让我德高望重来着，谁让我好说话来着，我只好就半推半就了。

到了比赛场地之后，我被安排在雅座（哈哈哈），刘兄向大家介绍："我今天专门请来了前国手牛哥，给大家看看孩子们还欠缺什么，以后在训练中要加强什么，在比赛中要注意什么，牛哥主要是来提意见，给批评的，好话牛哥就不用说了，家长们都特别为自己的孩子骄傲。您主要就找不足，看缺点！"

"我们还从临县尔湾请来了前蒙古队的高手，也帮着给大家看看！"

我环顾一下，只见一位蒙古大汉坐在我旁边，面带微笑。我也点头示意，用蒙语问好。

"Сайн уу，сайн уу Тайвань"

也没有双方起立高唱国歌，这比赛就这么开始了，孩子们捉对厮杀，有男子单打，有女子单打，有男子双打，有女子双打，还有混合双打。刘兄提供了可乐雪碧白开水等饮料。整得挺热闹的！

话说是内行看门道，外行看热闹，我看着比赛，也在暗记着每个孩子的优点缺点什么的。倒也挺好玩儿的。

俩小时过去了，比赛结束了。刘兄把孩子们和家长都聚集到了一起开始讲话："今天的比赛是一个团结的盛会，友谊的盛会，孩子们打出了风格，打出了水平，友谊了第一，比赛了第二，下面，请牛哥给我们总结一下，只说缺点，不提优点，以利于我们相互学习，取长补短，前进，进步！大家鼓掌欢迎！"

我去，这个老刘还够老套的。

吃人家的嘴短喝人家的也嘴短，拿人钱财替人消灾，我就站起来向大家致意，就开始实话实说了。

"这位一号桌的单打软（Ryan），技术比较全面，但是力量欠缺，耐力也不好，前面几局都不错，到后面脚步移动就慢了，我觉得，软应该硬一些，加强一些耐力训练和力量训练。"

"是的，我们家娃从小就弱，吃得少还挑食，到现在都是弱不禁风的，跟他爸一个样子，干什么都像面条一样特别的软。"人家妈站出来自嘲了，我也不能继续了，因为我真的不知道人家爸爸是不是干什么都像面条一样软。

"一号桌的另一位单打不软（Bryan），反应速度稍微慢了点，很多球都慢半拍，应该加强一下注意力，提高一下反应速度。"

"这孩子从小就慢，现在还快多了，小时候的外号叫考拉，拉屎都比别人慢。"不软的妈妈也出来自嘲，一点儿都不给孩子留情面。

"二号球桌的瞪眼同学，技术稍微粗糙一点，因此在技术上应该加强。"

"我们家孩子不叫瞪眼，他姓邓，叫邓延，英文是 Deng Yan."人家爸爸出来纠正我的错误了。我很惭愧呀，居然不知道 Deng Yan 就是邓延。

我立刻抱歉！

接下来，基本上每一个孩子都提出了中肯的意见。每个人也就是一条两条应该改进提高的地方。大家也基本上表示服气，都表示今后在训练中要加强训练，填补孩子的弱项。我说完之后，主持人刘兄说："下面，我们也请我们另外一位嘉宾说一下，从另外一个角度看看孩子们有哪些需要提高的地方。"

于是，蒙古大夫出场！

"刚才牛哥都总结了，总结得很好很到位。我就不多说了，我只说一下牛哥忽略了的一点。"蒙古老兄还挺给我面子，心领了。

"一号球桌的软，三号球桌的迪克和四号球桌的 He，你们打球除了刚才牛哥说的那些缺点之外，我认为你们的脑子不行，打起球来就是没脑子！"

哇！这下可炸了锅了，那几个孩子的家长站起来就怼："我们孩子怎么没脑子了？难道你就有脑子吗？""啊？说我们家孩子没脑子，你这说的是人话吗？""你这是典型的脑子歧视，我看你才是没脑子！"现场整个是乱了套了！

我赶紧出来给这位直爽的蒙古大叔打圆场，老刘也出来说好话，这会场乱了半天，好不容易才平静下来，但是，结果是不欢而散！几位家长还对蒙古大叔怒目而视！

通过这次的事件，我总结出来一条：说人家孩子什么都可以。身体素质差，速度慢，力量不足，技术欠缺，经验不够，打法不凶狠，好胜心不够强等等都行，就是不能说孩子脑子差，哈哈哈。

唉，人都是爱听不真实的好话，而不愿意听真实的好话，尤其是有关脑子的，哈哈。

我以后见到脑子再差的人也不能说人家脑子差，人家老美就不说脑子差，人家说 Mentally challenged，哈哈哈。

说话要斟酌，祸从口出！

家长应该从什么时候开始尊重孩子的选择？

昨天，我收到一个微信邀请，是我们这疙瘩的羽毛球爱好者俱乐部的，邀请得很诚恳，希望我这个骨灰级的羽毛球老鬼去参加他们的羽毛球活动，也发挥一点骨灰的余热。我肯定是婉拒了，因为我退役多年挂拍多年起码有二十年连羽毛球拍子都不摸了。

但是，邀请人还锲而不舍：“Halim 也在这里教球，你们可以一起打双打呀！”

“非常感谢，Tony 和 Taufik 到我这里来玩的时候，我都不打球，只是去一起吃吃饭，Halim 还真诱惑不动我。”我真的不想打羽毛球了。

人家话题一转：“我们一家人都是羽毛球迷，我儿子几年前也弃网从羽了，现在师从 Halim, 也打得像模像样的。我们一家经常在一起娱乐。哪天请您来指点一下。”

“弃网从羽？为什么呀？羽毛球在美国好像和乒乓球，拔河，斗拐拐一样，是没有什么前途的运动呀，大学里面都没有羽毛球队。”我的想法可能比较现实，没有人家那么浪漫。

“我们家娃从四、五岁就开始打网球，后来我们都打羽毛球，他也要跟着打羽毛球，8 岁的时候就弃网从羽了，现在明白了，打羽毛球就是一个锻炼身体，打网球说不定还能在上大学的时候有点儿帮助，但是，现在再让他打网球也稍微晚了点儿。”人家又说：“我们当时还征求了孩子的意见，说你是选择网球还是选择羽毛球呀？

孩子说羽毛球，那我们就没有理由拒绝了，我们要尊重孩子的选择呀！”

我滴那个晕呀，尊重一个八岁孩子的这种选择，在我看来这父母就是糊涂！

我八岁的时候，就知道玩，还知道听老师，听父母的话，自己对世界基本上是一无所知。那个时候如果让我选择一项运动，我估计就选择爬树了！

我就问了一句：“如果你儿子八岁的时候选择打算盘或者算卦占卜，那你们是不是也尊重他的选择呢？”

尊重孩子的选择没有错，但是，要尊重孩子什么样的选择，什么时候开始尊重孩子的选择。这是做父母应该清楚的事情！

孩子一岁的时候，尊重孩子抓周的选择。

孩子两岁的时候，尊重孩子是走还是跑的选择。

孩子五岁的时候，尊重孩子玩什么玩具的选择。

孩子十岁的时候，尊重孩子做家务的选择。

孩子十五岁的时候，尊重孩子交朋友的选择。

孩子十八岁的时候，尊重孩子上大学的选择。

但是，在孩子几岁的时候选择一项一生都参与的运动的时候，父母应该给予孩子指导，给予孩子正确的方向，给予孩子适合孩子的建议，而不是在那个时候听从孩子的选择。毕竟，八岁的孩子还处在一个对这个世界懂个屁的阶段。

什么时候开始尊重孩子的选择，尊重孩子什么样的选择，这是一个考验父母智商的事情。

不说了，也许人家做错了呢，哈哈。

我去喝茶！

再看女儿打网球

2018 年的年底，在佛罗里达州举行的美国青少年网球冬季冠军赛 18 岁组的比赛，是我最后看我女儿参加美国的青少年网球比赛。因为在那次比赛快结束的时候，一个大学的网球教练向她抛出了橄榄枝："来我们学校吧，我们学校是一个还不错的学校。"我女儿想都没有想也没有半点迟疑，立刻就答应了。那是她收到的 2019 年最好的新年礼物！

美国网球协会在佛罗里达奢华的网球设施，有 100 块网球场。

从 2018 年的那次比赛之后，一直到 2020 年她上大学，她都在开始准备上大学的事情，虽然每周也去网球俱乐部训练，虽然也和小朋友们一起打网球，但是，比赛就再也没有打过。被大学录取了，她也就没有了比赛的动力了。

我从 2010 年开始带她开始打网球，几年来全年无休，最后被大学提前录取，我也松了一口气，孩子不想比赛，那就不比赛了呗，我也正好休养生息，干点儿我自己喜欢的事情。

今年她的教练 Steve Adamson，为自己的学生们举办了一个盛大的圣诞节网球聚会。他教过的学生们都收到了邀请。不仅仅是学生，学生家长们也收到了邀请，在我们这里有 24 块网球场的 Barnes Tennis Center 隆重举行！

先是由教练一一介绍老运动员们：有读医学院的未来神医，有普林斯顿的在读生，有准备打职业网球的伯克利的学生，有斯坦福的品学兼优的高才生，有读商学院的有志青年，当然也包括我的女儿。被介绍的老运动员们一一入场，还和原来一样，我女儿一个女孩儿，十一个男孩儿，一个中国女孩儿，十一个外国男孩儿，那是 Steve 教练从 2012 年到 2020 年 教课的常态。但是，现在不同了，教练新的团队里，一半儿的女孩儿，一大半儿的中国孩子。逼的教练的两个儿子都开始学中文了。

Steve 是一位很厉害的教练，全国青少年男女各前十名的孩子，他一个人的学生就占了五个。他的学生得的金球，摞起来比人都高！

这个大聚会其实也就是一个网球交流的赛事，孩子们捉对厮杀，单打双打网前逗小球，奖品是三张百元大钞，还是蛮吸引人的，哈哈。

家长们也都是很久不见了，原来带孩子上网球课的时候，一个星期见好几次，孩子们上大学了，就不见面了，而且好几年都不见了。不过，见面之后，依然亲切，嘘寒问暖的，真诚流露！

我看我女儿和原来在一起打球的孩子们一起练球，球风依然是那么凶猛，看着还是那么过瘾，唉，很多人都说这闺女不打职业网球可惜了，但是，她自己选择了上大学的道路，自然有她自己的道理。再说，放着那么牛的大学不去，今后干什么都会后悔，哈哈。

四年之后，再看女儿打球，嗯，好看！

女儿的一通电话就是一道圣旨！

转眼一个寒假就过去了，女儿的学校月底就要开学了，她又要远离家乡，到那个冰天雪地的地方去读书了。但是这次她要早走两个星期，因为她要代表学校参加一些校际的网球比赛。常春藤这个体育联盟，总会有一些莫名其妙的比赛。

和我小的时候一样，代表国家队去比赛，不管是节日还是假日，只要队里有召唤，那就是打起背包就出发。现在女儿也是，代表学校参加校际之间的网球比赛，提前就要走了，我也特别特别的理解。

女儿还是比较自立的，回家和去学校的行李都是自己收拾，我想插手都插不上手。衣服裤子鞋电脑球拍什么都是人家自己搞定。其实，最麻烦的倒不是收拾行李，最麻烦的是和她的那些狐朋狗友告别，一个接一个，一个接一个，第二天早晨六点就要上飞机了，头天晚上十一、二点还和这个告别和那个告别，也不嫌麻烦。

早晨六点来钟，开车送她去机场，一切都特别顺利。

早晨从圣地亚哥出发晚上才到波士顿，一切也那么的顺利，一夜无话。

第二天早晨五点，女儿就发来短信：今天开始训练了，明天要去达特茅斯比赛。

加油呗！

今天，闺女打来电话："老爸，我有两个大的网球包没有带，是学校发的，我们比赛必须带那个包。您能不能帮我寄来！"

"你不是带了一个红色的 Wilson 的网球包吗？"有的用不就行了吗？

“学校要求，必须带学校统一发的网球包！您就受累帮我寄来吧。”

“我寄去还要时间，你不如自己再买一个新的，省时省力省钱！”

“不行呀老爸，那个是学校发的，买不到呀！”

唉，没办法呀，女儿的话现在就是圣旨！我只好把她的地址打出来，把网球包拿上，准备去 UPS 给她寄去。

星期六下午两点钟，该开门的 UPS 不开门，该开门的 Postal Annex 也不开门，我只好去了就近的邮局！下那么大的雨，邮局的人还挺多。邮局没有那么大的箱子来装网球包，工作人员让我用胶带把网球包给绑紧，然后才可以邮寄。

唉，我就把那个网球包来了个五花大绑可费老劲了，最后整得像个包紧的粽子。然后，连地址一并给了邮局的工作人员。人家一称一量一看一报价，吓了我一跳，一个几磅的网球包，从圣地亚哥寄到波士顿要一百二十一刀！

邮局的这一刀，砍得够狠！

还能有什么办法，就让人家砍一刀呗。给自己家的闺女寄东西，就不能考虑价格了。给闺女寄走网球包之后，把发票和图片给女儿发了过去。

“老爸，这么贵呀？！”

连花钱一向大手大脚的闺女都嫌贵了。

“没事儿，不就是几个钱吗！”

“谢谢老爸……”闺女在电话那头，肯定特别内疚。

……

今天女儿发来短信：“今天我打的单打和双打都赢了。”

看来，这钱花得值了。

澳网今天开始了，这两天要去一趟墨尔本！

最毁孩子的就是各种补习班！

补，这个字，应该是中国人特有的，如果这个字有专利的话，这个专利应该是属于中国人的。再细分一下，应该是属于中医的。在我小的时候，我们家隔壁就是中国著名的中医赵炳南，他有两大神技，第一是药引子，第二就是会给病人补：补心补脑补肾补水补肝补脾补眼补钙反正身体有什么器官，神医赵大夫就能补什么，你缺什么，神医赵大夫就能给你补什么。

我们伟大的广东，是中国最补的省份，春天补，夏天补，秋天补，冬天补，一年四季都在补，喝各种补的汤，用各种补药，吃各种补的食品，最后广东人自己把自己给补得前边搓板一片儿，后面糖葫芦一串儿，成为中国人中最瘦一族！

如果瘦成这样，可能需要补一补。

我们老中的补，那可是真的神奇！

我就是改不了这个爱动脑筋，爱分析研究的坏毛病，补？为什么要补呀？衣服破了，补了才好看。鞋子破了，补了才好穿，被子破了，补了才好盖，屋顶破了，补了才好住，反正，不论什么东西，不完美了才需要补，是不是这个道理？

我一下子就想到现在的很多老中家长给孩子们补课，上各种补习班。如果孩子和衣服、鞋子、被子、屋顶一样，破了才需要补或者是不够好才需要补，那么，上补习班的这些孩子，都是学习成绩差、比较差或者是很差的孩子吧？

很多第一代到美国的老中，都是国内名校毕业，在国内都读过小学中学大学研究生什么的，他们都认为美国的小学初中高中学的东西都太浅，都认为自己的孩子的智商应该小学的时候学初中的课程，初中的时候学高中的课程，高中的时候就应该学大学的课程了。因此，置美国积两百年的完善教育体系于不顾，视美国两百年来由科学家，教育学家，数学家，统计学家，心理学家，生理学家，政治家等著名人物所设置的教育系统于无物，自己自作主张，给自己的孩子补！

放了学之后补，周末补，放假之后还补，各种补习班，各种补习班，各种补习班，把孩子们都补成了广东人的样子。

我觉得，全世界没有一个教育系统有美国的教育系统这么完善。这么科学地根据孩子的生理生长，心理发育来设置教育体系的。很多中国家长，在已经非常完善的教育体系上面，还要加各种补习班，我觉得有一句成语说得贴切：揠苗助长！

小学居然有补习班，给小学生补什么呀？字儿还没认全呢？

如果，有些孩子的成绩不够好，那么，家长为什么不把时间花在让孩子们好好学习学校的课程方面，而是让孩子在学校的成绩拿了 B，然后到补习班补另外一个 B 呢？我是怎么也想不通。

我认为，有钱烧的才去补习，哈哈哈。

我觉得很多人都知道美国的小学、初中和高中的课程一点点都不难，只要稍微用点儿心，只要稍微努力一点点，学校的那些课程，都可以轻松掌握。

我觉得，很多家长都没有思考过“补”的这个哲学问题。我觉得，不够好才需要补，有问题才需要补，如果孩子正常，补什么补呀？而且，最让我想不明白的是：那些学习好，学习特别好，和学习特别特别好的孩子们，也要去上各种补习班，难道这就是新买了一辆大奔，自己再给新大奔刷一层漆吗？

我的孩子，从来都没有上过补习班，而且一点儿都不比上了 N 多补习班的孩子们差，而且，轻松上了大学，上了大学之后，也很轻松！

补什么补呀？

现在的孩子们都是人小鬼大难招架!

很多家长在孩子很小的时候，都认为自己的孩子天真、幼稚不懂事。家长们都用自己的经验，知识和认知能力来评估现在孩子们的能力。这样的家长们，往往就犯了一个很大的错误，那就是大大地低估了孩子们。

现在的孩子们，用老百姓的话来说就是：人小鬼大难招架！

在当今这个信息时代中，孩子们获取知识的途径和速度，是被很多家长忽略的。我小的时候，获取知识的途径只是读书和生活经验，一点点一滴滴的积累，一点点一滴滴的成长，成长的速度和成熟的速度和我们的父辈没有太多的区别。年复一年日复一日，除了特别有天赋的一些孩子，读书的读速快一点，淘气一点的孩子，接触社会早一点，其他所有的孩子，都差不多，都在排队当共产主义的接班人！

但是，现在的孩子们大不同了。除了书本之外，电视手机互联网里面的知识像潮水一样，每天都把孩子泡得浮浮囊囊的，想不学知识都不行。因此，现在孩子们脑子里所掌握的知识，比家长们认为他们所掌握的知识要多得多得多得多。很多时候，家长说出话来，孩子们不反驳，只是在心里白家长一眼："切，这个我早就知道了，你说的根本不对！"

孩子们的成长，是一个天然的过程。孩子要适应家庭，适应父母，适应学校，适应社会，他们很早就学会了如何应付这个世界，他们很早就知道如何利用各种关系让自己处于一个有利的状态。如果家里有两个以上的孩子，老二、老三或者更小的，更懂得如何生存，更懂得如何驾驭各种关系。一般来说，老大都比较聪明智商比较高因为从小老大就有更多的关注更好的营养更满的爱，而后面的孩子们则情商比较高，他们绝对知道如何争宠，绝对知道如何才能更舒服的生存。

因此，父母们的挑战就来了：如何做一个让孩子们尊敬，让孩子们爱甚至让孩子们崇拜的家长呢？

家长有更多的压力，除了给予孩子们足够的爱之外，还要努力学习努力获取更多的知识和信息，不能说要超前孩子很多，但是，起码不能落后孩子太多。这样的话，就能保持家长在孩子们权威的惯性，不至于被孩子们在心理上抛弃家长。

家长们要学会尊重孩子们的知识和能力，要细心观察，审时度势。现在的家长，已经过了那种可以自以为是的年代了，已经过了那种怀揣一本祖传秘籍就可以装模作样摆谱的年代了。现在家长所掌握的知识和信息，孩子们也都知道，只是孩子们吃你的饭，花你的钱，穿你的衣，住你的房然后给你一份尊敬罢了。从知识层面上来说，孩子们比大人们强，而且是强得太多了，不论家长们承认不承认，孩子们就是厉害。（专业知识应该不在这个讨论的范围之内。）

在现在这个时代，能够在家里搞定孩子们，对家长是一个极大的挑战！

唉，家长们，加油吧，不然很快你就会失去孩子对你的尊重和崇拜，哈哈哈。

孩子已经成为一匹脱缰的野马！

我小的时候，我的爸爸妈妈姥姥姥爷在家里对我的管教是相当严格的：在家里要听家长的话，到学校要听老师的话，在家里帮家里干家务活儿扫地倒垃圾带弟弟顺便洗碗，到学校要努力学习当班长当学习委员当三好学生等等不一而足，而且，我一直都拥有多重管教：父母的管教就不用说了那是不可或缺的，父母的上面还有姥姥姥爷管我，他们因为要对我的父母负责因此管我比我父母还要严格。到了学校有老师管着，后来到了国家队之后还有教练、教练组，领队、队医以及师兄们管着，所以，我在上大学之前，上下左右前后四周都有人管着我。而我，也一直酝酿着怎么能够不被这些家长老师教练和兄长们管教。

自从上了大学，我就成了脱缰的野马。远离了父母和姥姥姥爷，家里的那些缰绳就拴不住我了。离开了国家队，教练领队和师兄们也管不着我了。大学的老师们，都忙着提职称涨工资分房子，根本就没有想管你，而带工资上大学的我，那就是一个撒欢儿！每天包围着我的就只有两个字：自由！

从 17 岁开始，我就自由了！世界在我面前那就是海阔天空，任我信马由缰！北京待不住了，中国待不住了，就开始在世界范围内游荡！

我的女儿，小的时候被管教的层次没有那么多，起码没有姥姥姥爷管，也没有教练领队管，她的师兄基本上都没有资格管，因此，我的女儿只有我管的比较严格。所以，拴住我女儿的缰绳并不多。但是，我知道她一直有一颗不安分的心，哈哈哈。

15 岁的时候，自己就去考了笔试，拿到了临时驾照，每天有机会就要开车。等她拿到了正式驾照，就要自己开车了。我说不行，我必须坐在旁边，你还没有自己开车的能力。女儿说："老爸，我的驾照是政府的 DMV 发的，政府发给我驾照，那就是政府都承认我有单独开车的能力，也就意味着我有自己开车的能力了，不是吗？"

咦？她说得也对，我也没有理由坐在旁边盯着她了，就让她自己开车，反正早晚她都要自己开车的。因此，16 岁的时候，她就自己开车上学训练见朋友了。但是她最常和我说的是："老爸，车快没油了。"

一转眼，女儿上了大学。在南加州长大的孩子还真的适应不了东部的寒冷冬天。上大学之后，女儿三天两头打电话："受不了了，太冷了，我要回家待几天了。"放春假呀，没有考试呀，感冒了呀，要面试了，见朋友了，反正，找个借口就回到四季如春的圣地亚哥待几天。我觉得这娃还挺恋家的。

但是，好景不长，第一个学期过了之后，孩子就野了。放假也不回家了，要和同学朋友去玩儿了，跟着学校的网球队四处比赛，波多黎各采风，科罗拉多滑雪，宝岛台湾饕餮，还要去日本、韩国、非洲什么的，反正，家里永远都是第二重要的。

今年她们学校马上要春假了，原来说好的回家待个十天八天的，我还想着带她去哪儿吃饭呢。结果，临回家的前一天打来电话："老爸，我先和朋友去科罗拉多滑雪，差不多五、六天就回家了。"

我知道，我的缰绳太短太细，拴不住她了。

想想我自己，也是很小的时候就自己闯世界了，她现在，就是几十年前的我。既然缰绳太短太细拴不住野马，那就干脆不拴了，任她信马由缰吧！

孩子能够早点儿走入社会，闯荡江湖，是一件好事儿！

什么时候带孩子去周游世界比较合适？

看到很多的父母都在孩子很小的时候就带着他们周游世界了，那些孩子也就是刚会走路，可能孩子还在牙牙学语，或者孩子还在上幼儿园上小学的时候，就被父母带到亚洲、欧洲、非洲、美洲、大洋洲去周游世界了。这些有眼光的父母就带他们在世界各地转悠了。说是要带孩子开眼界，了解更多的东西，看看这个世界和我们的生活有多么的不同，话语中带着肯定，带着自豪，带着大国风范。

其实，我倒是觉得在孩子很小的时候就带他们去周游世界，并不能收到很好的效果。因为孩子的心智在小的时候，还没有完全，孩子的知识结构，在小的时候也没有建立起来。一个几岁的孩子，懂不了红场，懂不了美人鱼，懂不了埃菲尔，懂不了比萨斜塔，懂不了格林威治，懂不了大笨钟，懂不了泰姬陵，懂不了罗马斗兽场，懂不了尼罗河，也懂不了金字塔和人面狮身像，懂不了伊丽莎白桥头的那两头狮子。更懂不了莎士比亚，托尔斯泰，甘地和大小仲马。即使有些神童在三岁就会背唐诗三百首，那也就是死记硬背，懂不了陆游的一饮五百年，一醉三千秋，更懂不了李白的但愿长醉不愿醒。

孩子在上初中之前，就是玩。对于孩子们来说，到迪斯尼玩，到环球影城玩和去印度玩，去日本玩，去英国法国德国意大利匈牙利玩没有什么区别，估计孩子们更喜欢去游乐场去玩。没有知识的积累，没有文化的底蕴，孩子们懂不了历史留下的痕迹，也懂不了文化留下的辉煌。

想想我自己，十岁之前的记忆也就是破碎的片段。记忆最清楚的就是我姥姥做的炸茄盒。我出国在中国人中间也不算晚。但是，我十几岁的时候跟队去比赛去过不少国家，但是我几乎什么都记不得了。我的记忆不是最差的，但是，如果不是苦苦回忆，很多很多事情都记不得了。我虽然不是聪明绝顶，但是，比我更聪明的孩子也是有限。

2008年的时候，我带我女儿在北京看奥运会，那时候她六岁。奥运会呀，多大的事情呀，多么令人向往的大事件呀。但是，对于她来说，给她留下记忆的不是长城，不是鸟巢，不是故宫，不是奥运会的开幕式，不是奥运会的闭幕式，也不是奥运会的各种决赛和各种破纪录。

给她留下最深印象的是北京金钱豹的自助餐吃饭的时候有人在她面前跳舞唱歌，西苑饭店顶层的旋转餐厅和五方桥那里的游乐场。中国几千年的文明和文化，对她来说，无感！

金钱豹倒闭了，但是，那可是曾经大火的京城美食城呀！

所以，我觉得在上初中之前的孩子们，如果不是读过历史，读过曾经发生的事件或者是对某些事情特别感兴趣的话。带他们去看高第的建筑，带他们去看白金汉宫，带他们去看奥匈帝国的辉煌，带他们去看罗马的斗兽场，带他们去参观奔驰的工厂，带他们去看尼罗河文明，带他们去看紫禁城，带他们去看诺曼底，带他们去看捷尔任斯基的雕像，带他们去看罗丹的故居，带他们去看贝多芬用过的钢琴，带他们去看欧洲唯一的一盏社会主义明灯，带他们去看安徒生的豪宅等等，全部都是浪费。第一他们不懂，第二他们不会感兴趣，第三，也不会达到父母对这次旅游的期待。留下来的最多就是在裴多菲的雕像前留过影，在某景点上面照过相，仅此而已！

我觉得，孩子上了初中之后，有一些历史的知识，有一些文化的积累，再加上有钱有闲有兴趣，然后就可以去周游世界了。

周游世界花钱费力耗时间，一定要有所收获，不然的话，真的还不如到 Downtown 转悠转悠吃点儿美食呢。

但是，如果人家说 ：“我们愿意，你管得着吗 ?”哈哈，那就是另外一回事儿了。

阿嚏！

社区服务是申请美国名校的必备条件吗?

在这个世界上，我认为最重视教育的国家的前十名有这么几个：美国，以色列，英国，德国，日本，印度，韩国，中国，新加坡和法国。

其中我认为美国是最重视教育的，排在全球最重视教育的第一位。因为全世界前两百名的大学，基本上都被美国给垄断了。如果不是特别重视教育，那也不可能拥有那么多著名的大学。因此，美国重视教育的程度，理所当然地排在最重视教育金字塔的顶端。

以色列，英国，德国排在第二梯队，这个排名纯属是我个人的印象，不管你同意不同意，这三个国家都是第二梯队。

全世界最重视教育前十名剩下的这六个国家，日本，印度，韩国，中国，新加坡和法国排在全世界最重视教育的第三梯队，而且，这六个国家重视教育的表现都不同。各有各的重视方法，而且，日、印，韩，中相互不服，都认为自己是最重视教育的国家。

尤其是老中和老印这两个人口超级大国，暗地里较劲，都在标榜自己的文化和重视教育的程度。

说了那么多废话，转到主题上面。

我在一个微信群，收到一个苦口婆心，发苦口婆心的是一位资深的升学指导，主题就是孩子们的社区服务，结论是社区服务是申请美国名校的必备条件，给了例子，给了自己的故事，还给了很多说教来解读如何通过社区服务来发挥孩子的领袖才能。

我稍微有点儿不同的意见，我认为，社区服务是申请美国大学的选项，而且还是之一，而不是必备条件。我不怎么喜欢当面驳别人的面子，只好在下面嘟囔几句。

我之所以说社区服务是申请美国大学的选项之一，那是因为我自身的经历。我女儿申请大学好像就没有社区服务这一项。如果说社区服务是申请美国大学的必备条件，那我女儿不是就上不了大学了？而且，我所知道的和我女儿一起上大学的很多孩子，都有社区服务的空白点，因此，我认为这位升学指导说的不是那么的准确。

也许我认识的孩子少，但是，我所知道的大约 30 个孩子的升学，其中有大约 20 个孩子都进了所谓的名校比如哈耶普斯哥布达芝伯宾等等，在社区服务方面，也都特别的苍白。所以，我个人认为，社区服务只是申请大学中一个不是那么特别重要的选项。就像中药里面的药引子，沙发上面的靠垫儿，汽车上的小备胎，饭桌上面的胡椒面儿，有了当然好，没有也行！

每个孩子的成长道路都是不同的，在上大学的条件中，我觉得学习成绩是硬指标，原来考的 SAT，ACT 的成绩是硬指标，其它都是选项。因为，我知道有孩子的体育成绩特别好，被哈佛认可了，但是，就是因为 SAT 成绩达不到学校的最低要求，结果就 BBQ 了，特别的遗憾。我只知道孩子升学的时候，学校对孩子的学习成绩有要求，没有听说过社区服务有要求的。

如果哪位知道哪所大学对社区服务有硬性要求，也请分享。

最痛苦的事情就是看到别人走错了路而自己无能为力

最近这些年来，我经常听到一些有关中国踌躇满志的热血青年留学的故事。就是家里花大钱费大力托各种关系把孩子送到国外读书，花几年的时间在国外过了语言关，拿了国外大学的大学文凭，耗资几百万人民币，而孩子回国后，找到一份月薪三千人民币的工作抑或找不到工作在家里举着文凭啃老。这些故事让我迷惑，让我不解，虽然理解父母的苦心，但是，总觉得他们在对世界的理解，对孩子的了解以及对社会的感知欠缺了什么。

在美国我也遇到过很多让我迷惑的事情。

A）我认识的一个街坊男主人是AI男，女主人是家庭妇女，他们把自己的孩子从这里一所我认为特别好的小学，一所10 out of 10的学校拉出来，送到一个距离自己家里开车半个多小时的私立学校每年出四万美元读私立小学，他们两口子一直崇尚私立学校也如愿以偿地让孩子上了私立学校。

人家自己还有一套理论："牛哥，您知道土耳其吧，横跨欧亚大陆的那个土耳其，人家的大学教育是免费的，我家娃在美国读了私校之后，打算把孩子送到土耳其接受免费的大学教育，多好呀！"

一年多来，我一直不理解这两口子是什么操作。我对孩子教育的理解是孩子从小上美国的公校小学、公校初中和公校高中，大学的时候如果有机会就上一个私校，我觉得我这样的理解好像是更合理一些。

B) 我还有一个街坊，从小就培养孩子打冰球。这孩子喜欢也争气，小学几年在我们这里就拿过很多的冠军奖杯，到了初中，代表这里的学校拿了加州的冰球比赛冠军，代表加州参加全国比赛，拿过冠军、亚军和第三名。

一路走来，上大学拿奖学金应该是没有问题。但是，在看过一场 NHL 的比赛之后，老爸改变了主意，认为自己的孩子不抗撞，怕以后受伤，就在高中的时候停了孩子的冰球，专攻数理化，最后，虽然上了新墨西哥州立大学，但是，没有拿到任何的奖学金，也结束了自己从小儿就对冰球的爱好。

对此，我也特别地不理解，不理解他们为什么放弃了孩子喜欢的冰球而选择怎么也做不会的数理化。

C) 我周围也有一些父母，从小推孩子足球网球游泳，成绩都有了不少，而且成绩都还不错。但是，到了高一、高二，就完全停止了这些运动，专攻数理化。就是认为学会数理化，走遍天下都不怕，而那些体育运动都是养小不养老，不是正经的路子。而这些孩子的结果，基本上都不尽如人意，起码是没有达到父母对他们的期待。最后父母有两种感慨："早知道就让孩子从小攻数理化了！""早知道就让孩子坚持打网球了！"

我个人认为，最不成功的那些人就是脚踏两只船。打了八年网球，在最后两年退缩了停止了，用最后的两年去学数理化。最后，放弃了体育，数理化也没有学好。我觉得特别特别的遗憾！

也许是我自己有偏见，也许是我的孩子在小学初中高中从来都没有读过私立学校。在我看来，我们这一代送孩子去读私立学校的父母，99% 的父母都是为了满足自己的虚荣心。因为我和他们聊天的时候，他们都会骄傲地说：我家娃读的是 Bishop，我家娃读的是 Francis Parker，我家娃读的是 LJCD，我家娃读的是 Cambridge 等等。人家问我的孩子读的是哪所学校的时候，我只能勉为其难地告诉人家：我家娃小初高读的都是大公校，但是，大学读的是小私校。

因为我没有接触过我们这里的私校，不知道这些私校有多好。但是，我知道我们这里的公校有多好，也对我家娃上的大学还算满意。

我的浅见就是，不论你上的幼儿园有多好，不论你上的小学有多好，也不论你的初中高中上的有多好，你如果上不了一个你心仪的大学，前面的那些教育，基本上就归零了。我估计这就是为什么在简历上要写大学是在哪里受的教育，而没有高中、初中、小学和幼儿园教育那一栏。

如果孩子上了哈耶普斯哥麻伯芝布之后，他们曾经读过什么样的小学、初中和高中有什么重要？我觉得父母的虚荣心在孩子上大学的时候得到满足比孩子上中小学的时候得到满足更满足。

我现在经常感觉到特别痛苦的事情就是明明看到很多人走错了路我也无能为力不能把他们从错误的道路上拉回来，哎，命命命，天注定！

希望从中国移民来的这些聪明人，能够懂一些，接受一下美国的教育体系。

这个世界上总是有一些让我无能为力的事情。

暑假期间，你们的孩子们都在干什么？

每一年的暑假，都是考验有孩子的父母能力、智力、财力、体力、判断力和执行力的时候。而每一年的暑假，都是那些对金钱有极度渴望的升学辅导大展身手的时候，这些人和单位就像非洲大地上嗜血的鬣狗嗅到了猎物，就像天上的秃鹫看到了腐尸，他们一年五成的收入都来自每年几个月的暑假。

我有一个在上海的朋友（李总），每年的暑假是人家最忙的时候。拼命地从企业里挣钱，再大把地花在孩子身上。今年暑假，李总又妥善地安排了孩子的几个月，还不忘和我沟通一下："牛哥，我给孩子的暑假安排好了，您看这样行吗？数学提高班，英文口语班，语文写作班，讲演实习班，物理高中班，化学俄国班，钢琴演奏班，黑管长吹班和书法狂草班，孩子开学就要上初中了，利用暑假恶补一下各种技能！"

我看着眼晕头晕："李总，您知道暑假是什么意思吗？"

"我当然知道了，但是，周围的家长，周围的孩子，都是这样的卷，如果就我一个人不卷，我能淡定吗？"

我也只能淡淡的一笑了。

别说国内的孩子，就是美国的孩子，在暑假期间也是非常卷呀。

美国的李总（不是总经理的总，是总有道理的总），给孩子安排的暑假的各种培训班，在圣地亚哥培训，到洛杉矶培训，去旧金山培训，到芝加哥培训，最后到纽约培训。培训英文写作，培训奥数比赛，培训 AI 实用技能，一个假期，满满登登的。

美国的张总（不是总经理的总，是总在着急的总），这个暑假给孩子安排各种的挑战，挑战北加州，挑战德克萨斯，挑战佛罗里达，挑战整个东部，从一放暑假就开始挑战，孩子就是一条斗狗。

美国的刘总（不是总经理的总，是总担心的总），这个暑假给孩子安排的网球夏令营：耐克网球夏令营，阿迪达斯网球夏令营，威尔森网球夏令营，斯坦福网球夏令营，藤校网球夏令营，这个暑假，一个网球夏令营接着一个网球夏令营，孩子那个奔波呀！

不能不说的是美国的赵总（不是总经理的总，是总做梦的总），带孩子到处打 ITF 的比赛，利用假期去墨西哥，哥伦比亚，波多黎各这些小国打一些初级的 ITF 比赛，如果能够赢几场比赛，就可以有一些积分，为今后进 ATP 打职业网球做下基础。

当然，也有一些家长会安排孩子去旅游，回一趟中国看看爷爷奶奶亲戚朋友，吃几顿在美国很难吃到的臭鳜鱼，王致和抹窝头什么的。所有的家长，都把暑假安排得特别好。当然，也有的家长因为孩子被哈耶普录取，回国骑白马戴红花游街光宗耀祖去了。

我，已经失去了给孩子安排暑假的能力。因为孩子自己都安排好了。我原来以为孩子会利用暑假继续在摩根斯坦利实习或者是搞

她的 NPO，但是，人家自己去非洲的乞力马扎罗山了，自己去坦桑尼亚塞伦盖提看大自然，看动物去了。

孩子到了塞伦盖提觐见塞伦盖提的非洲狮王，并给非洲狮王摄影留念。

顺便也看了狮王的两个孩子，拜登和川普。

我觉得，最危险的就是这头隐藏在草丛里的母狮子，随时会对猎物发起攻击。

终于，我不用给孩子安排暑假的事情了，我觉得，她比我安排的对她自己更好。

我呢？暑假期间就在家里待着，读读书。

圣地亚哥的夏天，就像是春天，滋润凉爽，海风吹翻着书页，吹乱我的短发，吹平我的心绪，又是一年！

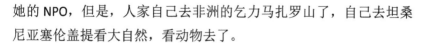

Timing: 软、不软和硬的结果

我是一个一直都比较注重教育的人，除了我自己会读很多书，看很多电影，在网上寻找各种讯息之外，我也特别关注我的孩子的教育，同时，也关注我的同学朋友的孩子的教育：和朋友们分享自己的经验，告诫自己的失误，我不怎么给别人建议，只是把我自己经历过的事情和对美国教育系统的理解分享给他们。

而我自己，也是一个热爱生活的人，喜欢运动，旅游，电影，音乐，美食，美景，倾听，讲述，交友，发呆，吹牛，侃大山什么的，哈哈哈。

我的朋友们也形形色色，每个人的人生观都不同，对生活的态度也不一样。我今天闲得石藤，讲几个故事，自娱自乐也好，有人听看也好，反正就是消磨时光。

A：我的朋友 A，两口子是特别成功的科学家，也特别会生活。下馆子都找米其林，住酒店都要住五星级以上的，那生活质量真正的高。这两口子经常在家里办爬梯，唱卡拉 OK，做中国各地美食，还养猫养狗养宠物，摄影旅游画画弹琴样样都会。两口子有一个儿子，名字你们肯定猜出来了，叫软！就是题目中的那个软，英文拼写是：Ryan。

软是被散养的，A 夫妇每天除了那点儿工作之外就是玩，玩得很嗨！不但在美国玩，还去加勒比海玩，去欧洲玩，去亚洲玩，去非洲玩，去大洋洲玩，去南极洲玩，经常和我们分享他们在世界各地的照片，羡煞人也。

但是，A 夫妇忽略了一件事情，就是培养软。两口子享受生活，软享受自己。等到孩子们到了上大学的时候，软也没人管，还不想上我们这里的社区大学于是就在家里待着了。等到周围朋友的孩子都离家远去了，A 夫妇讪讪地说，我们软和你们比不了。

我觉得，玩不错，我也喜欢玩，但是，在孩子上中学的时候，父母应该用心。等孩子上了大学，你们玩也不晚。人生的玩，也不在乎这几年。我觉得我觉得很对！

B: 我的朋友 B，两口子也爱玩，没有孩子的时候，我们经常一起出去玩，打牌下棋看电影钓鱼狩猎看靓女。但是，有了孩子之后，B 两口子就收心了，专心培养宝贝儿子不软，就是我博客题目中的那个不软，英文拼写是：Bryan。

B 两口子一门心思培养孩子，我们一起打牌的日子从每周一次改成每年一次了。不软很聪明和很努力。高中毕业的时候，GPA 是 4.0 和 4.75，被 MIT 录取了。B 两口子很开心很高兴，我们也为不软高兴，B 夫妇还专门给不软办了一桌庆功宴，特地感谢叔叔阿姨们这些年来的支持。

不软去了波士顿，B 夫妇又开始玩了，养鸡养狗养王八，爬山涉水下沟渠，玩得个不亦乐乎。而且，更邪乎的是，这两口子迷上了马拉松和挑战各种山峰。还特地给自己起了网名叫做“在险峰”。

我觉得，B 这两口子懂得什么事情在什么时候重要。虽然，培养孩子的那几年没有怎么玩，但是，孩子上了大学之后，他们可以使劲儿玩了。也许 50 岁的体力不如 44 岁时候的体力，但是，对生活的理解更多了，看世界的角度更宽了。而且，不软在 MIT 读书，也算是一个非常好的开端。

C 两口子也是见过世面的人。夫妻俩原来都是国家队的运动员，都拿过亚运会的冠军。移民美国后，把重点都放在孩子身上，除了学习之外，还培养孩子们打高尔夫球。这些年来，老妈在家里操持家务，老爸带孩子训练、比赛拿奖杯。

皇天不负苦心人，C 的儿子硬，就是我博客题目中的那个硬，英文拼写是：Ying，被斯坦福录取了。还专门给我打来电话：“牛哥呀，我儿子硬被斯坦福录取了，听说在加州是好学校，不知道有没有北大清华复旦好呀？你说硬要不要去呀？”

我听完哈哈大笑，你们这是气我吗？“如果说斯坦福是奥运会冠军的话，北大清华只不过是你们北京通县的冠军，差距就这么大，别气我了，赶紧告诉人家：硬去！”

现在 C 夫妇可滋润了，天天有人上门请教，而且是高薪聘用 C 爸为高尔夫球教练。C 说了，我先享受一下生活再说。

我也挺羡慕 C 夫妇的，年轻的时候运动努力，得奖无数，然后培养孩子很用心，不懂就问，照抄成功经验，最后自己的孩子硬也硬了。我觉得 C 夫妇做得很好。

玩可以，享受生活也可以，但是，要把家里重要的事情处理好了，再玩，再享受。

Timing 很重要！

哈佛大学首席面试官到底是个什么鬼？

20 世纪的最后两年，我被澳大利亚的一家公司挖去给他们的产品在中国做市场。那个时候“海归”这个词好像刚刚开始时兴。我看澳大利亚的那家公司也不错于是我就回北京去帮着这个澳大利亚的公司运作中国市场。俗话说，一个好汉三个帮，我虽然是好汉但是也需要帮手，就聘请了几个人，其中包括一个大学刚刚毕业的女孩小李做我的助理，也就是秘书了。

在中国待了有两三年的时间，市场运作好了，那个产品也完成使命了，我也回到了美国。嗨，人生的经历吗，每一段儿经历都值得回忆。

当年给我做助理的那个孩子，现在也成家立业了。有自己的事业有自己的企业绝对的一个女强人。但是，让她头疼的是她孩子的教育。

从她的孩子上幼儿园开始她就纠结！进上海最好的幼儿园，进上海最牛的国际学校，今天学英文，明天学日文，后天学德文。现在，这娃上的是全上海最贵最好的中学。

昨天，我的这位曾经的助理向我汇报了一件让我吃惊的事情：“牛总，我昨天去听了一个留学中介的讲座，虽然两个小时要 8800 人民币，但是，大开眼界，茅塞顿开，我觉得我的娃有希望了！”

哇！什么讲座这么贵呀？我都给你讲了好几年孩子的教育，也没有见你给我一分钱呀！一个小时￥8800，比抢钱少点儿，但是，绝对比骗钱多！

小（老）助理说了："人家可厉害了，曾经是哈佛大学的首席面试官！"

WHAT？哈佛大学的首席面试官？我立刻一脑子的懵！这个首席面试官隶属于哈佛大学的哪个部门？我怎么没有听说过呢？

我家娃当年也就是被录取之后，Admission Office 的工作人员打过一个电话，问了两句话不到一分钟就结束了，也没有听说过什么面试官，更没有听说过什么首席面试官呀。

也许我孤陋寡闻，我就上网查一下，看看哈佛大学有没有面试办公室，有没有面试官，有没有首席面试官？他奶奶的，网络太不透明了，居然没有！难道哈佛大学把首席面试官都给神隐了吗？

再用中文查一遍，妈妈咪呀，居然真有哈佛面试官一说。那只是哈佛校友被临时请去对新生进行一个 interview，那算什么面试官呀？哪里有首席面试官这么一说呀。我家娃当年也和在圣地亚哥的哈佛老校友一起吃过一个便饭，也就是聊聊天，介绍一下哈佛，哪里有面试那么一节呀？如果这也能够成为一个头衔，那我不是可以当哈佛大学首席老爸，哈佛大学网球一姐首席指导，哈佛大学校长首席合作伙伴了吗？我拷！

现在的中国，骗子横行，大骗子小骗子洋骗子土骗子高骗子矮骗子只要能骗到钱，什么都可以骗。

于是，我就用我的知识和理解把这个哈佛大学首席面试官的情况和我的助理解释了一下这个首席面试官的情况，结果被打脸了："牛总，您这是嫉妒，绝对的嫉妒！"

愚昧的人总是让我那么无语。

想当年我出国之前，参加过一年的出国教育。当时美国被描述的是到处充满了凶杀，抢劫，强奸和吸毒，罪犯满大街。我当时真信了。但是，到了美国才知道，美国挺好。如果我家里没有人上哈佛，说不定我也相信这个哈佛大学的首席面试官呢。

我个人认为，上哈佛大学是不需要面试技巧的。人家不要你，再好的技巧也没有用。而这个哈佛大学首席面试官，我觉得就是一个骗子，哈哈哈，一定是一个骗子。

孩子钢琴考级到十级有什么用?

我的周围有一大群父母，热衷于钢琴考级。其中有几家的父母曾经到过我家，看到我女儿小时候弹钢琴得的那些奖牌奖杯，不由得惊呼 :“天哪，你家娃也弹过钢琴？”

嗨，这有什么奇怪的，老中的孩子，哪个没有弹过钢琴，哪个不会几种乐器，哪个没有过音乐的熏陶？即使孩子没有什么艺术胀包，父母也要送孩子去学弹钢琴，学拉小提琴，学吹萨克斯风，抑或拉个二胡，弹个古筝扬琴软三弦儿什么的。我吹一口的好口琴，都被别人鄙视，说口琴根本登不上大雅之堂。

“牛哥，你家娃钢琴考过几级？得这么多钢琴奖项，过了钢琴十级肯定级没有问题了吧？”

实话实说，我家娃从来都没有参加过钢琴考级，一级都没有考过，更别说过几级了。

为什么没有参加钢琴考级呢？是我经过调查、研究、虚心的请教，发现，在美国，钢琴考级一点儿用都没有，甭说十级了，就是一百级也没用。看看美国著名的那些钢琴家，没有一个参加钢琴考级的。而且，中国人的钢琴偶像郎朗，和我家娃一样，一级都没有考过，哈哈。

王羽佳也没有参加过考级，哈哈，和我家娃一样。

我又去看了知乎，百度，和搜狐，看了钢琴考级对中国孩子的影响，那是众说纷纭。钢琴考级单位或者考级组织，说钢琴考级特别重要，对孩子的音乐素养，文学素养，性格素养，未来素养是大有好处。钢琴老师们都说如果孩子不学钢琴，就像上学不上重点班，不参加人才班一样，浪费了在学校的时光。很多家长说，自从孩子考过了十级，就再也不摸钢琴了。

我当年也给孩子买了演奏级的三角钢琴，但是，后来那么多万美金的一架钢琴，成了我的工作台：在钢琴上钉画框，在钢琴上写大字，在钢琴上修家里的七七八八，在钢琴上缠我家娃的网球拍，反正，那架钢琴的用处很多，就是不弹，哈哈，也不是不弹，我有的时候也弹一点点肖邦巴赫勃拉姆斯什么的，也都是弹个三分钟两分钟的，没有弹过整支曲子。

后来，买了一个可以自弹的琴，有事儿没事就听听别人弹。

综上所述，钢琴可以弹，但是，考级吗，花冤枉钱，浪费孩子青春，也培养不了孩子什么音乐素质，纯属教育孩子的极端误区，哈哈哈。

我惨败于新东方，知乎和抖音！

在我很多朋友的眼里，我还是一位比较懂教育的家长，尤其是熟悉美国的教育系统，从小学、初中、高中到大学都知道的比较清楚。因此，有很多朋友都和我沟通有关孩子教育的问题。尤其是我在中国的那些朋友，都对能到美国留学的孩子们羡慕嫉妒横，很多时候，一些在中国的家长就会向我咨询有关送他们孩子到美国留学的事情。

还是我那位在上海的企业家朋友。突然向我咨询了一件让我目瞪口呆的事情："牛总，我的儿子准备学德语了，以后要到德国上大学因为德国的大学可以免费。而且，德国的工科是全世界第一的。"

我就有点儿纳闷儿，这孩子学了大半辈子英语了，还是在国际学校学的，怎么一下子就要改成学德语了？我就问，这是为什么呀？

小李子说了："我咨询了新东方的老师，他们说现在去美国读书太贵了。去读加大的任何一所学校，每年都需要一百万，所以，新东方的老师建议我们孩子参加他们的德语培训班，以后去德国留学。"

啊？加大的任何一所学校都要 100 万？就是人民币也很多呀？我怎么没有听说过呀？

我赶紧查一查我们家门口的这所学校：$14,906 for California residents and $44,978 for out-of-state students.

我客，是挺贵了，不过，一年的学费也就是 $44,978, 怎么算也没有一百万呀。

我就和小李子说了，没有每年一百万那么多呀？但是，小李子说了，那可是新东方说的呀，人家可是大名鼎鼎的正规军呀，他们能骗我吗？

我说他们能不能骗你我不知道，我的这个学费从学校官网上查到的呀，应该比新东方说得准确吧。

但是，小李子说了，新东方，知乎，留学代理和抖音里都说了，美国的大学上不起了，太贵了，在中国，每个地方的口径都是一致的，这肯定是不会错的。

唉，我这个人也是认真，也是较劲，我就苦口婆心地劝小李子：“我在美国三十多年，深谙美国的教育系统，而且，对美国的大学教育也颇为熟悉，我的孩子在美国上小学，初中，高中和大学，我是一路跟下来的，美国目前大学的学费，还没有贵到每年一百万人民币的地步，我觉得你应该相信我，也要相信学校官网公布的数字。”

我就这样和小李子说情况，讲道理，说得我口干舌燥，用中医的话说，都上火了！

小李子最后说：“牛总您说的有道理，我觉得您在美国那么多年的经验肯定是不会错的，美国大学的官网也应该是可信的，这样吧，我再去新东方，知乎和抖音问问吧！”

我，我，我去，我昏过去了！

在和新东蛋，知蛋和抖蛋的比较中，我是完败！

再也不和小李子谈教育的事情了，整个一个冥顽不化，黑鸡蛋里面的鹅卵石，又臭又硬，山顶洞人的大脑，干涸得没有一点点水分了。说了半天还是要回去问新东方，知乎和抖音，把我自己都说生气了！

同没有知识的人说话，太累，最后还把自己个气着了，而且，还有很强烈的挫败感。

我惨败于推娃大妈

自从我家娃三年前上了大学，我就感觉肩膀上的担子轻了很多，心里也没有什么压力了。好像自己已经功成名就了似的，走路都是轻飘飘的，边走边蹦边哼歌的那种状态。

我同国内的乡里乡亲们沟通的时候，我和我的同学们沟通的时候，也都相互交流孩子上大学的经验。轮到我介绍经验的时候，我也没有什么好说的，我只是说自己的孩子不笨，努力，运气也好，所以，就能比较顺利地上了一本。其实，我自己心中有的时候还是窃喜的。

上个星期，几个麻友约好了在一起打麻将，就是那种特别诡异的贵阳麻将。每周大家就聚一次，打打麻将吹吹牛吃点儿不同的东西生命中宝贵的那几个小时就混过去了。反正生命就是在这样随意地浪费过去了。

每次都是那个时间，每次聚赌也都是在那个窝点。大家都比较准时。但是，这次有一个老麻友居然迟到了差不多一个小时。让我们的生命中有了一个小时的三缺一时间。大家都义愤填膺，在一起制定了惩罚规则，让这位麻友迟到的每一分钟给每一位一个美元的时间损失补偿费！真是岂有此理！

约定时间一个小时过后，这位麻友匆忙赶来了："对不起对不起，我认罚我认罚。但是，我今天去参加了一个非常重要的讲座！"

"重要讲座？是不是泡妞新思路？"

"不是，是一位推妈介绍高中选课经验和高中选 AP 课的经验！"

呸呸呸！这位麻友顿时遭到其他麻友的鄙视："你守着圣地亚

哥最懂教育孩子的牛哥，还要去听别人的讲座？你也太过分了吧，根本不把牛哥当牛魔王！而且，你家娃才刚刚上了初中。”

“人家女儿今年上高中，人家做过调查研究，人家讲的特别有道理，选课要多选数学课，选 AP 课也要多选数学 AP 课，不然，上了大学你连难度特别大的数学课都选不了，上不下来！而且，AP 课选得越多越好！人家的经验可多了！”

我就纳闷儿了：“这位推妈的孩子上了哪所大学？”

“啥呀？人家娃今年才上高中！”挨罚麻友说。

我靠，孩子刚上高中就敢开讲座介绍孩子上学选课的经验呀？这的确比老牛还牛！

挨罚麻友问：“牛哥，你女儿选了很多数学课吗？你女儿选了多少门 AP ？你女儿上大学有没有选特别特别难的那种数学课？”

我实话实说：“我女儿没有选很多数学课，也没有参加过数学竞赛。我女儿一共选了四门 AP 课，上大学也没有九字头的数学课，没有必要和她自己过不去呀。”

“您看看，牛哥，您就是没有人家推妈有经验吧？人家都知道在高中选很多难度大的数学课，选很多 AP 课，您就是没有前瞻性！”

我不敢再说了，只好嘟囔着：“但是我家娃上的是一本呀，相当于中国的 211 或者 985 的学校呢。”

挨罚麻友非常兴奋地说：“下个星期，这位推妈还要介绍上高中选课，做义务劳动，社区服务的经验，我们下个星期的赌博大会改时间吧！”

我靠，我们由来已久且持之以恒的以麻会友的赌博活动竟然败给了一位推娃大妈，而且，这位推娃大妈的孩子居然还没有上大学，哎，我，我们这帮孩子们已经上了一本的爹妈，也太失败了吧！

这个世界上，还真有胆大妄为的人，也还真有特别好骗的人！

不过，这个世界上，喜欢打麻将的人肯定比喜欢听讲座的人多，哈哈哈。

不知道你小的时候玩过弹弓没有？

小的时候，世界上还没有这么多的诱惑（起码我的世界没有这么多的诱惑）：没有 Tom & Jerry、没有变形金刚、没有 Pokémon、没有 DS、没有 WII Sports、没有魂斗罗、没有任天堂、没有 PS2、没有计算机、没有杀人游戏、没有钢琴教程、没有奥林匹克数学竞赛、没有国画学习班也没有那么多的色情元素，小时候的生活相对很单调。

但是，小的时候过得很快乐。那个时候的我，也有自己玩的领域。男孩子不像女孩子那样跳皮筋、玩糖纸、扔沙包、过家家。我们玩的东西都很脏很暴力，其中之一就是：弹弓！

最早的弹弓是我爸爸在我七八岁的时候给我做的。那个时候的老爸估计也就二十多岁三十出头按说也还是个大孩子。年轻的老爸用八号铅丝（专业术语：特指一种当时最粗的铁丝）给我挝了一个像模像样的弹弓。样子当然是很传统的弹弓样子。手柄上用布条缠上免得硌了我那还显稚嫩的小手。用四根自行车的气门芯作为皮筋和一块小皮子做的弹弓兜，我拿在手上神气极了好像自己就是小兵张嘎了。

那个时候，年轻的老爸和更为年轻的老妈因为没有选对革命方向被下放到农村锻炼改造每天也是无所事事倒不如逗孩子玩。吃完晚饭老爸带着三个孩子坐在灶台旁边揉花生粒大小的泥丸然后烤在灶台旁边作为第二天弹弓的子弹。第二天的时候，口袋里装满硬硬的泥蛋儿手持弹弓带着两个弟弟和院子里流着鼻涕眼泪的大大小小的孩子们出去打猎颇让广大人民群众羡慕。

我打小儿就应该有射击的天分那个时候玩弹弓没几天我们家里已经能够吃到我打到的麻雀了。当时如果国家队培养我说不定第一个奥运会金牌不是许海峰许指导了呢话又说回了奥运会比赛也没有弹弓比赛呀。

气门芯做的皮筋过了一段时间就老化了。老爸帮我用自行车内胎升级到汽车轮胎的内胎最后到了最高境界是飞机轮胎的内胎来做弹弓的皮筋儿。我拿着当时的那种高科技的弹弓，那个神气呀（后来到了美国看到商店里卖的弹弓那个精致那个高级自己仍然是爱不释手那是后话）！

后来，性成熟了，弹弓就从我的生活中隐退了。

现在的弹弓，很牛！

我觉得，在美国的父母如果有机会，给孩子做个弹弓玩吧，真的能够开拓孩子的思路，发掘孩子的想象力还可以锻炼孩子的动手能力！

距离我最近的那些世界冠军们

暑假又快到了，圣地亚哥有朋友给我发来一则 Summer Camp 的广告，说是曾经的乒乓球世界冠军本格森要在圣地亚哥教球，主题就是世界冠军落地圣地亚哥，希望大家能够抓住这个机会，参加 1summer camp，一睹世界冠军的风采。

本格森，能和中国乒乓球抗衡的世界级的乒乓球冠军，那已经是很多年前的记忆了。我记得的本格森，还是这个样子，哈哈。

突然想起来，这些年来，我身边有很多很多的世界冠军都和我有过很多交集，每个世界冠军都很低调，就和我一样，这些世界冠军过去的辉煌已经过去了，当下才是生活，未来才是希望。

我认为我认识最大牌的世界冠军就是我庄哥，他当年不但是国家体委的领导，还是三届世界冠军。后来因为政治问题下放到了山西当教练，我三天两头地去找他喝酒写字打猎，顺便也打一打乒乓球，虽然当时没有留下照片，但是，和庄哥的友谊在那个时候奠定了坚实的基础。俗话说，患难见真情嘛！

还有一个大牌的世界冠军就是许海峰，1984 年洛杉矶奥运会的射击冠军，中国人的第一块奥运金牌。当年也是风光无限。但是，后来不知道怎么得罪了总局领导，把老许调离射击行业把他给安排到自行车和击剑运动管理中心当一个副职，老许自此不得志，经常喝得个脸红脖子粗，唉，看来，和领导搞好关系很重要呀。

认识的乒乓球冠军就很多了，许少发，姜佳良，李菊，吕林，王楠，张怡宁，河野满，长谷川信彦，老瓦，田板登纪夫，陈龙灿，王涛怎么也有几十个，关系比较好的就是吕林，李菊，张怡宁这么几个人，其他的都只是认识，哈哈。

认识世界冠军最多的就是羽毛球运动员了，其中天下男子单打无双的陶菲克和天下女子单打第一的戴资颖是最牛的两个。其它的世界冠军就多了去了，多到连名字都数不过来，哈哈哈。谁让我自己曾经是这个领域里的人呢？

围棋界我也认识一些朋友，大聂，马晓春，江铸久和已经骨灰了的骨灰级大腕藤泽秀行。大聂动不动就吸氧假装氧气不够了，他要不是那么喜欢和领导打桥牌，他的围棋还可以上一个境界。马晓春是围棋奇才，就是不喜欢下，哈哈，和梅兰芳一样，从来都不吊嗓子。

李宁，楼云，莫慧兰是另一个圈子里的人了。虽然都是世界冠军，虽然都是国家队的，但是，体操和其它的运动好像不太一样，不是一群人。

杨凌和许海峰是一族，两届奥运会冠军。本来杨凌在 2008 年北京奥运会上还可以拿一枚金牌，但是，国际奥委会取消了十米移动靶的这个项目，每次和杨凌一起喝酒，我们都能喝得上了头，国际奥委会害人呀。

1997 年，我在匈牙利的布达佩斯的一个国际象棋比赛的开幕式上，偶遇我的偶像卡斯帕洛夫，是我见过的大牛人。卡斯帕罗夫十七八岁的时候，曾经一敌六十，一个人对战全世界六十名象棋大师，最后，卡斯帕罗夫以 59 胜一平的战绩结束比赛！

这位腰长腿短坐着跑的黑人选手，曾经是 200 米的世界纪录

保持着，人挺好。

Oksana Grishuk，两届奥运会冠军，22 次世界冰上舞蹈冠军，是近几年来在尔湾一带经常见的世界冠军。

谁猜出来这位世界冠军是谁，我请你吃饭，哈哈。

这些世界冠军，我可有日子没见了。

都是人中龙凤，人中龙凤呀！

樊登读书会的樊登

某年某月的某一天，（也就是这一两年前的事情）有一个朋友给我发来一条微信，邀请我参加“樊登读书会”。

樊登读书会？樊登这个名字很熟悉呀？是我认识的那个樊登吗？

打开邀请信一看，哇哇哇，有照片，果然是樊登这个家伙！

时光机倒退个十七八年，我正在北京帮助北京运作 2008 年的奥运会呢。那几年，在北京办一届奥运会对于中国来说就是头等大事，什么都得让位奥运，全国人民盼奥运，全国人民迎奥运，全国人民办奥运，每天电视里，报纸上都是奥运会的事情。我在北京也是忙活得和孙猴子似的。

十多年前的某年某月的某一天，有朋友找到我说他正在筹备做一档有关奥运会的电视节目，请我当嘉宾、高参和制片人，同时也请我出面请一些他们请不到的奥运领域里面的大牌大腕大款大咖什么的。

我不懂制片，也就推辞了做这个节目制片人的职位。我当时非常忙，但是，看在人民币的面子上抽空当个参谋假扮个嘉宾什么的，估计还成。

于是，定了个日子大家在一起开个见面会讨论讨论怎么做这个节目。而这个节目的主持人，就是一个二十来岁的小伙子，胖乎乎的，和善客气，名字就叫樊登！

大家就那么聊呀吹呀的，这个节目有人投资，樊登是主持人，还有一个瘦脸的美女副主持，我的任务就是邀请各种奥运大拿比如萨马兰奇呀，迪克庞德呀，罗格呀，李红呀，何振梁呀，杜巍呀，陈建呀，魏纪中呀，奥运会全球合作伙伴的老大呀等等等等再当一个嘉宾，基本上是名利双收的那种。

节目开录，第一集我邀请了阿迪达斯中国区的老总，樊登主持，我和阿女士是嘉宾，来来回回说那些车轱辘话，我低调，在这张照片的三个人当中中，我就露几个手指头和半个鼻子，哈哈哈。（想看我？不容易，哈哈哈）

这个节目预计是百十来集但是好像做了几十集就付不起给樊登的钱了，哈哈哈。

一转眼很多年过去了，很多同我合作过的主持人我都记不得了，有的大牌我甚至都认不出来了。（比如在西班牙巴塞罗那开会，吃早餐的时候居然问许戈辉她是谁，怎么认识我的，顿时就被鄙视了。）现在的樊登，还没怎么变。但是，他成立了一个樊登读书会，我觉得他做了一件特别好的事情，祝贺小樊登了。

樊登的这个帮助三亿人养成读书的习惯，比那个三亿冰雪人口可靠谱多了。

十几年前不是名人的人，现在变成名人了。而十几年前是名人的人，现在只剩下了一个人名儿了。比如萨马兰奇，比如何振梁，比如马于飞，比如于承惠，比如庄则栋，比如 Thomas，我还能比如很多。唉，十几年的幻灭，人生大不同呀！

而我，还是那个德行！

光阴荏苒呀！

师恩不会忘：拜见我的老师王克俭

从上个世纪八十年代到美国留学之后，三十年间我回国差不多一百次吧。我每次回国都会和小学，中学，大学的同学们聚会，这次回国，偶然和一位初中同学在一起小聚，几十年前的同学了，虽然比我低几年级，但是，一个因缘使得我们之间感觉特别亲切，那就是我们是同一位老先生做我们的班主任兼语文老师。

我们老师的名字叫王克俭。

初中的高同学告诉我："牛哥，每次见到我们王老师，他都会打听你，询问你的情况。"

我听了之后真的非常感动。王老师教过的学生有千千万，桃李瓜果早已遍满天下，居然还记得我，看来，我这个曾经淘气的孩子还是不错的。

"王老师现在还好吧？我们抽空去看看他老人家吧？"

"王老师已经不在京城住了，他夫人身体不好，他回到了乡下去住了。"

我说，心动不如行动，你今天有空，我们就去看望王老师。

高同学说："好！"立刻就给王老师打电话："王老师，您的学生阿牛从美国回来，想去看看您，不知道您有没有时间？"

王老师电话那头说："好呀好呀，但是，我现在不住北京了，告老还乡了。"

高同学说："没关系，我们开车去找您。您给个地址就行了。"

"我这里没有地址，你们往我们县里开，下了国道高速公路向西边开五里路，进了苗村，一直开到村子南头，第二条小巷里面的第二个大门就是我家。"呵呵，地址不精确呀，语文老师就是这么浪漫。

我和小高同学到一家水果店给王老师买点儿水果，西瓜香蕉苹果山竹葡萄凤梨大枣小瓜还有各种点心什么的装了一大堆。这时候，王老师打来电话："小高呀，我在路口等着呢，你们什么时候到呀？"

"王老师，您先回去，我们开车至少要两个多小时，您回家等着，我们快到了给您打电话！"语文老师，有的就是浪漫，缺乏的就是地理知识和时间概念。哈哈！

王老师今年八十四岁了，我也有四十多年没有见到他了。

开了两个多小时的车，终于到了王老师的家乡苗村。和小说里描写的一样，王老师已经在村口等我们了。

真的非常感动！下了车，先给了王老师一个大大的拥抱！

王老师的样子还没有变，还是那么慈祥，人稍许老了一些。

王老师豪宅的大门上有一个三有大横幅！

"阿牛呀，真的好多年好多年没有见了，每次见到你们四班的同学，我都打听你，前些年有的学生说在报纸上看到你了，也有些学生说在电视上见到你了，学生们也给了我几份带有你的照片的报纸和两本杂志，现在还留着。不过，后来我就没有你的消息了，我一直惦记着你呀，我到党和国家领导人的名单上去找，找来找去也没有看到你的名字，心里可失落了。"

呵呵，敬爱的王老师对我的期待还挺高！

八十有四的王老师，看上去很年轻呀。

“后来，我又查了最近这些年被抓的贪官污吏的名单和秦城监狱的犯人，也没有见到你的名字，这心里呀，也就稍微释然了一些。不是说没有消息就是好消息吗，所以，我就等着。”王老师的确很幽默。和王老师聊天，总是很开心。

“依照你的资质，阿牛，你如果学文科，应该上北大，如果学理科，应该上清华，都是老师我没有教好，没有让你进了这两所学校，老师的心里的确惭愧呀！”王老师稍微有点儿小看我，哈哈。

“嗨，王老师，您可别这样说，我现在挺好的，虽然我没有机会到北大清华读书，可是我现在也没有太差，只沦落到去给北大清华学生讲课的地步了，时常有机会进入这两所学校给这两所学校的学生讲课。”

和王老师在一起，几个小时一晃就过去了。

“阿牛呀，我现在有的时候很郁闷，退休金都几千块钱了，花不完呀！我给你当班主任的时候，一个月才四十二块两毛五分钱，现在退休金都四、五千块钱了，这么多钱该怎么花呀？愁死我了！”语文老师就是幽默！

能和自己的初中老师面对面的回忆过去，谈社会讲人生是一种幸福，也是一种运气。

“王老师，我建议您现在做两件事情：办一个私塾，写一部回忆录。”我真的很期待王老师把他的过去记录下来。

会见在友好和谐的气氛中进行，结束！这次回国，见到了我的王老师，不虚此行呀！

有一句话叫做，一日为师终身为父，好像是这么个感觉。

祝王老师健康长寿！祝天下所有的老师健康长寿！

为什么要活到老学到老？我就不！

最近一段时间，总有人拉我下水，总要给我灌输一些新的东西，什么虚拟货币的另类玩法，新出现的 APP 有多么强大的功能，CHATGPT 的运用守则，投资的新思路，怎么去非洲淘金？如何从俄乌战争中受益等等，全部都是我在小学、初中、高中、大学里没有学过的东西。

最近这几年来，我对所有的新生事物都抱着非常消极的态度。各种社交软件除了微信我也都没有，别人拉我下水，我就用我的老一套来怼回去："不行了，年龄大了，记不住事儿了，我自己的钱我都不知道多少，别的事情就更记不住了。所以，真的是不想再学习了。"

这个时候，拉我下水的人百分之百都要放一个很臭的臭屁："牛哥，活到老学到老嘛！"

其实，我最恨这句话了，我觉得，活到老学到老就是一句屁话！

根据我们人类的生理发展曲线，我们的智力在 20 岁的时候达到高峰，随即开始下降。也就是说，在二十岁之前，学习能力是最强的，学习的效率是最高的，学习的过程也是最有效的。（中国的说法和科学的解读不一样，中国的说法是三十岁的时候达到高峰随即开始下降。）过了 20 岁，我们人类的记忆力，大脑的综合能力和大脑的协调性与日俱减，过了四十岁，大脑进入混沌状态，思维缓慢，记忆力差，理解力，判断力，表达能力都一路向南，四十岁时候的学习能力，只有二十岁时候的百分之四十，而人到了五十岁，学习能力只有二十岁时候的百分之二十。

也就是说，你二十岁的时候，学习一件事情需要两个小时，到了五十岁，你学同样的东西就需要十个小时了。

人类最值得骄傲的事情就是有记忆力，可以储存经验。因此，过了四十岁，过了五十岁，过了六十岁，甚至七十岁，八十岁，依然有记忆，有经验，依然可以在这个世界上混。但是，学习的能力和效果，已经是非常非常的差了。

我活到现在，余生最多也只有一万来个日日夜夜了。我需要的是用我仅存的记忆和积累的经验，生活得更好，更开心，更幸福，而不是花很多时间去学习那些不知道会不会对我的生活有意义的事情。因此，活到老学到老对我来说，基本上就是放狗屁，哈哈哈。

我仅存的智慧告诉我，不要去追求那些新生事物，也不要被别人忽悠着去相信对于你来说很陌生的东西。我已经有了足够的智慧和经验，如何让自己健康、快乐、幸福地生活，才是从今以后的人生真谛，至于前面所说的那些新生事物，谁爱学谁学，谁爱钻研谁钻研，谁爱研究谁研究，NOT ME .

我可以活到老，但是，我绝对不学到老！

不学不学，心意已决，开心幸福，不能信邪！

限制了中国人发展的三条该死金玉良言！

一直自诩为勤劳勇敢善良智慧的中国人的泱泱大国早已经沦为了全世界中低端产品的一个加工大国。几百年来，中国人没有任何创新，拉锁，电，电灯，电话，电器，电脑，互联网，搜索引擎，ChatGTP 等等，没有一件产品和中国有关。中国对于世界的贡献就是加工其他国家智慧的结晶，让那些不智慧的国家的智慧结晶成为产品，而数以亿计的中国人成为勤劳的蚂蚁、勤劳的蜜蜂和勤劳的中国人。

我用我的牛脑思考了一下，那么多亿的一个大国，为什么没有智慧了呢？归根结底就是中国人毁在了那三句该死的金玉良言上面。

1）万般皆下品唯有读书高，这是一句最害人，最限制人的所谓“金玉良言”。这句话把世界上所有的职业都视为下品，而最好的只是读书。

读书没有错，但是，读书是什么？读书只是学习前人的经验。而前人的经验是好是坏是对是错还都是不一定的。人类的发展就在于不断推翻前人的总结和经验，人类的发展就在于不断地创新。而，唯有读书高，则把中国人限制在了前人走过的道路上。近几百年来，甚至几千年来，中国人对世界的贡献还不如很多弹丸小国，不如日本，不如韩国，不如台湾。而我们自己认为的那四大发明，也不过是让自己高潮一下的小把戏罢了。

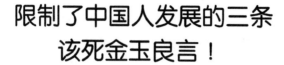

2）学而优则仕，这句话也是极大地限制了中国人的想象力。仕是什么？就是仕途，就是去当官，现在的仕就是政府官员，就是我们所说的公务员，就是我们在中国随处可见的干部包括党政干部，军队干部，社会团体和群众团体干部，事业单位干部，企业单位干部。现在的中国，这样的干部有七千万之多，七千万呀，超过了全世界 90% 国家的人口数量。所有的干部，基本上都是寄生虫，都是噬食国家的仓鼠。在世界历史上，仕越多的国家，就越腐败，就越不发展，就越落后。

学而优则仕，是中国文化中最害人的一句话。

3）学好数理化，走遍天下都不怕。最早说这句话的人，一定是一个自以为是的狂妄学者，但是，这句话就毁了成千上万的中国孩子，埋没了无数孩子的天赋。现在稍微数理化好一点的中国人，从小屁孩晋升到了家长，他们有一份工作，挣一份与自己对社会贡献不符的工资，也天天逼着自己的孩子们学数理化，上数学班，读补习班，搞各种数学，物理，化学竞赛，甚至给孩子安排前程，让他们的孩子们也成为像他那样的勤劳的蚂蚁，辛勤的蜜蜂，同时，让他们自己的孩子也远离了改造世界的人群。

学好数理化，走遍天下都不怕，是中国文化中最短视的一句话！

英文里面有一个单词，叫做 Vision。 我知道很多很多人的中国

人都知道这个单词，但是，很多很多中国人都不懂这个词的含义，因为他们只是知道这个单词，但是，不懂这个单词的真正含义。而中国文化中的这三条“金玉良言”，正好遮挡住了中国人的 Vision。中国文化中的这三条“金玉良言”也造就了千千万万鼠目寸光的人。

其实，我人微言轻，说什么都不会改变那些高考状元的思维，说什么也不会被北大清华复旦南开的毕业生认为有价值，但是，我依然希望有万分之一的中国人里能有一些有 vision 的明白人，能让自己的后代成为对这个世界有贡献的人！（当然，首先要明白对世界有贡献和对自己有贡献的区别，哈哈。）

唉，中国的糟粕文化真丰富！

我们走着瞧！

编 后
黄为的奇书值得家长们关注

马 平

《华人》杂志系列丛书的这本文集，是由《华人》杂志 2008 年 2 月的封面人物黄为介绍他的教育理念和实践的一本奇书。

说他奇，因为他的文笔很奇特。他可以一大段不用标点符号，一说到底。我在编辑时，需要考虑如何运气才能把这一整段文字读完而不失其意思。本来还打算为他这种长段落来点句读，但想想不必了，这正是他、一位有着两千多万粉丝的奇人写作的奇特之处，是他的特点，加了标点就多少变了味了。还有，他的语气很诙谐幽默，仿佛一个个段子，读起来禁不住笑出声来，全然没有那些讲教育的学术腔。

说他奇，最主要的是他的教育理念很奇妙。

比如他的圈养和散养理论和实践。概括来说，青春期前圈养，进了青春期就要散养。圈养期间是虎爸，定规矩，严格教育。散养期间是熊爸，放手让孩子独立。由于这个理论，他的女儿从小自律、独立，心理素质极好，又非常懂事，体谅父母的辛苦。黄为辛勤耕耘，获得丰厚的收获，证明了圈养散养的成功。

比如他的“树缠藤”观点，谈到女儿 Amy 网球打得好，学业优秀，高三开学第一天，收到了 40 所大学的邀请，开学后第一个星期，收到了 150 所大学的电子邮件和手机短信的邀请。他们寄机票、安排酒店、车接车送，就是希望 Amy 报名他们的学校，最后，Amy 提前两年确定了毕业之后去哈佛大学。黄为的结论：“山中只见藤缠树，世上哪有树缠藤”？只要孩子足够优秀，足够强大，藤校会主动来找你。

黄为把一个他口中的“普通娃”女儿一路披荆斩棘，送到哈佛，

里边的故事,引人入胜。我很看好这本书,满满都是有意思的“干货”,相信一定会吸引众多老中家长们，在如何培养教育小中学生的道路上，从黄为的书中受到启发，学到许多有益的东西。

在我眼里，黄为本人更是位奇人。他在圣地亚哥虽说深居简出，但他却是典型的“墙里开花墙外红”的大名人。

当年北京奥委会面向全球重金招聘奥运经济高级顾问，为市政府举办 2008 年奥运会出谋划策。来自全球几十个国家的约两万人报名竞选这个职位。黄为过关斩将，成为中选的五位奥运经济高级顾问之一。此后，他成为历届奥委会的经济顾问。

黄为的奇不仅他自己成功，全家都是异数——女儿网球打得好，又是绝对学霸，提前两年被哈佛录取，(同时还被几家顶尖名校都提前录取)，成为多少家长羡慕的邻居家孩子！他的太太是生物医药界的科学家，在新冠疫苗方面成为业内公认的开创者，获奖连连，报道无数。

就凭这些，作者黄为怎能不让人佩服？！

顺便说一句，黄为的女儿 Amy 黄蓉，也曾是《华人新一代》2014 年 1 月的封面人物呢！

致 谢

这本《华人》杂志系列丛书·文学佳作专辑（7）收录了《华人》杂志封面人物、专栏作家黄为先生近年来撰写的与教育相关的经验和心得。

黄为是 2008 年北京奥运的经济顾问，之后的历届奥运也都被聘请担任经济顾问，是一位著名的体育经济学家，也是一位笔耕不辍、文笔幽默的作家。他眼界开阔，思路敏捷，在教育体系方面知识丰富，在教育孩子方面有着自己的独到见解。这本文集收录了他的 130 篇教育文章以飨读者。谢谢作者黄为！

本书除部分来自网上图片之外，大多数照片由作者提供。感谢作者！也感谢互联网上不知名的美术家！

感谢 Avery–Tsui Foundation 基金会，是他们的支持，帮我们把二十余年来杂志的纸质版和电子版全部在加大圣地亚哥分校图书馆推出，以与更多读者分享；更特别感谢该基金会对我们美国《华人》杂志系列丛书的慷慨赞助，使我们的系列丛书能够顺利推出。

感谢南方出版社王军教授，为我们每一集系列丛书所付出的劳动和耐心。

谢谢你们，《华人》永远的朋友们！

《华人》杂志系列丛书总编辑 马 平

2023 年 11 月

Printed in the USA
CPSIA information can be obtained
at www.ICGtesting.com
LVHW021546130224
771573LV00008B/81

9 781683 725961